JN274470

産業連関計算の
新しい展開

朝倉啓一郎 著

九州大学出版会

はじめに

　現行の産業連関計算は，政府の作成報告書の産業連関本表に投入係数表と逆行列係数表（レオンチェフ逆行列表）がそえられていることから理解できるように，最終需要の生産誘発効果や雇用創出効果を計測することが分析の基本パターンであって，最終需要が生産や雇用を規定するケインズの有効需要理論が分析の指導理論となっている。そして，産業連関表も中間財取引行列，付加価値行列および最終需要行列から構成され，そのような経済政策の指導理論に対応する表章形式をとっている。しかし，ケインズ型の総需要管理政策と，それにもとづく景気回復政策の限界が問われているように，産業連関計算についても国際的な経済不況や構造転換にたいして，分析能力に疑問が投げかけられている。したがって，本書では，はじめに，新しい産業連関計算の可能性を探るために，現行産業連関表の構成原理とデータ構造を再考察することによって，構造分析法としての性格と方向性を明らかにする。それが，本書第1章と第2章の課題である。

　つぎに，産業連関計算における2つの現代的な課題を考察する。その第1は，国際的な経済構造の転換・調整期に提起されている構造分析的な産業連関計算の方法的な展開を具体的に考察することであって，本書では，それが第3章において論述される。その第2は，環境問題を分析するための産業連関計算と環境・経済モデルを構築することであって，温室効果ガスと大気汚染物質の低減方法にかんする新しい産業連関計算とモデル計算を行っている。それは，筆者が日本学術振興会未来開拓学術研究推進事業「アジア地域の環境保全：アジア地域における経済および環境の相互依存と環境保全に関する学際的研究」（代表：慶應義塾大学教授・吉岡完治）に研究スタッフとして参加した研究成果の一部であって，本書第4章と第5章の内容となっている。

　第1章では，W. レオンチェフにおける産業連関表の生成過程において，

産業連関モデルの分析目的の変質が，クローズドシステムからオープンシステムに向けて，分析モデルだけでなく，産業連関表の表章形式をも変容させたこと，それが論理的な前提となって，産業連関計算全体が，経済計画＝『1950年完全雇用計画』の策定過程に組み込まれることによって，ケインズ型の産業連関計算が定式化されたことを確認する。それと同時に，産業連関計算が，部門統制的な経済計画の方法として，企業・経済界の厳しい批判＝反発を招くことによって，その利用形態と社会的機能が資本主義的市場システムに適合するように規制されていったことを明確にしている。

第2章は，産業連関表のデータ構造を明らかにするために，今日の産業連関計算においては，分析の前提となって問われることがない投入係数の技術的性格と産業部門の構成原則を考察する。ここでは，統合部門を形成する分割細部門間の等質性を，統合・分割原則にそって数量的に解析することにより，投入構造の異質性が部門統合によって「平均化」され，産業部門の表章が擬制化されるということが筆者の論点である。

第1章の考察によると，現行の産業連関計算が経済計画の指導理論に決定的に方向づけられており，産業連関表の利用方法も，かならずしも構造分析になじまない機能分析的な理論性格をおびていることから，また，第2章の分析によると，新しい分析目的に対応して，産業連関表の産業部門を再構成する必要性と可能性がうかがえることから，産業連関表の表章形式，利用目的と利用方法を基本的に再検討することが必要になる。

第3章は，新しい産業構造論的な分析課題が提起されている国際的な産業連関計算の研究動向のなかから，「構造計算」の一形態である「質的な産業連関分析」に着目する。ここでは，質的な産業連関分析の方法的性格を明らかにするために，それを日本とドイツの産業連関表に具体的に適用することによって，同方法が，ケインズ型の産業連関計算ではそれほど問われることがなかった中間財取引行列が内包する構造情報を分析の対象として，国民経済の主要な財フロー過程を浮き彫りにするグラフ解析＝「構造解析」を指向していることを明らかにする。

第4章と第5章の環境分析は，慶應義塾大学産業研究所が開発した環境分析用産業連関表にもとづいている。環境分析用産業連関計算は，省エネル

ギー技術や未来型の環境・産業技術を経済変量と接合させ，そのエネルギー収支や環境汚染因子の排出量を分析するための包括的な方法であって，そのための産業連関表も，通常の産業連関表を基点として，付帯表の物量表，およびエネルギー関連統計を接合することによって生成する総合加工統計である。第4章では，これまでの環境分析用産業連関計算の展開動向を整理し，つぎに，具体的な分析事例として，筆者が研究スタッフとして参加した宇宙太陽発電衛星（Solar Power Satellite ; SPS）のCO_2負荷計算を紹介する。分析手順は，(1)SPSの技術アクティビティの作成と(2)環境産業連関計算によるCO_2負荷計算となっており，その論理と方法が考察の中心である。

　第5章では，オープン型産業連関モデルの外生変数を内生化することによってクローズドモデル化し，ケインジアンタイプの多部門環境・経済モデルの具体像を探る。本モデルの対象国は中国であって，本章では，はじめに，中国の環境・経済状況にかんする地域性を考慮した環境・経済モデルの基本構成を示す。つぎに，独自に作成した経済・環境・エネルギー統計をもちいて，省レベルでの詳細な経済・環境データベースを設定して，中国の地域性を概観する。最後に，環境保全型産業技術の導入が中国の産業経済と環境負荷に与える影響を，環境・経済モデルによってシミュレートしている。

　アメリカ政府の最初の公式産業連関表が作成されて半世紀を経た今日，多くの国において，産業連関表の作成が制度化されてきた。したがって，最後に補章として，国際表と国内表の基本的な構成にかんする議論や産業連関表を利用した実証研究の動向を取りまとめている。

　本書は，今日まで，筆者が行ってきた産業連関研究の軌跡であり，それは，筆者が，最新の理論的研究や最先端の研究プロジェクトに直接的に連携・参加させて頂く機会に恵まれ，多くの先進的な先生方のご指導とご助言を頂いた研究成果である。とくに，慶應義塾大学の黒田昌裕教授（現内閣府経済社会総合研究所長）と桜本光教授には言葉に尽くせない鞭撻と励ましを頂いてきた。また，中島隆信教授と早見均教授の丁寧な実地のご指導にも深謝させて頂きたい。さらに，親身なご教示を頂いた東京国際大学の菅幹雄助教授や慶應義塾大学の野村浩二助教授，討論の相手をつとめてくださった慶應義塾大学の疋田浩一氏と中野諭氏，九州大学にて指導を受けた濱砂敬郎教授，一

橋大学での研究環境を整えて下さった安田聖教授，一橋大学経済研究所附属社会科学統計情報研究センターにて，常に温かい励ましを頂いた武下朋広助手（現総務省統計局統計調査部調査企画課主席統計情報官付）および大学院生の栗田匡相氏と坂本和靖氏（現家計経済研究所研究員），一橋大学退職後の研究活動を支えて頂いた東京国際大学の松田芳郎教授と慶應義塾大学の辻村和佑教授，現在，教育・研究活動に従事できる機会を与えて下さっている流通経済大学の同僚および諸先輩先生方に，感謝申し上げたい。そして，九州大学の助手時代に慶應義塾大学産業研究所の訪問研究員として受け入れて頂き，その後の未来開拓プロジェクト以来，公私にわたり叱咤激励して頂いている慶應義塾大学の清水雅彦教授と吉岡完治教授に，この場を借りて心よりお礼申し上げたい。

　本書の原稿は，2002年度に脱稿されたが，その後，図表等の精密化や今日的な情報を加筆する必要が生じ，出版に至るまでに時間を要した。その間，辛抱強くお世話頂いた九州大学出版会の藤木雅幸氏と永山俊二氏に感謝するとともに，出版が遅れたことについて，諸先生方のご寛容をお願い申し上げたい。

　　2005年12月

　　　　　　　　　　　　　　　　　　　　　　　　朝倉啓一郎

　本書の各章は，つぎの初出論文を全面的に修正加筆し，作成された。
・第1章
「産業連関表の基本構成について」『統計学』経済統計学会, no.67, pp. 40-51, 1994年.
・第2章
「磁気媒体データによる産業連関表の部門統合の分析」濱砂敬郎・時永祥三編『経済データベースと経済データ・モデルの分析』九州大学出版会, pp. 101-123, 1992年.
・第3章
「日独の産業連関システム」川口雅正・濱砂敬郎編『現代経済システムの

諸問題』九州大学出版会，pp. 185-213，1997年．
・第4章と第5章
本書第4章と第5章のタイトル注を参照。
・補　章
「産業連関表と分析」『統計学』経済統計学会，no.69・70（『社会科学としての統計学』第3集），pp. 224-234，1996年．

目　次

はじめに …………………………………………………………… i

第1章　産業連関計算の形成論理にかんする歴史的考察 ………… 1
　1．はじめに ……………………………………………………… 1
　2．若干の予備的考察 …………………………………………… 1
　3．『1950年完全雇用計画』と産業連関分析 ………………… 6
　4．産業連関表の利用形態にかんする論争 …………………… 10
　5．小　　括 ……………………………………………………… 15

第2章　産業連関表の投入係数にかんするデータ構造 …………… 19
　1．はじめに ……………………………………………………… 19
　2．磁気媒体産業連関データの配列構成 ……………………… 20
　3．部門構成の原則と統合・分割関係 ………………………… 26
　4．産業部門の統合過程と波及効果量 ………………………… 37
　5．小　　括 ……………………………………………………… 47

第3章　質的な産業連関分析の基本的な性格 ……………………… 49
　1．はじめに ……………………………………………………… 49
　2．質的な産業連関分析の基本手法 …………………………… 50
　3．質的な産業連関分析法の展開 ……………………………… 66
　4．小　　括 ……………………………………………………… 77

第4章　環境分析用産業連関計算の1つの適用 …………………… 81
　　　　──宇宙太陽発電衛星のCO_2負荷計算──

　1．はじめに ……………………………………………………… 81
　2．環境分析用産業連関表の表章形式 ………………………… 82
　3．環境分析用産業連関計算の展開 …………………………… 85
　4．宇宙太陽発電衛星の環境負荷計算 ………………………… 96
　5．小　　括 ……………………………………………………… 113

第5章　産業連関モデルのクローズド化と
　　　　多部門環境・経済モデル ………………………………… 129

　1．はじめに ……………………………………………………… 129
　2．中国環境・経済モデルの概要 ……………………………… 130
　3．地域統計データベースの構成 ……………………………… 135
　4．環境シミュレーション-バイオブリケット ………………… 152
　5．小　　括 ……………………………………………………… 165

補　章　産業連関研究の今日的動向 …………………………… 175

　1．はじめに ……………………………………………………… 175
　2．国際的な産業連関表の構成様式と表章形式 ……………… 175
　3．地域産業連関表の整備 ……………………………………… 179
　4．産業連関分析の具体的な適用 ……………………………… 182
　5．産業連関データベースの作成と利用方法の拡張 ………… 194
　6．投入係数と波及効果分析に関連する理論的技術的な問題点 …… 196
　7．産業連関モデルの動学化と多部門計量・CGE モデル ………… 198
　8．小　　括──産業連関計算の社会的意義── ……………… 199

第1章

産業連関計算の形成論理にかんする歴史的考察

1. はじめに

　現行の産業連関表は，政府の作成報告書に投入係数表および逆行列係数表（レオンチェフ逆行列表）がそえられていることから理解できるように，最終需要の生産誘発効果や雇用創出効果を計測することが産業連関分析の基本パターンであって，最終需要が生産や雇用を規定するというケインズ型の有効需要理論が分析の指導理論となっている。そして，現行の産業連関表も中間財取引行列，要素投入行列および最終需要行列から構成され，そのような経済政策の指導理論に対応した表章形式をとっている。ケインズ型の総需要管理政策の限界が指摘される今日，産業連関表の対象反映性と産業連関分析の有効性を改めて考察することは，産業連関分析の発展にとって，不可欠な思考作業と考えられる。本章の課題は，産業連関表の構成原理を明らかにするために，アメリカにおける産業連関分析の形成過程をたどり，産業連関表の理論的方法的性格と，それを規定する特殊歴史的な性格を考察することである。

2. 若干の予備的考察

　1941年に出版されたレオンチェフの『アメリカ経済の構造　1919年～1929年』＝『初版』と，それに1940年代の研究論文を追加し，1951年に出版された『アメリカ経済の構造　1919年～1939年』＝『第2版』を比較すると，『初版』と『第2版』では，産業連関分析の目的・機能および産業連

関表の構成が基本的に異なっている。『初版』では，L.ワルラスの一般均衡理論を検証する観点から，閉鎖モデルによって，投資と技術変化が引き起こす産業部門間の「構造シフト」が各産業部門の供給財の価格と生産量に及ぼす影響を計測することがレオンチェフの主題であり，『第2版』では，開放モデルによって，雇用創出政策のために，最終需要の規模と構成が各産業部門の生産額と雇用量に作用する影響を計測することが，新しい課題として設定されている。両者の分析目的とモデル設定が基本的に異なっていることから，産業連関表の構成が，図1.1から図1.3で示すように，1919年表および1929年表と，1939年表の暫定表である『1939年A表』および確定表である『1939年B表』とでは，大きく変容している（坂田（1987），濱砂（1992a,b））。

1919年表と1929年表（図1.1）では，産業部門間の中間財取引と最終財取引が区別されないままに，市場取引としてまとめて計上され，最終需要部門が分離されないで，今日的な内生部門・外生部門という概念規定もなされていない。また，2つの表では，今日外生部門として設定される「家計」と「外国貿易」が，一般の産業部門と同列に扱われ，表の形式も，正方形の行列型をとっている。『1939年A表』（図1.2）と『1939年B表』（図1.3）を見ると，前者は，形式的にはそれまでの1919年表および1929年表と異ならず，「貿易」と「政府」は内生的な経済部門のままであるが，「家計」が，分析モデルにおいて，実質的に外生部門として位置付けられている。『1939年B表』においては，中間財取引と投資財取引が分離されることによって，「家計」に加えて，「投資」部門が外生化され，表示形式も長方形の行列型へと変形する。レオンチェフ自身，1949年の論文において，『第2版』で展開された開放体系にもとづく投入産出法が，ケインズ理論と軌を一にすることを認めているが（Leontief（1949），濱砂（1992a）），そもそも『1939年A表』において，家計部門の性格と位置づけが変容していく基本的な要因は，家計の購買力の増大によって，失業を解消せんとするニューディール期の雇用創出政策の要請と対応しており，国民所得の支出過程である消費過程が，経済政策が介入する局面として外生化され，最終需要量と生産・雇用量の数量的な関連性を計測することが，産業連関分析の焦点である。それが，家計消費

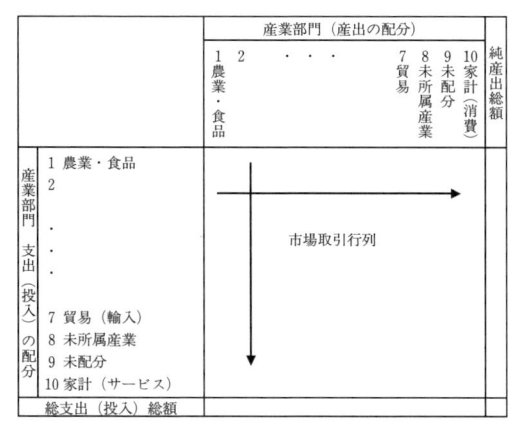

第1章　産業連関計算の形成論理にかんする歴史的考察　　3

図 1.1　1919 と 1929 年表の基本構図（統合表）
注：Leontief（1951 a）の表 7 と表 8（pp.70-71）より作成
（翻訳版 pp.68-69）。

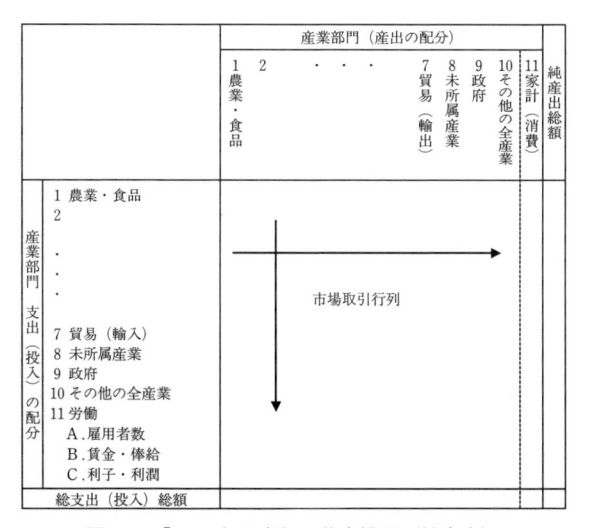

図 1.2　『1939 年 A 表』の基本構図（統合表）
注：Leontief（1951 a）の表 15（p.140）より作成（翻訳版 pp.136-137）。

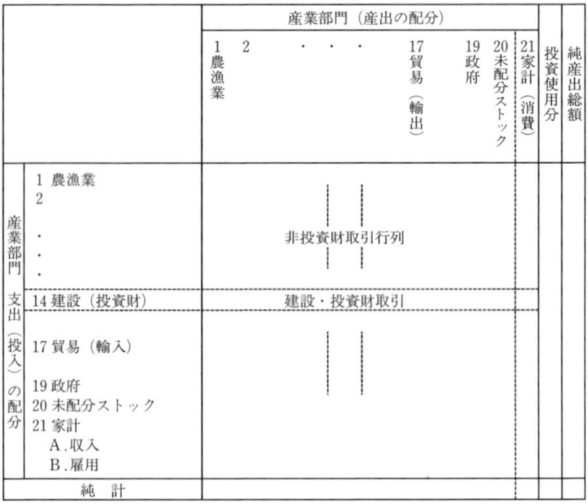

		産業部門（産出の配分）				21 家計（消費）	投資使用分	純産出総額
		1 農漁業	2 ・・・	17 貿易（輸出）	19 政府 / 20 未配分ストック			
産業部門（支出（投入）の配分）	1 農漁業 2 ・ ・ ・	非投資財取引行列						
	14 建設（投資財）	建設・投資財取引						
	17 貿易（輸入） 19 政府 20 未配分ストック 21 家計 　A. 収入 　B. 雇用							
純　計								

図 1.3　『1939年 B 表』の基本構図（統合表）
注：Leontief（1951 a）の表 20（pp.166-167）より作成
（翻訳版 pp.160-161）。

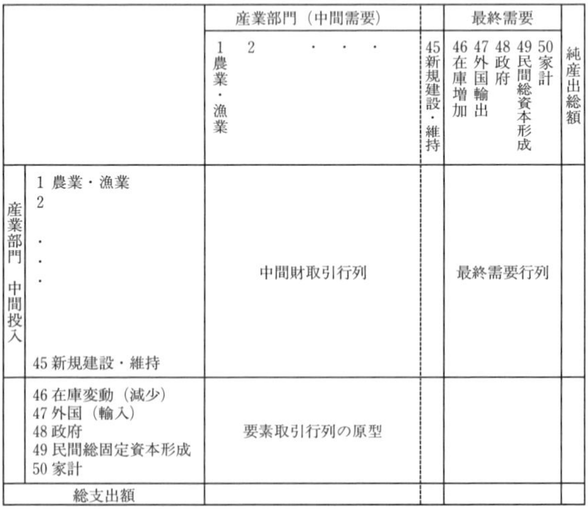

		産業部門（中間需要）		最終需要					純産出総額
		1 農業・漁業	2 ・・・	45 新規建設・維持	46 在庫増加	47 外国輸出	48 政府	49 民間総資本形成	50 家計	
産業部門中間投入	1 農業・漁業 2 ・ ・ ・ 45 新規建設・維持	中間財取引行列			最終需要行列					
	46 在庫変動（減少） 47 外国（輸入） 48 政府 49 民間総固定資本形成 50 家計	要素取引行列の原型								
総支出額										

図 1.4　1947年表の基本構図（統合表）
注：Evans and Hoffenberg（1952）の巻末付表 4 より作成。

が一般の産業部門から分離され，家計消費の規模と構成が政策的な独立変数として外生部門に配列されていく基本的な契機であって，家計部門が外生化される動因が，第一次的には，同じ最終需要であっても，投資需要を重視するケインズの有効需要論の適用ではなかったことがうかがえる。そして，産業連関分析にたいする戦時・平時における政策的な関心が高まることによって，連邦政府による産業連関表の作成と産業連関研究の可能性を審議するために，1948年に経済諮問委員会 (Council of Economic Advisers)，国防資源庁 (National Security Resource Board) および予算局 (Bureau of Budget) からなる「産業連関の研究にかんする大統領庁委員会 (Executive Office Committee on the Interindustry Relations Study)」が大統領庁 (Executive Office of President) の内部に設置され，エバンズ (W.D. Evans) を調査部長とする労働統計局産業連関調査部 (Division of Interindustry Economics) が，国防資源庁，労働省，およびアメリカ空軍の協力を得て，1947年表を策定した (Evans and Hoffenberg (1952), Glaser (1951, 1953), 経済安定本部 (1952), 宍戸 (1952, 1953 a, b))。また，1947年産業連関表が策定される過程は，戦後最初の経済計画=『1950年完全雇用計画』(Cornfield et al. (1947 a, b)) が策定される過程と重なっている。『1950年完全雇用計画』は上述の1939年産業連関表にもとづいて策定されており，産業連関表の利用目的も『1950年完全雇用計画』によって与えられ，それにそって利用方法=モデル計算が行われたことによって，産業連関分析は，経済計画の方法として定式化された (今井 (1957), 内田 (1955), 都留 (1947))。

つぎに，図1.4の1947年表を見ると，「最終需要」項目が設定され，それは，「在庫変動 (増加)」,「外国 (輸出)」,「政府」,「民間総固定資本形成」および「家計」から構成されている。そして，対応する横行には，「在庫変動 (減少)」,「外国 (輸入)」,「政府」,「民間総固定資本形成」および「家計」が配列されているが，「民間総固定資本」の行は空白であって，「家計」行に，賃金，利潤および減価償却費の「要素費用」がまとめられている。したがって，1947年表は，中間財取引行列，最終需要行列および要素投入行列から構成されており，1947年表が，合衆国政府の最初の公式表であって，それが標準型となって先進国に普及していくことを考慮するならば，今日の

産業連関表の利用目的，利用方法と表章形式を方向づけた『1950 年完全雇用計画』について考察を進めなければならない。

3．『1950 年完全雇用計画』と産業連関分析

レオンチェフは，『第 2 版』の第 1 論文「産出量，雇用量，消費量および投資量」の冒頭において，戦時経済から平和経済への移行にともなって，平和的な最終需要の規模と構成が産出量に与える影響を計測する研究がきわめて重要であることを述べ，最終需要→「産業の技術的連関」→総産出量・総雇用量という今日の産業連関分析の基本パターンを示している。

「航空機，鉄砲，戦車，戦艦の戦時購入が停止したとすれば，――これに代わり非戦時品需要が増加しないかぎり――国民雇用水準にどのような影響を及ぼすだろうか。新たに乗用車消費需要が 100 万台起こったとすれば，さらに仕事がどれほどふえてくるだろうか。しかもこのうちどれだけが自動車工業そのものに，また鉄鋼業，化学工業，炭鉱業，石油工業のような他の諸産業に割り当てられるとみてよいか。またさらに，戦後に住宅建設に投じた 10 億ドル分からアメリカ諸鉄道はどの程度の運輸量と運輸収入の増加を期待しうるだろうか。

この種の問題は，戦後のわがアメリカ経済の当面のみならず長期見通しを実際に打ち立てる場合に起こってくる問題である。これらの問題に対して事実に即した統計的回答になるべく近いものを提示するために，本章は，一方では国民経済の種々な全産業部門製品の第 1 次需要 (primary demand)，他方ではその各部門における総産出量と総雇用量との間に存在する数量的連関 (quantitative relationships) を推定する，1 つの方法を述べようとするものである。

いま消費（と新投資）に当てられるべき年間の物品目録 (bill of goods) が与えられたとすれば，この諸商品を実際生産するに必要な諸種の産業の総産出量は，第 1 次的には，この最終物品目録 (final bill of goods) 中に含まれる諸商品の産出に直接間接寄与する農鉱工業，運輸サービスなどのあらゆる多数部門の技術構造によって定まるのである」と (Leontief (1951：翻訳

版）p.135）。

　また，『1950年完全雇用計画』の指導者によっても，戦中・戦後期における軍事経済から平和経済への転換が，大きな失業問題を引き起こし，それが社会的な緊張関係を高めることが鋭く認識されており，ゆえに，『1950年完全雇用計画』は，「平和時への調整が完全に終わった後の，高く安定した雇用水準を達成し，維持するために，必要な条件を数量的に評価しようとする包括的な研究」であって，計画の目標年が，戦争直後の過渡的な混乱状態が終息した1950年におかれているのも，そのためである（Cornfield et al. (1947 a) p.164）。

　『1950年完全雇用計画』の策定過程は，基本的には，①経済的な与件が戦前＝平時のままに推移するならば，総需要と総産出量→雇用量の間に発生するギャップを計測する予測過程と，②「投資モデル」と「消費モデル」によって，雇用ギャップを解消するために，政策的に形成されなければならない有効需要の規模を確定する計画過程から構成される[1]。具体的な分析の鳥瞰図は，図1.5で与えられている。予測過程からみていくことにしよう。

　はじめに，1950年の労働者数が，過去のトレンドにもとづいて推計され，①の国民経済の「雇用量」を構成する。①の「雇用量」から，②の国民所得の「分配」面の「国民購買力」が推計される局面では，国民所得の分配構成と総量を規定する要因として，賃金率，労働時間，課税率および他の要素支払率を仮定することによって，完全雇用量に対応する総所得（消費者，企業および政府）→「総購買力」が算定される。

　②の「分配」面から③の国民所得の「支出」面の「需要量」を形成する家計のサービス・消費財需要と企業の資本財需要が，②の「総購買力」を大枠として，家計の所得－支出の関係および企業の資本調達力や制度的技術的要因を考慮することによって確定される。政府需要は政策的に決定される独立変数であるが，予測過程においては，戦前の行財政活動の範囲に基礎的な変化がないことを前提にして延長予測的な政府需要が推計される。また，輸出

1）予測過程は，Cornfield et al. (1947 a)，計画過程は，Cornfield et al. (1947 b) で説明される。

INTERRELATION OF EMPLOYMENT, INCOME, DEMAND, AND PRODUCTION

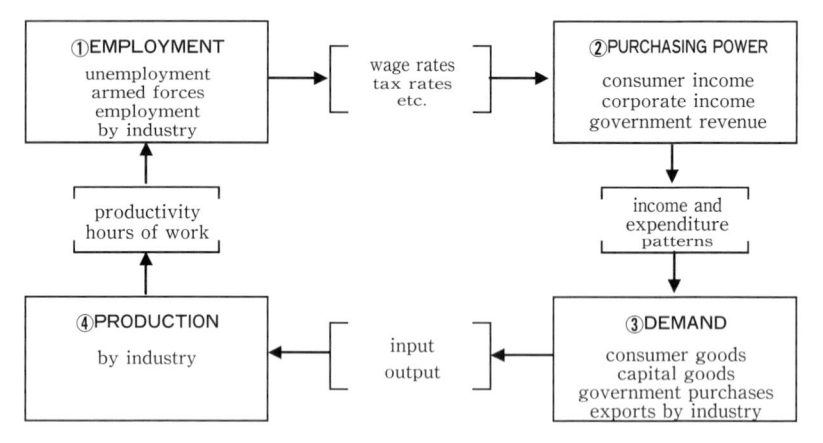

```
┌─────────────────────┐                      ┌─────────────────────┐
│ ①EMPLOYMENT        │   wage rates         │ ②PURCHASING POWER  │
│   unemployment      │──tax rates──────────▶│   consumer income   │
│   armed forces      │   etc.               │   corporate income  │
│   employment        │                      │   government revenue│
│   by industry       │                      │                     │
└─────────────────────┘                      └─────────────────────┘
         ▲                                             │
         │                                             ▼
┌─────────────────────┐                      ┌─────────────────────┐
│  productivity       │                      │  income and         │
│  hours of work      │                      │  expenditure        │
│                     │                      │  patterns           │
└─────────────────────┘                      └─────────────────────┘
         ▲                                             │
         │                                             ▼
┌─────────────────────┐                      ┌─────────────────────┐
│ ④PRODUCTION        │     input            │ ③DEMAND            │
│   by industry       │◀────output──────────│   consumer goods    │
│                     │                      │   capital goods     │
│                     │                      │   government purchases│
│                     │                      │   exports by industry│
└─────────────────────┘                      └─────────────────────┘
```

図 1.5 『1950 年完全雇用計画』の鳥瞰図
注：Cornfield, Evans and Hoffenberg（1947a）の図 1（p.166）より作成。

量は，輸入数量と国内の生産物量の安定的な関係によって輸入数量が推計された後，輸入数量との関連にもとづいて算定される。

③から④の国民経済の「生産」面の「総産出量」が確定される局面においては，②の「総購買力」から導かれた③の「需要量」が最終需要に限定され，中間需要が考慮されていないために，最終需要が直接間接に誘発する総生産量を計測しなければならない。そのための「特別な」計測モデルが産業連関表にもとづく投入産出分析であって，投入係数行列から導かれるレオンチェフ逆行列を変換パラメータとして，産業部門別に外生的に与えられた最終需要量に対応して，総生産量が内生的に決定される。

最終局面では，各産業部門ごとに，別途推計された生産性と労働時間を考量することによって，予測雇用量が得られる。

計画過程は，予測過程において計測された予測雇用量と最初に仮定された完全雇用量の比較からはじまる。

両者の値には，大きなギャップが存在し，200 万人の摩擦的失業を含め，670 万人の「失業者」が発生する。それをもたらす最終需要量は，200 万人規模の摩擦的失業だけが存在することを前提しているから，予測過程に織り

込まれている「制度的パターン」は、「望ましい完全雇用水準」に対応する「経済的均衡状態をもたらさない」。大規模な失業が発生する原因は、家計、民間企業および政府の最終需要量が抑制されていること、とくに家計の貯蓄が企業の投資活動によっては完全に吸収されないことと考えられている。したがって、完全雇用を実現するために必要な最終需要を計測し、それに対応する有効需要政策の規模と構成を確定することが計画過程の主目的である。しかし、計画過程では有効需要政策の具体的な形態は特定されず、計画計算も、直接的明示的には示されていない。すなわち、政府投資と政府消費を一定の水準に固定することによって「分析の枠外」にはずし、個人消費需要と民間投資需要のどちらか一方を、完全雇用を達成する水準にまで拡大させる「消費モデル」と「投資モデル」というモデル操作が実行されている。いずれにしても、内生的な民間最終需要を「極端」に増加することは、「経済システム構造の根本的な変化」を意味しており、とくに「投資モデル」においては、そういった構造変化が「自発的」に起こる可能性は低い。このように、計画過程では、市場経済過程の内生的な構造変化によって完全雇用を達成することは困難であり、計画計算は、外生的な「公共政策」の必要性を指摘するための反証的な機能を担っている。

『1950年完全雇用計画』の方法的な特徴は、③の「需要量」から④の「総産出量」を計測する局面に、産業連関表と投入産出法が導入されていることであって、③の総需要＝最終需要が、「消費需要」と「投資需要」に区分され、さらに後者は、政府支出、生産者の耐久設備投資、建設投資、在庫および輸出に細分されている。一方、1947年表を見ると、最終需要を構成する経済変量として、「在庫」、「輸出」、「政府支出」、「民間総固定資本形成」および「家計」が設定されており、『1950年完全雇用計画』の最終需要部門に対応していない項目は、建設投資需要だけである。1947年表の中間財取引行列において、建設投資需要は「新規建設および維持」として内生部門に含まれている。しかし、それには政府の公共建設投資が含まれており、分析のためのレオンチェフ逆行列表においては、内生部門から分離され、1つの外生部門として、最終需要項目に含まれていることから、『1950年完全雇用計画』と1947年表の最終需要の構成が、実質的に対応していることがうかが

える。したがって，産業連関分析の基本型が，『1950年完全雇用計画』の策定過程において定式化され，それに対応して，今日の産業連関表の基本型＝1947年表の表章形式が確定していった論理的な位置関係を確認することができる。

ところで，経済計画のなかで，産業連関分析の方法が定式化され，今日の産業連関表の表章形式が確定していったことは，大きな社会的反響と活発な理論的技術的論争を呼び起こし，それによって産業連関表の社会的な利用形態が方向づけられることになった。次節では，「反響」と「論争」における論点を整理することによって，産業連関計算の特殊歴史的な性格を考察しよう。

4．産業連関表の利用形態にかんする論争

1940年代から1950年代初期には，産業連関表の構成や経済予測・計画の方法としての投入産出モデルの技術的な性格と社会的機能にかんする基本的な論点について，成立期にふさわしい多様な論争が繰りひろげられた。本節では，つぎの5つの文献資料にもとづいて，産業連関分析の利用目的と利用形態について考察する。

(1) "Input-Output Analysis and Its Use in Peace and War Economies. Recent Development in the Study of Interindustrial Relationships" (Leontief (1949)) とそれにたいする "Discussion" (Fabricant (1949), Freind and Jacobs (1949), Hoffenberg (1949), Koopmans (1949), Goldsmith (1949), Morgenstern (1949), 以下『論争-1948』と略称)
(2) 'Input-Output relations' (NEI (1953), 以下『論争-1950』と略称)
(3) "The Interindustry Relations Study For 1947" (Evans and Hoffenberg (1952), 以下『論争-1951』と略称)
(4) 'Input-Output Analysis : An Appraisal' (NBER (1955), 以下『論争-1952』と略称)
(5) 'Business Week' (1951 a - 1953 b)

(1)の『論争-1948』は1948年のアメリカ経済学会において，当時の産業連関研究を総括・展望したレオンチェフの報告であって，『第2版』にD章「産業連関研究の最近の発展」として収録された論文（Discussionは未収）である。(2)と(4)の『論争-1950』と『論争-1952』は国際会議の議事録（前者は第1回国際産業連関学会，後者は第18回所得と富にかんする研究集会），(3)の『論争-1951』はエバンズとホッヘンバーグが1951年の計量経済学会で発表し，その後改訂された論文である。さらに(5)の 'Business Week' によって経済計画としての産業連関表と投入産出分析にたいする経済界の反応と評価を知ることができる。

　論争の第1の基本論点は，産業連関表が反映する投入構造の生産技術的性格と投入係数の安定性である。『論争-1948』において，フレンドとヤコブズは，投入係数の線形性・比例性が仮定されていることにたいして，①それが生産規模の最適性や経済性を考慮にいれておらず，投入量と産出量の比例的な性格が，とくに，輸送産業や電力産業において疑わしいこと，②投入係数の安定性を確保するためには，産業分類を細分割し，プロダクトミックスの構成比の変動が引き起こす係数の変動を排除しなければならないこと，③②に関連して，ある製品が他の製品の副産物（by-product）として，技術的に生成する場合には，その処理方法に困難があること，④投入要素の価格変化によって，投入係数が変動することや，投入要素間の代替性が考慮されないこと，および⑤技術変化の影響を考慮にいれることが困難であることを挙げて，分析の有効性を疑問視する（Freind and Jacobs (1949)）。クープマンスは，とくに表章形式にかかわる②～⑤の問題点を解決するために，生産物（＝行に配置）よりも生産活動（＝列に配置）が多い「長方形マトリックス」をもちいて，技術の代替性・選択性および産業資源の最適配分過程を研究する「線形計画モデル」への展開を提案している（Koopmans (1949)）。また，ファブリカントは，産業連関表と波及効果分析を区別し，基本表と投入係数表が「国民経済の発展を特徴づける構造変化」を研究するために，「われわれの知識を組織化し，拡張する有益な方法」として高く評価する（Fabricant (1949)）。

　それにたいして，レオンチェフは『論争-1952』において，固定投入係数

の採用の理由にかんして，「構造連関にかんする詳細な情報が欠けていること」から，「理論的な利便性」よりも「実践的な必要性」を強調し，批判者が引用する「観測された非線形的な関係」は，もともと「線形の構成要素をまとめて1つにすること」によって発生しているから，非線形的な構成要素を「分割」することによって，「線形に記述することが許される」と反論する (Leontief (1955) pp.18-19)。

また，彼は，『論争-1948』において，投入係数を産業の技術構造から推計する可能性を指摘し，『論争-1950』では，投入係数＝「構造係数」を，各産業の投入量を産出量で割る方法（＝『上から』の投入係数の算定）ではなく，技術工学的なデータによって投入産出比率を『下から』直接的に計測することを提案している (Leontief (1953) pp.8-9)。

一方，ホッヘンバーグは，政府の産業連関計算の指導者として，レオンチェフと同様に「実践的な必要性」から，投入係数の不変性を擁護し，「比例性の過程は，産業過程についての唯一の，おそらくは最も単純な抽象である」と述べている (Hoffenberg (1949) p.234)。また，彼は，比例性が，レオンチェフ体系に固有な仮定ではなく，体系が，その仮定がなくても有効に機能すると主張し，エバンズとともに，『論争-1951』において，投入係数の不変性が理論的に「先験的に」規定されるのではなくて，経験的な実証的次元において確定されるべき問題点であることを強調している。ゆえに，レオンチェフや労働統計局グループの見解によると，投入係数は産業の技術構造を反映する「構造係数」であるから，その経験的な計測が「産業連関分析」の基本的な課題である。しかし，彼らは，投入係数の不変性を実証するために，「産業の技術的性格」そのものの分析には進まない。

エバンズとホッヘンバーグは，産業連関アプローチと投入係数の計測を「まったく別個の問題」と区分する一方，短期的にみると，係数の線形・比例性の仮定には，常識的に「本質的な合理性」が存在し，また，「表示の経済性と簡潔性」が重要であると，比例性の仮定の「実践性」を繰り返している (Evans and Hoffenberg (1952) p.100)。そして，彼らの産業連関研究にかんする中心的な課題は，経済モデルの機能的な操作性に移っている。

レオンチェフは，『論争-1948』と『論争-1950』において，経済構造の

変化を具体的に把握するために，産業部門ごとの「構造係数」＝投入係数を比較分析する必要性を説くが，分析は一般論にとどまっている。彼の考察の力点も，波及効果モデルにもとづいた構造変化の計測にあって，それは，(a)ある産業部門の構造変化が経済全体の「労働生産性」に与える影響の計測（例えば，1939年の投入係数表の金属産業の列に1929年の投入係数列を挿入した「混合マトリックス」をもちいて，1939年の最終需要を満たす総産出量から計測される総労働力需要と現実の1939年の雇用量にたいする比較）と，(b)すべての産業部門の技術変化が引き起こす「包括的な労働生産性」の変化の計測（1939年の現実の最終需要を1929年の技術構造によって満たすための労働力需要と1939年の現実の雇用量の比較）である（Leontief (1951：翻訳版) pp.206-207，Leontief (1953) pp.13-17）。したがって，産業連関表の利用形態にかんする論争は，経済モデルの適用方法を，基本論点として展開される。

レオンチェフの産業連関モデルにかんする個人的関心は，①開放－静学モデルによって，いろいろな経済政策間の「本質的な矛盾」を「暴露」し，政策的な意思決定に役立てること，②家計消費部門や政府部門を内生化する閉鎖モデルを展開すること，および③「資本マトリックス」をもちいて，静学モデルを動学化することと広範囲であって，とくに，③に主張の力点がおかれている。しかし，必要な統計情報が確保されていないことから，それは，具体的に展開されていない[2]（Leontief (1949, 1953, 1955)）。

一方，開放－静学モデルの主要な利用主体は，労働統計局グループであって，最終需要から産出量を計測することと，要素投入量から価格水準を導くことを経済モデルの基本目的として，その具体的な展開方向は，(a)特定産業の産出量の輸出量にたいする依存関係の計測，(b)天然資源の制約と資源開発問題，(c)労働生産性の変化の計測，(d)経済市場の取引分析，(e)海外貿易による国家間および国内経済問題，および(f)地域経済の発展問題への適用と多岐多様である（Evans and Hoffenberg (1952) pp.127-129）。そして，彼らは，

---

2) 動学的な産業連関モデルの具体的な適用結果は，Leontief (1970) において示される。

産業連関分析を適用する重点的な課題として，連邦政府による公共事業の発動や所得税免除額の引上げ等といった経済政策の産業部門ごとに異なる影響を検証することをあげている。さらに，1947年の「取引基本表」，「投入係数表」および「レオンチェフ逆行列表」にたいする第1の関心は，1947年の「生産物の流れとその構造連関」にかんする「記述的な価値」にあるのではなく，「現在あるいは将来の推測（inference）にある」と産業連関分析の予測的利用を示唆している（Evans and Hoffenberg（1952）pp.125-127)。しかし，『論争-1952』においては，労働統計局グループは投入構成と最終需要構成の双方を具体的にする予測モデルを構築することを例外的な完全モデルとして考察の対象から除き（Evans and Hoffenberg（1955）pp.104-115)，研究の関心を，仮定された需要構造から波及効果量を計測する単純な条件付予測モデルの作成方法と利用方法に「仮想化」させていく。

　研究の関心がこのように移っていく背景には，産業連関分析の理論的な仮定や経済予測・計画の技術的な問題点をめぐる活発な論争が存在している。具体的には，投入係数の安定性，係数変動の予見の可能性，最終需要の予測方法と均衡産出量の予測結果の評価方法，在庫による最終需要の波及効果の吸収，表の産業部門分類に対応して価格指数を作成する困難性，さらには産業連関表を作成するための統計データの不足が問題点として提出され，産業連関分析の予測的利用にかんして，消極的な論調が強まっていく。そして，投入係数の不変性の仮定が現実的ではないことと，予測値の的中度が良好ではないことから，産業連関分析の有効性を疑問視する見解が，論争において有力になっていく。それについて，労働統計局グループは，予測値の算出が，「分析者の能力にかかわる問題点」として，分析の有効性にたいする否定的懐疑的な批判をかわすとともに，冷戦体制への突入期を反映して，分析の社会的有効性と必要性を，戦時経済における産業動員計画との関連において強調する（Hoffenberg（1949）p.233, Evans and Hoffenberg（1952）pp.130-131, Evans and Hoffenberg（1955）pp.115-123)。それによると，投入産出分析は，戦需品および民生的な最終財の規模と配分構成を設定し，最終財の生産を支援するために必要な各産業部門の生産量を推計し，その生産水準を支えるために必要な労働者数を，生産性と労働時間の推定値をもちいて計測す

る。そして，生産活動の制約要因である人的資源，原材料および産業の生産施設にかんする統計から，計画の実行可能性が分析される。しかし，国防生産管理局が，物資統制計画を補強するために，投入産出分析を利用することを主張し，自動車，電気，および農業器具産業にたいして多くの経営情報の提供を要求したことから，産業連関分析は，動員計画の策定方法，さらには政府が企業活動を管理する道具として，経済界の不安を引き起こす（Business Week（1951 a-1953 b））。それは，論争にも投影し，産業部門ごとに需要量，生産量および雇用量を割り当てる指令的な経済計画あるいは経済管理の道具として産業連関分析が利用されることが危険視される。1940年代以降，急速に発展してきた電子計算機が計画システムのための『巨大な頭脳』として見なされ，政府による産業連関計算は，『プッシュボタン計画』と一般的に呼ばれるほどに社会的な拒絶反応を引き起こすことによって，アメリカ政府による産業連関研究そのものが，専門家だけでなく産業界からの強い反対によって，1953年に中止決定がくだされ，1960年代初頭まで再開されなかった。

5．小　括

　『1950年完全雇用計画』において産業連関表と投入産出分析が確立したために，産業連関計算は，欧州先進国においても経済計画の方法として受けとめられ，ドイツなどでは，1960年代まで，政府による産業連関表の作成と利用が拒否された。他方，産業連関表の表章形式と分析方法が，先進資本主義国における支配的な経済理論に対応していることから，有効需要の生産・雇用拡大効果を判定する実証的な計測方法として普及していく。そして，成立期の論争において現れた政治的社会体制的な論点が影をひそめ，いよいよ方法的技術的な問題点に統計研究者の関心と研究が収斂していく。
　本章の考察は，産業連関表と投入産出分析の形成過程を考察してきたことによって，産業連関表の構成と分析方法が有効需要政策という歴史的に特殊な経済事象に決定的に方向づけられていることを明らかにしている。そして，産業連関表の利用方法も歴史的に規定された特殊な方向性をおびているから，

そのままでは，産業部門間の関連性や産業構造の変動過程を分析することには，それなりの制約があることは，容易に推察されよう。経済構造の変動・調整過程を解析する構造論的な観点から，産業連関表の部門間取引情報を利用する研究が出現し，産業連関分析の課題，産業連関表の表章形式，分析方法および利用の方向を，基本的に再検討する産業連関研究が注目を集めていることは，その反照であって，それが，われわれの思考作業である。

参考文献

Business Week (1951 a) "Pushbutton Planning : In Sight for Businessmen," Dec. 15, pp. 94-103.
─── (1951 b) "NPA to Break Components Jam," Dec. 15, pp. 136-138.
─── (1952) "Industry Bristles at Robot Planning," Jan. 5, p. 23.
─── (1953 a) "Kyes K. O's Input-Output Studies," Aug. 29, p. 26.
─── (1953 b) "Down the Drain," Sep. 5, p. 172.
Christ, C. F. (1955) "A Review of Input-Output Analysis," in NBER (1955), pp. 137-169.
Cornfield, J., Evans, W. D. and Hoffenberg, M. (1947 a) "Full Employment Patterns, 1950 : part 1," *Monthly Labor Review*, vol. 64 no. 2, pp. 163-190.
─── , Evans, W. D. and Hoffenberg, M. (1947 b) "Full Employment Patterns, 1950 : part 2," *Monthly Labor Review*, vol. 64 no. 3, pp. 420-432.
Evans, W. D. and Hoffenberg, M. (1952) "The Interindustry Relations Study For 1947," *The Review of Economics and Statistics*, vol. 34 no. 2, pp. 97-142.
─── and Hoffenderg, M. (1955) "The Nature and Uses of Interindustry-Relations data and Methods," in NBER (1955), pp. 53-125.
Fabricant, S. (1949) "Discussion" with Leontief, *American Economic Review*, vol. 39 no. 3, pp. 226-228.
Freind, I. and Jacobs, W. (1949) "Discussion" with Leontief, *American Economic Review*, vol. 39 no. 3, pp. 228-232.
Friedman, M. (1955) "Comment" on Christ in NBER (1955), pp. 169-174.
Glaser, E. (1951) "Interindustry economics Research," *The American Statistician*, vol. 5 no. 2, pp. 9-11.
─── (1953) "Interindustry Economics Research Program of the U.S. Government," in NEI (1953), pp. 230-234.
─── (1955) "Comment" on Leontief in NBER (1955), pp. 49-51.
Goldsmith, R. W. (1949) "Discussion" with Leontief, *American Economic Review*, vol. 39 no. 3, pp. 235-238.
Henderson, A. (1955) "Comment" on Leontief in NBER (1955), pp. 22-29.
Hoffenberg, M. (1949) "Discussion" with Leontief, *American Economic Review*, vol.

39 no. 3, pp. 232-234.
Koopmans, T. C. (1949) "Discussion" with Leontief, *American Economic Review*, vol. 39 no. 3, pp. 234-235.
────── (1953) "discussion" with Leontief in NEI (1953), p. 24.
Leontief, W. W. (1941) *The Structure of American Economy 1919-1929. An Empirical Application of Equilibrium Analysis*, Oxford U.P..
────── (1949) "Input-Output Analysis and Its Use in Peace and War Economies. Recent Development in the Study of Interindustrial Relationships," *American Economic Review*, vol. 39 no. 3, pp. 211-225 (Leontief (1951 a) の第Ⅳ部D章「産業連関研究の最近の発展」に収録).
────── (1951) *The Structure of American Economy 1919-1939. An Empirical Application of Equilibrium Analysis*, Oxford U. P. (山田勇・家本秀太郎訳 (1958)『アメリカ経済の構造──産業連関分析の理論と実証──』東洋経済新報社).
────── (1953) "The Input-Output Approach in Economic Analysis," in NEI (1953), pp. 1-23.
────── (1955) "Some Basic Problems of Empirical Input-Output Analysis," in NBER (1955), pp. 9-22.
────── (1966) *Input-Output Economics*, Oxford U.P. (新飯田宏訳 (1969)『産業連関分析』岩波書店).
────── (1970) "The Dynamic Inverse," Carter, A. P. and Brody, A. (eds.) *Contributions to Input-Output analysis*, North-Holland, pp. 17-46, also reprinted in Leontief, W. W. (1986) *Input-Output Economics*, Second Edition, Oxford U.P., pp. 294-320.
MacGregor, D. C. (1955) "Comment" on Leontief in NBER (1955), pp. 46-49.
Mack, R. P. (1955) "Comment" on Leontief in NBER (1955), p. 29.
Morgenstern, O. (1949) "Discussion" with Leontief, *American Economic Review*, vol. 39 no. 3, pp. 238-240.
────── (1953) "discussion" with Leontief in NEI (1953), pp. 27-32.
NBER (1955) *Input-Output Analysis : An Appraisal-Studies in Income and Wealth*, vol. 18. by The Conference on Research in Income and Wealth 1952, Princeton U. P..
NEI ; The Netherlands Economic Institute (1953) *Input-Output Relations — Proceedings of a Conference on Inter-Industrial Relations held at Driebergen, Holland*, 1950.
Ritz, P. M. (1955) "Comment" on Christ in NBER (1955), pp. 174-182.
Rosenblatt, D. (1955) "Comment" on Leontief in NBER (1955), pp. 29-31.
Sandee, J. (1953) "discussion" with Leontief in NEI (1953), p. 27.
Scheider, E. (1953) "discussion" with Leontief in NEI (1953), p. 27.
Stuvel, G. (1953) "discussion" with Leontief in NEI (1953), pp. 26-27.
Tinbergen, J. (1953) "discussion" with Leontief in NEI (1953), pp. 24-26.

Yamada, I. (1961) *Theory and application of Interindustry analysis*, Kinokuniya.
Vining, R. (1955) "Comment" on Leontief in NBER (1955), pp. 31-46.
今井賢一（1957）「最終需要的計画モデル」山田雄三・久武雅夫編『経済計画とモデル・ビルディング』経済分析シンポジウム：第5巻，日本評論新社，pp. 36-53.
内田忠夫（1955）「主要国における投入産出分析の経験」髙橋長太郎・山田勇編『現代経済学の展望II』経済学説全集：第14巻，河出書房，pp. 301-346.
経済安定本部財政金融局国民所得調査室（1952）『国民所得資料月報：米国所得調査の現状報告』no. 29, 4月．
坂田幸繁（1987）「産業連関モデルと『構造』分析——レオンチェフ『クローズド・システム』の観点から——」『経済学論纂』中央大学経済学研究会，vol. 28 no. 2, pp. 85-103（大屋祐雪編『現代統計学の諸問題』産業統計研究社, pp. 199-223）．
宍戸（1952）「アメリカ政府における『産業連関研究』の現状」『統計情報』vol. 1 no.1, pp. 1-3.
────（1953 a）「『産業連関の研究』と電子計算機の利用」『統計情報』vol. 2 no. 2，pp. 24-25．
────（1953 b）「アメリカ労働省, 200部門による1947年産業連関表」『統計情報』vol. 2 no. 4，pp. 82-83．
────（1954 a）「アメリカ連邦政府機関における産業連関作業の終了」『統計情報』vol. 3 no. 7，pp. 153-154.
────（1954 b）「主要国に於ける産業連関作業の現状」『統計情報』vol. 3 no. 8, pp. 192-194．
都留重人（1947）「新しい経済バランス論」『改造』vol.28 no. 8，pp. 4-10.
長屋政勝（1968）「投入係数の学説史的系譜」『統計学』no.18, pp. 30-50.
濱砂敬郎（1992 a）「産業連関表のデータ構造の分析」濱砂敬郎・時永祥三編『経済データベースと経済データ・モデルの分析』九州大学出版会，pp. 69-100.
────（1992 b）「産業連関表の投入産出関係について(1)」『経済学研究』九州大学経済学会，vol.57 no.56, pp. 227-240.
森嶋通夫（1955）『産業連関と経済変動』大阪大学経済学部社会経済研究室．
山田勝久（1957）「産業連関分析の民間企業への応用」『統計情報』vol. 6 no. 1, pp. 3-6．
山田喜志男（1958）「産業連関論の検討」『統計学』no. 7，pp. 16-35．
山田耕之介（1958）「投入産出表の歴史的背景について」『金融経済』no.52, pp. 89-103．

第2章

産業連関表の投入係数にかんするデータ構造

1. はじめに

　前章においては，産業連関表の構成論理を歴史的に考察したが，本章では，観点を変えて，投入係数の「平均値」的性格にかかわるデータ構造を産業部門の形成論理＝部門統合を考察することによって，明らかにする。

　今日，わが国の産業連関表は，統計報告書形式と磁気媒体形式によって公表されている。そのいずれの公表形式においても，基本分類表，統合小分類表，統合中分類表，統合大分類表，分析のための投入係数表と逆行列係数表およびその他の付帯表が提供されている。それは通常の調査統計や業務統計とは異なる総合加工統計であって，一定の理論的統計的フレームにそう「統計データベース」をなしている。

　本章では，産業連関表のデータ構造を考察するために，各産業部門の投入構造と部門間の投入産出関係を考慮しながら，部門数が異なる産業連関表の統合・分割関係を分析することによって，産業部門の統合過程を明らかにする。そういった分析のためには，多部門化した産業連関表と分析操作のコンピュータ化を欠くことはできないから，本章においても，産業連関データが記憶されている磁気媒体のデータ形式から考察をはじめる。

　　（註）　産業部門数が異なる産業連関表は，取引基本表の部門数をまとめることによって，より部門数が少なく，統合度が高い産業連関表として作成される。本章では，部門数がより多い産業連関表と，その産業部門が統合され，部門数が少なくなった産業連関表を，それぞれ『分割表』と『統合表』と呼ぶ。

2. 磁気媒体産業連関データの配列構成

　本節では，磁気媒体産業連関データの配列構成を「磁気型配列」，現行産業連関表の表章形式にもとづくデータの配列構成を「投入産出型配列」と呼称し，磁気媒体に記録された1990年の産業連関データの配列構成を考察する[1]。

　図2.1aは，基本分類表（527×411）の磁気データのフォーマットを示している。通商産業調査会（1994）によると，横方向には，最初に産業部門を番号化した「列コード」，「行コード」と「特殊分類コード」，それに続いて，その部門の投入額である「生産者価格評価の取引額」，「輸入額」，「商業マージン」，「国内貨物運賃」および「購入者価格評価の取引額」が並ぶ。そして，最後に，磁気データの種類を示す「整理コード」[2]が配置される。「投入産出型配列」の産業連関表データと比較すると，「磁気型配列」は，つぎの特徴を示している。

① 「投入産出型配列」では，各部門の投入列が横に配列されるが，図2.1aと図2.1bより，「磁気型配列」は，それらが縦一列に記録される。したがって，列コード，行コードと生産者価格評価の取引額について，「磁気型配列」と「投入産出型配列」は，図2.2のように対応させるこ

---

1) 磁気媒体に収録された産業連関データは，「全国統計協会連合会」と「通商産業調査会」によって提供されている。本章は，後者のデータをもちいる。なお，本節の磁気データの構造は，通商産業調査会（1994）「1-2. 磁気テープファイルの仕様」(pp. 5-6)にもとづいている。また，フロッピーディスクの産業連関データは容量の制約によって，図2.1aの商業マージン以降が収録されていないことに注意されたい。

2) 整理コードの「部門数」は，内生部門の列部門の数，「データの種類」は，1：取引額表，2：逆行列係数表，3：物量表，5：雇用表，6：雇用マトリックス，7：輸出入マトリックス，8：固定資本マトリックス，9：デフレータ，0：自家輸送マトリックス，「統計の種類」は，1：産業連関表，「産業連関表の種類」は，1：全国表，3：全国表の付帯表，5：延長表，「データ年」は，データの対象年次（西暦表示）の下2桁，「コード年」は，部門分類の対象年次（西暦表示）の下2桁，「価格年」は，価格評価の対象年次（西暦表示）の下2桁，および「識別コード」は，8：データ部を意味する（通商産業調査会（1994）pp. 12-13）。

第2章　産業連関表の投入係数にかんするデータ構造

投入項目	部門分類コード			特殊分類コード	生産者価格評価の取引額	商業マージン				国内貨物運賃						
	列コード	ブランク	行コード			輸入	卸売	小売	計	鉄道	道路	通運	沿海内水面	港湾	航空	倉庫	計
桁　数	6	1	7	1	12	12	12	12	12	12	12	12	12	12	12	12	12
カラム開始位置	1	7	8	15	16	28	40	52	64	76	88	100	112	124	136	148	160
図2.1bとの対応	①	②	③	④	⑤	⑥	⑦	⑧	⑨	⑩	⑪	⑫	⑬	⑭	⑮	⑯	⑰

投入項目	購入者価格評価の取引額	ブランク	整理コード							
			部門数	データの種類	統計の種類	I-Oの種類	データ年	コード年	価格年	識別コード
桁　数	12	4	3	1	1	1	2	2	2	1
カラム開始位置	172	184	188	191	192	193	194	196	198	200
図2.1bとの対応	⑱	⑲	⑳	㉑	㉒	㉓	㉔	㉕	㉖	㉗

図2.1a　磁気データの基本フォーマット

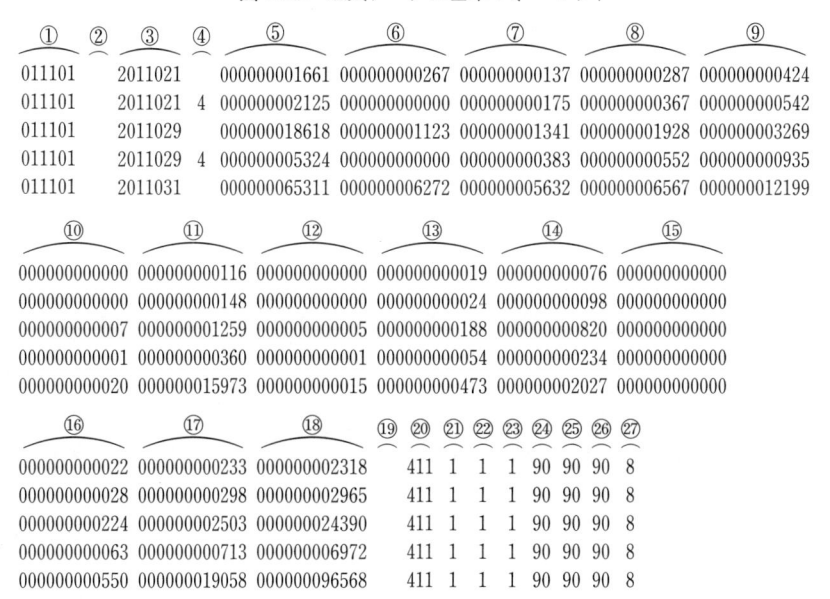

```
   ①      ②       ③    ④         ⑤                ⑥                ⑦                ⑧                ⑨
011101  2011021       000000001661  000000000267  000000000137  000000000287  000000000424
011101  2011021   4   000000002125  000000000000  000000000175  000000000367  000000000542
011101  2011029       000000018618  000000001123  000000001341  000000001928  000000003269
011101  2011029   4   000000005324  000000000000  000000000383  000000000552  000000000935
011101  2011031       000000065311  000000006272  000000005632  000000006567  000000012199

       ⑩                ⑪                ⑫                ⑬                ⑭                ⑮
000000000000  000000000116  000000000000  000000000019  000000000076  000000000000
000000000000  000000000148  000000000000  000000000024  000000000098  000000000000
000000000007  000000001259  000000000005  000000000188  000000000820  000000000000
000000000001  000000000360  000000000001  000000000054  000000000234  000000000000
000000000020  000000015973  000000000015  000000000473  000000002027  000000000000

       ⑯                ⑰                ⑱       ⑲  ⑳  ㉑ ㉒ ㉓ ㉔ ㉕ ㉖ ㉗
000000000022  000000000233  000000002318  411  1  1  1  90 90 90  8
000000000028  000000000298  000000002965  411  1  1  1  90 90 90  8
000000000224  000000002503  000000024390  411  1  1  1  90 90 90  8
000000000063  000000000713  000000006972  411  1  1  1  90 90 90  8
000000000550  000000019058  000000096568  411  1  1  1  90 90 90  8
```

図2.1b　磁気データの配列

注：図2.1aは，通商産業調査会（1994）p.6より作成し，図2.1bは，基本分類表の磁気データより作成。①〜㉗が両者の対応を示している。

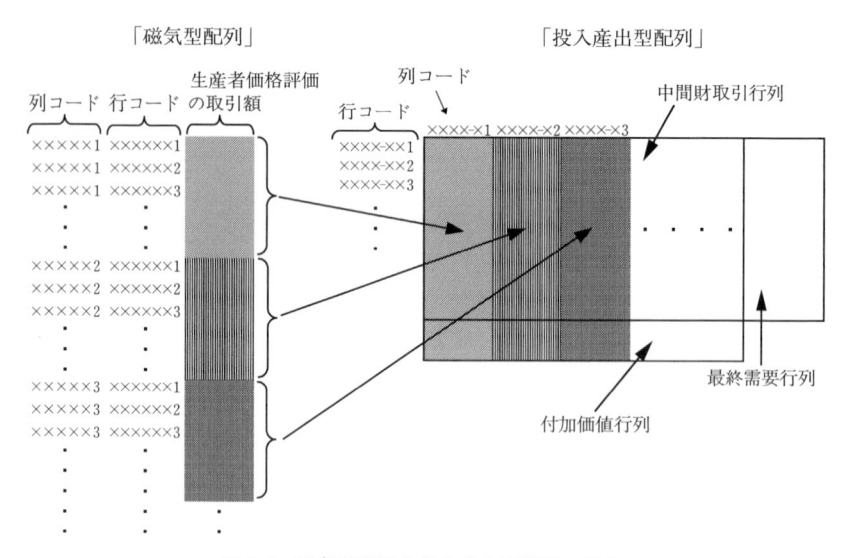

図2.2 磁気型配列と投入産出型配列の対応
注:通商産業調査会(1994)と総務庁(1994)より作成。

とができる。

② 図2.1aの生産者価格額から国内貨物運賃まで,どの取引項目にも投入額が存在しない場合には,そのレコードに「0」が打ち込まれておらず,レコードそのものが作成されない。産業連関分析を行うためには,部門間の取引が存在しないことを示す「0」の入力は欠くことができず,また,次節において,相関係数と順位相関係数によって,投入構造を解析するためにも,取引が存在しないことを示す「0」を入れる作業が必要である[3]。

③ 「磁気型配列」データには,「副産物」,「屑」,「商業マージン」および「国内貨物運賃」を,「成品投入」と区別して表示するために「特殊分類コード」が付加されている(表2.1)。はじめに,屑と副産物について見

---

[3] ただし,Fortran等のプログラミングによって,「磁気型配列」を「投入産出型配列」に再構成する場合には,「0」が入っていないことを意識する必要はない。

てみよう。

ある製品の生産過程において主生産物のほかに「副産物」や「屑」が生成し，部門間で取引される場合には，産業連関表は，原則的に，「マイナス投入方式（ストーン方式）」によって処理された金額を計上する。

『産業連関表：総合解説編』は，屑と副産物にかんするストーン方式について，「都市ガス部門が主生産物として都市ガスを100単位生産し，副産物としてコークスを10単位生産し，

表2.1　特殊分類コード

コード	特殊分類名
空　白	成品投入
2	屑　投　入
3	屑　発　生
4	副産物投入
5	副産物発生
6	商業マージン
7	国内貨物運賃

注：通商産業調査会（1994）p. 34と総務庁（1994）p. 25より転載。

都市ガスを家計に，コークスを銑鉄部門にそれぞれ販売している場合」を取り上げ，その処理方法を「都市ガス部門の生産は，都市ガスのみの100とし，都市ガス部門（列）は副産物として発生したコークス10を，コークス部門からマイナス投入（つまり購入でなく販売）したこととし，銑鉄部門は，コークス部門から10を投入する方式」と説明する（総務庁（1994）pp. 39-40）。図2.3は，屑と副産物の取り扱い方法を明確にするために，総務庁の事例に「都市ガス部門がコークス部門の主生産物（コークス）を30単位投入する場合」と「銑鉄部門がコークス部門の主生産物（コークス）を50単位投入する場合」を加えて，「磁気型配列」と「投入産出配列」の記述方法を示している。

「磁気型配列」では，屑発生・投入，副産物発生・投入および成品投入が明示的に区分されるが，「投入産出型形式」では，ストーン方式によって処理された後の取引額が計上されるため，副産物そのものを連関表からは読みとることができない。統計報告書に付帯表として「屑・副産物発生及び投入表」が別に作成されているのも，そのためである。

さらに，「商業マージン」と「国内貨物運賃」についても，それぞれ特殊コード6と7がつけられている。それは，生産者価格評価表では，取引の過程で付加される商業マージンと国内貨物運賃が，購入者側の部門に「商業」と「国内貨物運賃」部門からの投入として一括計上されており，それを区別して表示するためである（総務庁（1994）pp. 37-38）。図2.4は，部門Cが

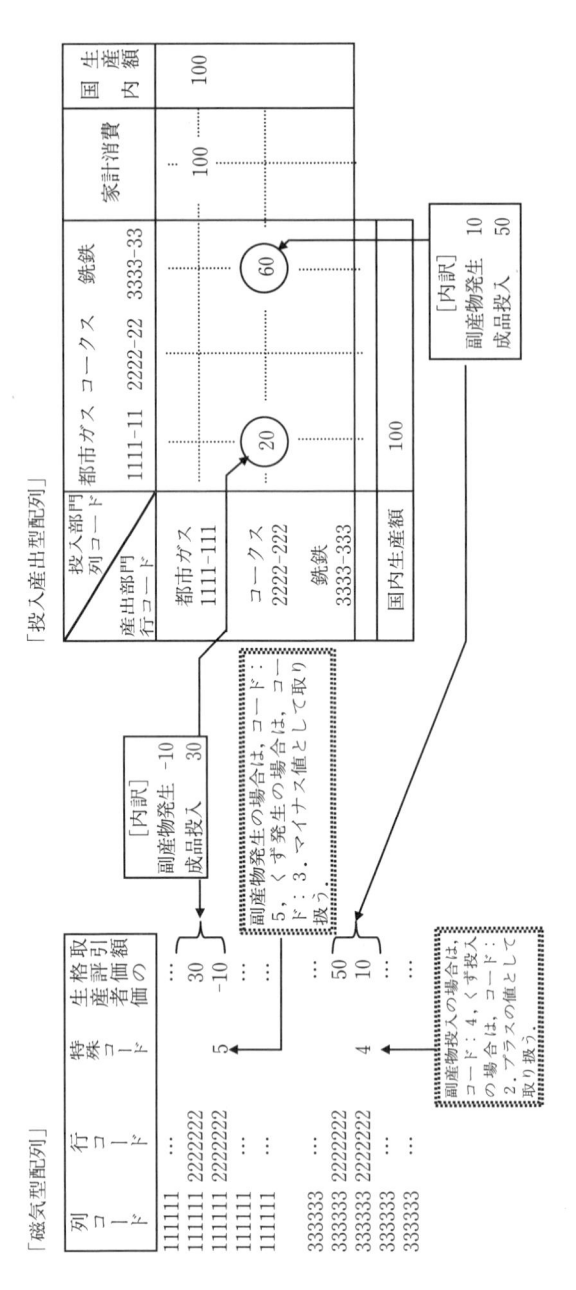

図 2.3 屑・副産物の記述方法

注：『産業連関表：総合解説編』（総務庁（1994）pp. 39-41）に、「都市ガス部門がコークス部門（コークス）を30単位投入する場合」と「銑鉄部門がコークス部門の主生産物（コークス）を50単位投入する場合」を付加して作成。行コードと列コードは、仮説例である。

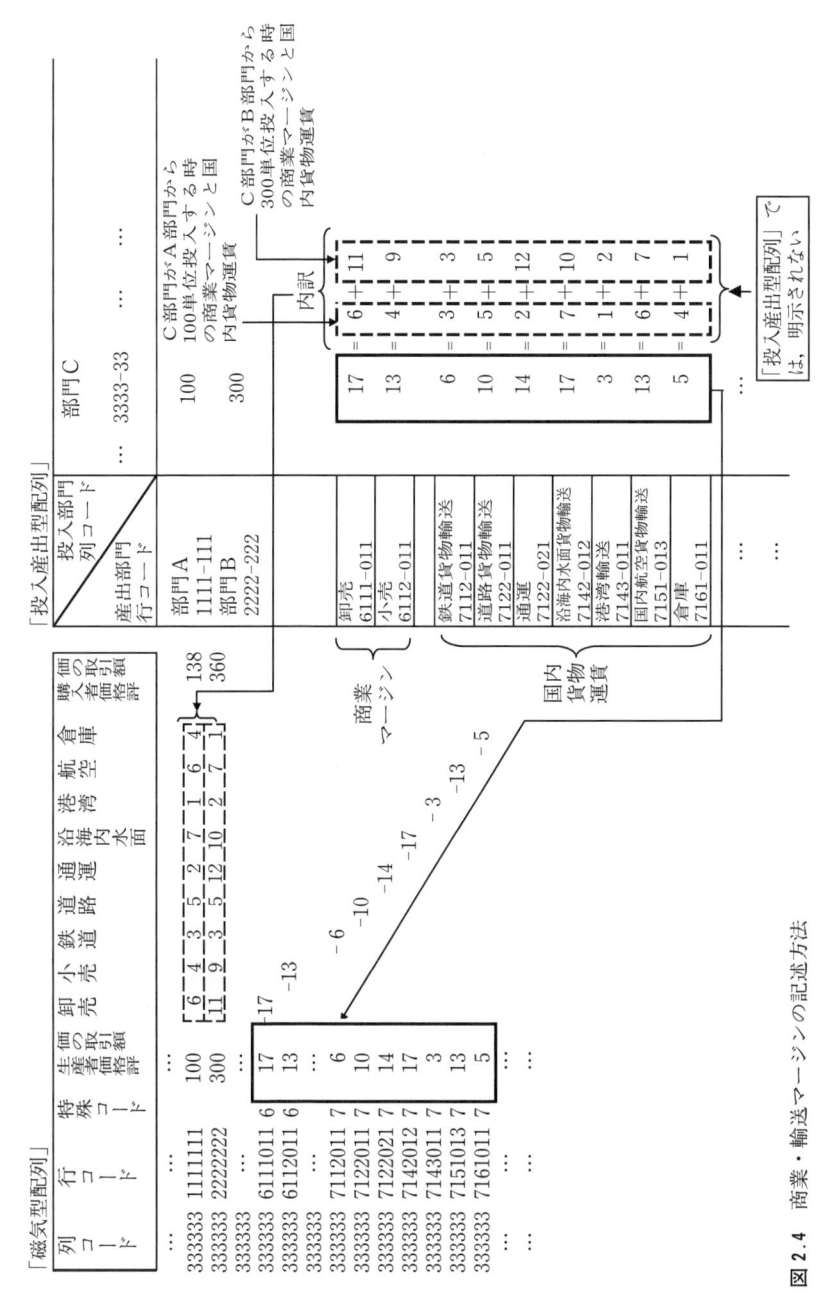

第2章 産業連関表の投入係数にかんするデータ構造

図2.4 商業・輸送マージンの記述方法

注：通商産業省 (1994) と総務庁 (1994) (pp.37–39) より作成。商業・輸送マージン以外の行コードおよび列コードおよび取引額は仮説例である。

部門Aから100単位，部門Bから300単位の財・サービスを投入する場合の生産者価格評価の取引額，商業マージン，国内貨物運賃の計上方法を示している。「投入産出型配列」では，産出部門が異なっていても，投入部門が同一ならば，商業マージンと国内貨物運賃の合計値が計上されるが，「磁気型配列」では，産業部門間の取引関係ごとに，商業マージンと国内貨物運賃が明示される。

「磁気型配列」において，同一の行コードと列コードの組み合わせが並ぶ場合は，取引額に必ず特殊コードが付記されていることから，「投入産出型配列」の値に再構成するためには，行コードと列コードの組み合わせが同一の取引額を合計すればよい。

他方，統合中分類表と統合大分類表は，「投入産出型配列」による磁気産業連関データも公表されており，そのまま表計算ソフト等で処理することが可能である。

3．部門構成の原則と統合・分割関係

本節は，産業連関表の統合・分割関係に着目することによって，表の部門構成原則を数量的に考察する。

先述したように産業連関表として，産業部門の統合度が異なる基本分類表，統合小分類表，統合中分類表および統合大分類表が作成され公表されている。基本分類表は，財・サービスの種類，用途および生産技術等を基準として，最も詳細に区分された部門分類表であり，分析目的によって，いろいろな統合表が作成されるデータソース表となっている。統合中分類表は，日本標準産業分類（JSIC）と国際標準産業分類（ISIC）の4桁分類に対応づけられた投入産出表であり，投入係数表やレオンチェフ逆行列表をともなう公刊表としては，最も分割度が高い表である。統合中分類表は，最も利用頻度が高い表であり，統合大分類表は，簡便な産業連関分析のために提供されている。また，13部門表は産業連関表の構造を概括的に示すための「ひな型」表である（総務庁（1994）pp. 24-25）。

そして，産業連関表は，「昭和30年表に引き続く昭和35年表において，

国民所得統計との整合性や原則として日本標準産業分類（JSIC）及び国際標準産業分類（ISIC）に準拠した部門分類が採用されるなど，現在のフレーム・ワークが形成された。その後は，各回の作成を通じて，国際標準産業分類への準拠，1968 SNA への対応など，逐次，改善が進められてきた。昭和 50 年表において，1968 SNA に対応した変更が行われている以外は，表作成の基本的なフレームの変更はない」（総務庁（1994）p. 22）[4]。したがって，産業連関表の部門構成は，基本的には日本標準産業分類にもとづいて区分されるが，とくに，産業連関表には独自の作成目的がある。それは，標準産業分類では，1 つの事業所が複数の経済・生産活動を行っている場合は，収入額や販売額を基準として，主たる生産活動によって，産業分類に格付けされるが（総務庁（1993）pp. 123-124），「産業連関表部門分類表」では，複数の異なる生産活動を行う事業所は，生産活動ごとに分割して分類される。したがって，部門分類は，いわゆるアクティビティベースの分類であり，商品分類に近い概念であって，投入構造と産出構造が異なる場合には，原則として，商品ごとに部門設定している（総務庁（1994）p. 22）。

　それでは，つぎに，『分割表』＝取引基本表：基本分類表（527×411）と『統合表』＝統合大分類表（32 部門表）による統合・分割関係にもとづいて，部門間の相関係数と順位相関係数を算出することによって，産業連関表の部門構成原則を数量的に検証してみよう。

　産業連関表では，「流通経費（商業マージン＋国内貨物運賃）」を中間投入財の購入費用に直接含めるか否かによって，購入者価格表と生産者価格表が区別されているが，本節では，より投入の技術構造を反映すると評価されている生産者価格表について，計測を行う。

　相関係数と順位相関係数の計測にあたって，『統合表』の大部門に統合される『分割表』のすべての小部門の組について，係数値を算出している。ここでは，国内生産額に占める産出額の比率が高く，国民経済の基幹産業と位置づけられる部門（鉄鋼，金属製品，一般機械，電気機械，輸送機械）に統合される小部門の組についての計測結果だけを紹介する。被統合部門の構成

4）ただし，1995 年表より，1993 SNA との対応が図られている。

表2.2 統合部門の対応表

基本分類		総合小分類	統合中分類	統合大分類
列コード	部門名			
2611-01	銑鉄	銑鉄・粗鋼	銑鉄・粗鋼	鉄鋼
2611-02	フェロアロイ			
2611-03	粗鋼（転炉）			
2611-04	粗鋼（電気炉）			
2621-01	熱間圧延鋼材	熱間圧延鋼材	鋼材	
2622-01	鋼管	鋼管		
2623-01	冷間仕上鋼材	冷延・めっき鋼材		
2623-02	めっき鋼材			
2631-01	鋳鍛鋼	鋳鍛造品	鋳鍛造品・他鉄鋼製品	
2631-02	鋳鉄管			
2631-03	鋳鉄品・鍛工品（鉄）			
2649-01	鉄鋼シャースリット業	他鉄鋼製品		
2649-09	他鉄鋼製品			
2811-01	建設用金属製品	建設用金属製品	建設・建築用金属製品	金属製品
2812-01	建築用金属製品	建築用金属製品		
2891-01	ガス・石油機器・暖厨房機器	暖厨房装置	他金属製品	
2899-01	ボルト・ナット・リベット・スプリング	他金属製品		
2899-02	金属製容器・製缶板金属品			
2899-03	配管工事付属品・粉末冶金製品・道具類			
2899-09	他金属製品			
3011-01	ボイラ	原動機・ボイラ	一般産業機械	一般機械
3011-02	タービン			
3011-03	原動機			
3012-01	運搬機械	運搬機械		
3013-01	冷凍機・温湿調整装置	冷凍機・温湿調整装置		
3019-01	ポンプ・圧縮機	他一般産業機械		
3019-02	ミシン・毛糸手編機械			
3019-03	機械工具			
3019-09	他一般産業機械・装置			
3021-01	鉱山・土木建設機械	鉱山・土木建築機械	特殊産業機械	
3022-01	化学機械	化学機械		
3023-01	産業用ロボット	産業用ロボット		
3024-01	金属工作機械	金属加工・工作機械		
3024-02	金属加工機械			
3029-01	農業機械	他特殊産業用機械		
3029-02	繊維機械			
3029-03	食料品加工機械			
3029-09	他特殊産業機械			
3031-01	金型	他一般機械器具・部品	他一般機械器具・部品	
3031-02	ベアリング			
3031-09	他一般機械器具・部品			
3111-01	複写機	事務用機械	事務用・サービス用機器	
3111-09	他事務用機械			
3112-01	サービス用機器	サービス用機器		

第2章 産業連関表の投入係数にかんするデータ構造

基本分類		総合小分類	統合中分類	統合大分類
列コード	部門名			
3211-01	電気音響機器	民生用電気機械	民生用電気機械	電気機械
3211-02	ラジオ・テレビ受信機			
3211-03	ビデオ機器			
3211-09	他民生用電気機器			
3212-01	磁気テープ・フレキシブルディスク	電気音響機器部品・同付属品		
3212-09	他電気音響機器部品・付属品			
3311-01	電子計算機本体	電子計算機・同付属装置	電子・通信機器	
3311-02	電子計算機付属装置			
3321-01	有線電気通信機器	通信機械		
3321-02	無線電気通信機器			
3321-09	他電気通信機器			
3331-01	電子応用装置	電子応用装置		
3332-01	電気計測器	電気計測器		
3341-01	半導体素子・集積回路	半導体素子・集積回路		
3359-01	電子管	他電子通信機器		
3359-09	他電子・通信機器部品			
3411-01	回転電気機械	重電機器	重電機器	
3411-02	開閉制御装置・配電盤			
3411-03	他送配電機器			
3411-09	他産業用重電機器			
3421-01	電気照明器具	他電気機器	他電気機器	
3421-02	電池			
3421-03	電球類			
3421-04	配線器具			
3421-05	内燃機関電装品			
3421-09	他軽電機器			
3511-01	乗用車	乗用車	自動車	輸送機械
3521-01	トラック・バス・他自動車	トラック・バス・他自動車		
3531-01	二輪自動車	二輪自動車		
3541-01	自動車車体	自動車部品・同付属品		
3541-02	自動車用内燃機関・同部分品			
3541-03	自動車部品			
3611-01	鋼船	船舶・同修理	船舶・同修理	
3611-02	他船舶			
3611-03	舶用内燃機関			
3611-10	船舶修理			
3621-01	鉄道車両	鉄道車両・同修理	他輸送機械・同修理	
3621-10	鉄道車両修理			
3622-01	航空機	航空機・同修理		
3622-10	航空機修理			
3629-01	自転車	他輸送機械		
3629-09	他輸送機械			

注：総務庁（1994）の第5章「基本分類と統合分類」（pp. 83-94）より，鉄鋼グループ，金属製品グループ，一般機械グループ，電気機械グループおよび輸送機械グループを抽出して作成。なお，投入係数の比較のため，列部門のみを記載している。

表2.3 鉄鋼グループの相関係数と順位相関係数

部門 列コード	銑鉄 2611-01	フェロ アロイ 2611-02	粗鋼 (転炉) 2611-03	粗鋼 (電気炉) 2611-04	熱間圧延 鋼　材 2621-01	鋼管 2622-01
2611-01	1	0.857	0.921	0.879	0.823	0.764
2611-02	0.245	1	0.865	0.910	0.757	0.705
2611-03	0.007	0.043	1	0.939	0.802	0.742
2611-04	0.040	0.349	0.433	1	0.808	0.755
2621-01	0.001	0.042	0.000	0.021	1	0.912
2622-01	0.004	0.060	0.001	0.028	0.007	1
2623-01	0.005	0.060	0.002	0.031	0.004	0.815
2623-02	0.004	0.032	0.001	0.024	0.002	0.070
2631-01	0.107	0.168	0.012	-0.107	0.644	0.026
2631-02	0.178	0.383	0.361	0.859	0.031	0.055
2631-03	0.352	0.377	0.315	0.597	0.027	0.377
2649-01	0.011	0.026	0.003	0.048	0.004	0.467
2649-09	0.022	0.090	0.011	0.086	0.189	0.088

注：対角要素の左下の三角ブロックは相関係数，右上の三角ブロックは順位相関係数。

表2.4 相関係数の度数分布

部門グループ 係数値	鉄鋼	金属製品	一般機械	電気機械	輸送機械
～ 0.2	59	3	180	126	89
0.2 ～ 0.4	8	8	84	91	6
0.4 ～ 0.6	4	8	8	65	5
0.6 ～ 0.8	4	2	3	33	7
0.8 ～ 1.0	3	0	1	10	13
平均値	0.169	0.412	0.184	0.322	0.211
最小値	-0.107	0.166	0.031	0.030	-0.001
最大値	0.957	0.647	0.857	0.954	0.988

注：グループ内部の相関係数の分布。自部門間の係数は除く。

表2.5 順位相関係数の度数分布

部門グループ 係数値	鉄鋼	金属製品	一般機械	電気機械	輸送機械
～ 0.2	0	0	0	0	0
0.2 ～ 0.4	0	0	0	0	0
0.4 ～ 0.6	0	0	0	0	21
0.6 ～ 0.8	44	1	21	120	85
0.8 ～ 1.0	34	20	255	205	14
平均値	0.788	0.847	0.860	0.812	0.685
最小値	0.675	0.777	0.751	0.650	0.443
最大値	0.939	0.916	0.962	0.964	0.949

注：グループ内部の順位相関係数の分布。自部門間の係数は除く。

冷間仕上鋼材	めっき鋼材	鋳鍛鋼	鋳鉄管	鋳鉄品・鍛工品（鉄）	鉄鋼シャースリット業	他鉄鋼製品
2623-01	2623-02	2631-01	2631-02	2631-03	2649-01	2649-09
0.769	0.727	0.843	0.760	0.675	0.750	0.729
0.707	0.697	0.823	0.845	0.726	0.702	0.751
0.760	0.745	0.814	0.804	0.734	0.722	0.724
0.775	0.755	0.827	0.857	0.753	0.712	0.762
0.889	0.830	0.908	0.797	0.704	0.802	0.798
0.896	0.848	0.852	0.760	0.712	0.857	0.805
1	0.929	0.804	0.754	0.707	0.820	0.770
0.080	1	0.798	0.756	0.703	0.812	0.775
0.020	0.014	1	0.851	0.697	0.799	0.830
0.048	0.047	-0.018	1	0.740	0.744	0.803
0.142	0.083	0.060	0.723	1	0.684	0.718
0.593	0.751	0.020	0.095	0.141	1	0.845
0.078	0.957	0.158	0.129	0.176	0.742	1

は，表2.2に示すとおりであり，『統合表』の1つの産業部門にまとめられる『分割表』の複数の産業部門をグループと呼ぶならば，鉄鋼グループは13個，金属製品グループは7個，一般機械グループは24個，電気機械グループは26個，そして，輸送機械グループは16個の産業部門から構成される．

　表2.3は，鉄鋼グループの相関係数（表中の対角要素の左下）と順位相関係数（表中の対角要素の右上）を示している．相関係数が高い部門は，その他の鉄鋼製品を除くと，粗鋼（電気炉）と鋳鉄管，めっき鋼材と鉄鋼シャースリット業および熱間圧延鋼材と鋳鍛鋼が0.6を超える値を示すが，その他の部門間の相関係数は，産業部門の組によって，かなりのばらつきがみられる．また，順位相関係数の値は，相関係数の値より高い値を示していることがわかる．表2.4と表2.5は，鉄鋼グループ，金属製品グループ，一般機械グループ，電機機械グループおよび輸送機械グループについて，相関係数と順位相関係数の分布をまとめており，表2.3で示した鉄鋼グループだけでなく，他の部門についても順位相関係数は高い値を示すが，相関係数の値は低いことがわかる．また，表2.6は，例として，鉄鋼グループの小部門について，投入係数が大きい上位5部門を示しており，投入比率が高い部門の種類

表 2.6 鉄鋼グループの投入係数（上位5部門）

	銑鉄	フェロアロイ	粗鋼（転炉）	粗鋼（電気炉）	熱間圧延鋼材	鋼管	冷間仕上鋼材
1	コークス 0.383	事業用電力 0.219	銑鋼 鉄 0.553	鉄 屑 0.197	粗鋼（転炉）0.413	普通鋼鋼帯 0.194	普通鋼鋼帯 0.429
2	鉄 石 0.262	その他の非鉄金属鉱物 0.153	銑 フェロアロイ 0.059	銑 0.106	粗鋼（電気炉）0.253	特殊鋼熱間圧延鋼材 0.185	特殊鋼熱間圧延鋼材 0.082
3	卸 売 0.030	コークス 0.063	事業用電力 0.020	事業用電力 0.100	事業用電力 0.026	その他の普通鋼熱間圧延鋼材 0.062	その他の普通鋼熱間圧延鋼材 0.037
4	事業用電力 0.029	卸 0.030	卸 売 0.016	フェロアロイ 0.091	卸 売 0.019	普通鋼鋼管 0.050	卸 売 0.034
5	港湾運送 0.019	機械修理 0.021	機械修理 0.014	卸 売 0.068	その他の石炭製品 0.010	特殊鋼鋼管 0.032	事業用電力 0.030
中間投入比	0.824	0.693	0.779	0.721	0.800	0.709	0.733
投入総額（百万円）	1,930,907	222,680	3,098,347	1,975,239	7,427,749	1,447,701	3,760,973

	めっき鋼材	鋳鍛鋼	鋳鉄管	鋳鋼品及び鍛工品（鉄）	鉄鋼シャースリット業	その他の鉄鋼製品
1	冷間仕上鋼材 0.467	粗鋼（電気炉）0.199	鉄 屑 0.086	卸 売 0.068	冷間仕上鋼材 0.244	冷間仕上鋼材 0.276
2	亜鉛（含再生）0.059	粗鋼（転炉）0.041	卸 売 0.058	特殊鋼熱間圧延鋼材 0.068	普通鋼鋼帯 0.206	卸 売 0.063
3	卸 売 0.044	事業用電力 0.035	事業用電力 0.048	コークス 0.054	めっき鋼材 0.091	粗鋼（転炉）0.043
4	普通鋼鋼帯 0.034	コークス 0.024	鉄 屑 0.046	鉄 屑 0.049	卸 売 0.082	粗鋼（電気炉）0.031
5	道路貨物輸送 0.016	機械修理 0.022	企業内研究開発 0.028	鉄 0.043	普通鋼鋼板 0.073	分類不明 0.026
中間投入比	0.755	0.441	0.496	0.579	0.782	0.614
投入総額（百万円）	1,737,806	441,060	150,004	1,779,642	2,385,259	321,857

注：鉄鋼グループの投入係数の上位5部門と投入総額を計測。

とその部門の生産額の比重にかなりの差異があることがわかる。

表2.3から表2.6は，表2.2で示したグループ内部の投入構造にかんする計測結果である。それでは，産業連関表の部門分類にもとづく統合原則の枠組みをはずし，すべての産業部門間の相関係数を算定し，上位に位置する産業部門の組み合わせを計測してみよう。表2.7は，鉄鋼グループを構成する小部門と産業連関表を構成するすべての産業部門の相関係数について，上位12番目までを示している。上位12番目までを1つの基準とした理由は，鉄鋼部門は13個の産業部門から構成され，第1位は自部門間の相関係数＝1であるからである。表によると，銑鉄は，第3位までは鉄鋼グループの内部の部門が位置するが，第4位：塩，第5位：その他の無機化学工業製品のように，鉄鋼グループ以外の部門との相関係数も高いことがわかる。また，そういった傾向は，他の小部門にも見られ，鉄鋼グループ内部の部門間の相関係数が第1位や第2位に位置するが，それより下位においては，鉄鋼グループ以外の小部門が出現する。そして，フェロアロイのように，鉄鋼グループの産業部門は上位に位置せず，もっぱら別の産業部門グループを構成する部門と類似性が高い部門も見受けられる。表2.8は，5つの産業部門グループについて，すべての産業部門との相関係数を計測し，グループを構成する産業部門数を基準として，グループ内部と外部に区分して，高い相関係数を示す産業部門を示している。それによると，統合大分類において，1つの部門グループに統合される小部門の投入係数は，統合原則の枠を超えて，類似性を示していることがわかる。

表2.3から表2.8で示した係数計測の結果を見ると，基本分類表レベルでの低い相関係数の値は，生産品目と生産工程が異なるならば，それに対応して産業部門を設定するという産業連関表の部門分類原則が成立していることを意味しているが，それは，部門統合過程において，アクティビティ構造の異なる産業部門がまとめられて，新しい産業部門として出現していることも示しており，部門統合によって生成する新しい投入係数が統合される『分割表』の各産業部門の投入係数の「真値」とはいえなくなっていることがうかがえる。そして，投入係数の類似性・等質性の観点からは，部門の統合原則の枠組みを超えた産業部門間の類似性が計測され，それは，現行の産業部門

表2.7　鉄鋼グループとその他の産業部門の類似性

相関係数の順位 \ 鉄鋼グループ	銑鉄	フェロアロイ	粗鋼（転炉）	粗鋼（電気炉）	熱間圧延鋼材	鋼管
1	鋳鉄品・鍛工品(鉄)	圧縮ガス・液化ガス	粗　鋼（電気炉）	鋳　鉄　管	鋳　鍛　鋼	冷間仕上鋼　材
2	フェロアロイ	ソーダ工業製品	鋳　鉄　管	鋳鉄品・鍛工品(鉄)	他　鉄　鋼製　　品	ベアリング
3	鋳　鉄　管	鉄　鉱　石	鋳鉄品・鍛工品(鉄)	粗　鋼（転炉）	圧縮ガス・液化ガス	機械工具
4	塩	工業用水	フェロアロイ	圧縮ガス・液化ガス	ソーダ工業製品	鉄鋼シャースリット業
5	他無機化学工業製品	製　　氷	製　　氷	ソーダ工業製品	工業用水	ガス・石油機器・暖厨房機器
6	鉛（含再生）	上水道・簡易水道	ソーダ工業製品	フェロアロイ	鉄　鉱　石	配管工事付属品・粉末冶金製品・道具
7	研　磨　材	他非鉄金属地金	天然ガス	鉄　鉱　石	上水道・簡易水道	鋳鉄品・鍛工品(鉄)
8	鋳　鍛　鋼	天然ガス	圧縮ガス・液化ガス	工業用水	天然ガス	ボルト・ナット・リベット・スプリング
9	他窯業・土石製品	熱供給業	工業用水	上水道・簡易水道	製　　氷	他一般機械器具・部品
10	炭素・黒鉛製　　品	自然科学研究機関(国公立)	石　　炭	製　　氷	フェロアロイ	建設用金属製品
11	ソーダ工業製品	廃棄物処理(公営)	耐　火　物	天然ガス	熱供給業	金　　型
12	セメント	非鉄金属鉱　　物	下水道・簡易水道	廃棄物処理(公営)	遊　戯　場	鉱山・土木建設機械

注：色を付けた部分は，鉄鋼グループを構成する小部門。それ以外は，他の産業部門グループを構

第2章　産業連関表の投入係数にかんするデータ構造

冷間仕上鋼材	めっき鋼材	鋳鍛鋼	鋳鉄管	鋳鉄品・鍛工品（鉄）	鉄鋼シャースリット業	他鉄鋼製品
鋼　管	他鉄鋼製品	熱間圧延鋼材	粗　鋼（電気炉）	鋳鉄管	めっき鋼材	めっき鋼材
鉄鋼シャースリット業	鉄鋼シャースリット業	天然ガス	鋳鉄品・鍛工品（鉄）	粗　鋼（電気炉）	他鉄鋼製品	ボルト・ナット・リベット・スプリング
ガス・石油機器・暖厨房機器	ボルト・ナット・リベット・スプリング	製　氷	研磨材	ベアリング	ボルト・ナット・リベット・スプリング	鉄鋼シャースリット業
ベアリング	他金属製品	ソーダ工業製品	ソーダ工業製品	機械工具	他金属製品	他金属製品
機械工具	機械工具	圧縮ガス・液化ガス	天然ガス	配管工事付属品・粉末冶金製品・道具	冷間仕上鋼材	機械工具
配管工事付属品・粉末冶金製品・道具	回転電気機械	鉄鉱石	フェロアロイ	陶磁器	鋼　管	回転電気機械
鋳鉄品・鍛工品（鉄）	ガス・石油機器・暖厨房機器	フェロアロイ	他ガラス製品	ボルト・ナット・リベット・スプリング	ガス・石油機器・暖厨房機器	ガス・石油機器・暖厨房機器
建設用金属製品	他送配電機器	工業用水	圧縮ガス・液化ガス	研磨材	機械工具	他送配電機器
ボルト・ナット・リベット・スプリング	セメント製品	他鉄鋼製品	分類不明	ガス・石油機器・暖厨房機器	回転電気機械	セメント製品
他金属製品	ミシン・毛糸手編機械	遊戯場	鉄鉱石	他一般機械器具・部品	他送配電機器	開閉制御装置・配電盤
他一般機械器具・部品	開閉制御装置・配電盤	航空付帯サービス（産業）	他窯業・土石製品	他窯業・土石製品	セメント製品	他特殊産業機械
鉄道軌道建設	他特殊産業機械	上水道・簡易水道	陶磁器	板紙	金属製容器・製缶板金製品	ミシン・毛糸手編機械

成する産業部門。

表 2.8　産業部門グループ内外の類似性

鉄鋼部門グループ	グループ内	グループ外
銑鉄	4	8
フェロアロイ	0	12
粗鋼（転炉）	4	8
粗鋼（電気炉）	4	8
熱間圧延鋼材	3	9
鋼管	3	9
冷間仕上鋼材	3	9
めっき鋼材	2	10
鋳鍛鋼	3	9
鋳鉄管	3	9
鋳鉄品及び鍛工品（鉄）	2	10
鉄鋼シャースリット業	4	8
その他の鉄鋼製品	2	10

金属部門グループ	グループ内	グループ外
建設用金属製品	4	2
建築用金属製品	4	2
ガス・石油機器及び暖厨房機器	3	3
ボルト・ナット・リベット及びスプリング	1	5
金属製容器及び製缶板金製品	4	2
配管工事付属品・粉末冶金製品・道具	2	4
その他の金属製品	2	4

一般機械部門グループ	グループ内	グループ外
ボイラ	9	14
タービン	10	13
原動機	9	14
運搬機械	4	19
冷凍機・温湿調整装置	5	18
ポンプ及び圧縮機	10	13
ミシン・毛糸手編機械	4	19
機械工具	5	18
その他の一般産業機械及び装置	13	10
鉱山・土木建設機械	9	14
化学機械	8	15
産業用ロボット	5	18
金属工作機械	7	16
金属加工機械	7	16
農業機械	9	14
繊維機械	9	14
食料品加工機械	10	13
その他の特殊産業機械	7	16
金型	6	17
ベアリング	8	15
その他の一般機械器具及び部品	7	16
複写機	1	22
その他の事務用機械	2	21
サービス用機器	3	20

電気機械部門グループ	グループ内	グループ外
電気音響機器	16	9
ラジオ・テレビ受信機	16	9
ビデオ機器	16	9
その他の民生用電気機器	10	15
磁気テープ・フレキシブルディスク	3	22
その他の電気音響機器部品・付属品	16	9
電子計算機本体	16	9
電子計算機付属装置	16	9
有線電気通信機器	16	9
無線電気通信機器	16	9
その他の電気通信機器	17	8
電子応用装置	16	9
電気計測器	16	9
半導体素子・集積回路	17	8
電子管	16	9
その他の電子・通信機器部品	16	9
回転電気機械	12	13
開閉制御装置及び配電盤	15	10
その他の送配電機器	6	19
その他の産業用重電機器	15	10
電気照明器具	8	17
電池	7	18
電球類	8	17
配線器具	7	18
内燃機関電装品	6	19
その他の軽電機器	10	15

輸送機械部門グループ	グループ内	グループ外
乗用車	7	8
トラック・バス・その他の自動車	7	8
二輪自動車	8	7
自動車車体	5	10
自動車用内燃機関・同部分品	6	9
自動車部品	7	8
鋼船	3	12
その他の船舶	3	12
舶用内燃機関	3	12
船舶修理	3	12
鉄道車両	4	11
鉄道車両修理	4	11
航空機	1	14
航空機修理	3	12
自転車	1	14
その他の輸送機械	7	8

注：5つの産業部門グループについて，グループ内外のすべての産業部門間の相関係数を計測し，グループを構成する産業部門数を基準として，整理している。ただし，自部門間の相関係数は，必ず第1位となるので，グループ内の数からは除いている。

分類の基本フレームと投入構造の等質性が対応していないことを示している。

4. 産業部門の統合過程と波及効果量

　本節は，はじめに，部門統合過程における取引額の計算方法を考察し，波及効果分析において，部門統合から生じる問題点について考察する。

　部門統合の具体例として，統合大分類表の金属部門をとりあげると，基本分類表の投入部門=「建設用金属製品，建築用金属製品，ガス・石油機器及び暖厨房機器，ボルト・ナット・リベット及びスプリング，金属製容器及び製缶板金製品，配管工事付属品・粉末冶金製品・道具類，その他の金属製品」と，産出部門=「建設用金属製品，建築用金属製品，ガス・石油機器及び暖厨房機器，ボルト・ナット・リベット及びスプリング，金属製容器及び製缶板金製品，配管工事付属品，粉末冶金製品，刃物及び道具類，金属プレス製品，金属線製品，その他の金属製品」が，統合大分類表では投入部門と産出部門の「金属製品」にまとめられる。また，『統合表』の「金属製品」部門の投入列と産出行の金額は，『分割表』=基本分類表での小部門の行と列の取引額を加算することによって，計上される（図2.5）。統合小分類表や統合中分類表への統合過程においても，部門分類表にもとづいて，『分割表』の投入額と産出額を加算していくことによって，『統合表』の投入額と産出額が得られる。

　そして，統合投入係数は，第 j 部門と第 $j+1$ 部門を統合すると，

$$a'_{i',j'} = \frac{x_{i,j} + x_{i,j+1}}{X_j + X_{j+1}}$$
$$= \frac{X_j}{X_j + X_{j+1}} a_{i,j} + \frac{X_{j+1}}{X_j + X_{j+1}} a_{i,j+1} \qquad (2.1)$$

$$a''_{i',j'} = \frac{x_{j,j} + x_{j+1,j} + x_{j,j+1} + x_{j+1,j+1}}{X_j + X_{j+1}}$$
$$= \frac{X_j}{X_j + X_{j+1}} (a_{j,j} + a_{j+1,j}) + \frac{X_{j+1}}{X_j + X_{j+1}} (a_{j,j+1} + a_{j+1,j+1}) \qquad (2.2)$$

行コード 部門名	列コード 部門名	· ·	· ·	2811-01 建設用 金属製品	2812-01 建築用 金属製品	2891-01 · ·	2899-01 · ·
· · ·	· · ·			· · ·	· · ·	· · ·	· · ·
28110-11	建設用金属製品	·	·	472	0	0	0
28120-11	建築用金属製品	·	·	14	0	24	15
28910-11		·	·	1	25	55	14
28990-11		·	·	947	143	37	91
28990-21		·	·	286	415	221	8
28990-31		·	·	35	24	10	13
28990-32		·	·	13	26	27	22
28990-33		·	·	1	1	0	1
28990-91		·	·	15	488	652	108
28990-92	金属線製品	·	·	230	36	28	27
28990-99	他金属製品 (除別掲)	·	·	245	259	18	88
· ·	· ·			· ·	· ·	· ·	· ·
90990-00	内生部門計			20,592	19,289	6,923	9,196
·	·			·	·	·	·
97000-00	国内生産額			36,745	32,821	10,758	16,376

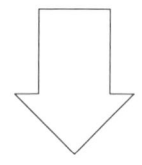

⬇

部門名 \ 部門名	· ·	· ·	11 金属製品	· ·
· ·	·	·	·	·
11 金属製品			9,423	
· ·	·	·	·	·
33 内生部門計			91,405	
·			·	
54 国内生産額			167,480	

図 2.5 金属部門
注：基本分類と統合大分類にもとづい

第2章 産業連関表の投入係数にかんするデータ構造

(単位：億円)

2899-02	2899-03	2899-09	・・	9099-00	・・・	9700-00
・	配管工事付属品・粉末冶金製品・道具類	他金属製品		内生部門計		国内生産額
・	・	・				・
・	・	・				・
0	0	0	・・	35,253		36,745
2	11	80	・・	32,171		32,821
3	0	0	・・	7,561		10,758
61	33	357	・・	15,183		16,376
0	187	1170	・・	19,097		22,239
28	15	21	・・	4,038		4,331
24	40	89	・・	2,135		2,173
0	7	15	・・	2,804		3,826
341	223	548	・・	16,154		16,880
57	43	272	・・	6,115		6,747
162	321	175	・・	10,850		14,585
・	・	・				・
・	・	・				・
12,763	5,144	17,499				
・	・	・				
・	・	・				
22,239	10,330	38,211				

(単位：億円)

33		54
内生部門計	・・・	国内生産
		・
		・
1,151,361		167,480
		・
		・

の部門統合
て，磁気媒体データを利用して作成。

ただし

$x_{i,j}$ ： 第 j 部門の第 i 部門からの投入額.

X_i ： 第 i 部門の国内生産額.

$a_{i,j}$ ： 統合前の投入係数.

$a'_{i',j'}$ ： 統合後の自部門投入以外の投入係数.

$a''_{i',j'}$ ： 統合後の自部門投入の投入係数.

となる。

　部門統合によって生じる新しい投入係数は，被統合各部門の投入係数だけでなく，その部門の国内生産額の大きさによっても規定されることから，産業連関表の投入構造が「変容」し，産業連関分析の有効性にかかわる1つの問題点をひきおこす。最終需要の波及効果分析において，『統合表』と統合前の『分割表』とでは，同じ最終需要でも波及効果＝産出量が異なるという問題がすなわちそれである。

　部門統合によって，波及効果量が変化する問題点は，これまで，多くの論者によって研究が行われており[5]，今日では，『産業連関表：総合解説編』において，第3章「産業連関分析のための各種係数の内容と計算方法」の第7節「部門統合の問題」(総務庁 (1994) pp. 64-67) として節が立てられ，部門統合によって波及効果額が相違しない条件として，投入構造が等質的な産業部門が部門統合される必要性が示されており ($a_{j,j}+a_{j+1,j}=a_{j,j+1}+a_{j+1,j+1}$ かつ $a_{i,j}=a_{i,j+1}$)，統合度の異なる産業連関表による波及額の差異が計算されている。とくに，投入係数と産業連関表上の経済変量の取り扱い方法の関連から部門統合と波及効果量の問題点を考察する興味深い論文として，赤羽 (1980) がある (以下，赤羽論文の引用については，「赤羽」と記す)。

　赤羽は，昭和45年と50年の部門数の異なる産業連関表をもちいて在庫投資による輸入誘発額を計測することによって，輸入誘発額に差異が発生することを明らかにし，その理由として2つの問題点を指摘する。

　第1の問題点は，異なる産業部門の統合が，投入構造を「平均化」するこ

---

5) Ara (1959), Hatanaka (1952), McManus (1956) および Morimoto (1970) 等を参照されたい。

とである。「統合という行為は平均化するという行為で……平均化することで内部の構造は消しさられ，したがって，内部の構造に着目することではじめて明らかになる本質が覆いかくされ，その結果むしろ誤った結論が導かれることになってしまう。」（赤羽（p.61））

第2の問題点は，「投入係数の安定性が，部門を統合するという過程で崩されてしまう，というまさに基本的な問題点」である（赤羽（p.61））。産業連関分析では，一般的には「投入係数の安定性」が分析の基本前提であるから，われわれも赤羽の論述を詳しくみてみよう。

赤羽は，ブラウスの生産工程の各段階（綿花，綿糸，無地綿布，花柄布地，ブラウス）において，「100枚のブラウスの消費需要の発生」→「100枚のブラウスの製造」→「167平方米の花柄綿布の製造」→「167平方米の無地綿布の製造」→「綿糸25キログラムの製造」という生産誘発過程が，「技術的にほぼ固定した関係であり，物量ベースでみた技術的な投入・産出の関係」に規定され波及していることを紹介し，さらに，問題の所在を浮き彫りにするために，解説図（赤羽（1980）p.62の図1-(1)と1-(2)）を描く。技術的な投入産出過程を念頭におき，2つの図を産業連関表の形で描き直すと，図2.6aと図2.6bになる。

図2.6aでは，在庫変動と輸出入が存在しないために，ブラウスにたいして生じた需要＝100は，一連の生産段階で増減せずに，最終段階の綿花の生産にまでそのまま100の需要額で波及する。したがって，縫製業から綿糸紡績業までの4つのアクティビティが統合された1つの新しいアクティビティ＝「綿製品製造業」の形成は，「技術的に安定した組合せ」にしたがった部門統合である。

赤羽によると，投入係数の安定性がおびやかされるのは，在庫過程と輸出入が存在する図2.6bのケースである。図2.6bでは，同量の最終需要＝100が発生しても，在庫による吸収，輸入の誘発さらには輸出への漏出によって，各製造段階の生産量と需要量の変動が異なってくる。したがって，「これら4つのアクティビティを統合してつくられた『綿製造業』というアクティビティの内部においては，この4つのアクティビティの間に本来存在する技術的に安定した関係はもはや存在せず，縫製業から紡績業までの4つ

		1 ブラウス	2 花柄布地	3 無地綿布	4 綿糸	5 綿花	消費	在庫	輸出	輸入	国内生産額
1	ブラウス						100 枚 (100)				100 枚 (100)
2	花柄布地	167 m² (100)									167 m² (100)
3	無地綿布		167 m² (100)								167 m² (100)
4	綿糸			25 kg (100)							25 kg (100)
5	綿花				綿糸 25 kg のための綿花 (100)						綿糸 25 kg のための綿花 (100)
付加価値											
国内生産額		100 枚 (100)	167 m² (100)	167 m² (100)	25 kg (100)	綿糸 25 kg のための綿花 (100)					

図 2.6 a　ブラウスの製造過程
輸出入・在庫なし

		1 ブラウス	2 花柄布地	3 無地綿布	4 綿糸	5 綿花	消費	在庫	輸出	輸入	国内生産額
1	ブラウス						100 枚 (100)				100 枚 (100)
2	花柄布地	167 m² (100)							-16.7 m² (-10)		150.3 m² (90)
3	無地綿布		150.3 m² (90)							33.4 m² (20)	183.7 m² (110)
4	綿糸			27.5 kg (110)						-7.5 m² (-30)	20 kg (80)
5	綿花				綿糸 20 kg のための綿花 (80)					綿糸 20 kg のための綿花 (-80)	0
付加価値											
国内生産額		100 枚 (100)	150.3 m² (90)	183.7 m² (110)	20 kg (80)	0					

図 2.6 b　ブラウスの製造過程
輸出入・在庫あり

注：赤羽 (1980) の図-1 (1)(2) (p. 62) より作成．図中の括弧内の数値は，需要量をブラウスの枚数で換算した値．図 2.6 a において，綿花部門の中間投入が存在しないが，本節の論旨とは無関係なので，そのままにしている．

第 2 章　産業連関表の投入係数にかんするデータ構造　　*43*

のサブアクティビティに関する投入産出の関係……がいかに技術的に安定したものであっても，それを統合したアクティビティの投入係数が安定したものであるとは，もはや主張しえない」ことを指摘する（赤羽（p. 62））。

そして，赤羽は，部門統合の問題点を解決する可能性と方法に考察を進める。

第 1 の部門統合による「平均化」問題については，「平均とは内部構造を消し去る行為である以上，平均をし，その上でなお，平均をする前の内部構造を反映させるということは不可能なことである」から，「平均化から発生する問題点については……その欠陥を矯正することは不可能であろう」と，解決の可能性を否定する（赤羽（p. 63））。

また，部門統合によって投入係数の安定性が損なわれる第 2 の問題点について，その矯正方法を，つぎのように考案する。

「統合後の投入係数の技術的な安定性が保証されないのは……在庫変動等技術的な関連の要因以外によって，生産額の組合せが変化してしまう」からであり，「在庫変動，輸出入がいずれも存在せず，全てが最終財需要からの波及により誘発された場合の生産額を，それぞれの部門について推計し，この推計生産額を統合のための組合せ比率の算定に利用すればよい」ことを矯正方法として示し，そのために「技術的な投入産出関係のみを表現する……基本分類系列」の 404×404 部門表からレオンチェフ逆行列表を作成し，在庫変動と輸出入を除いた国内最終需要ベクトルを掛け，部門別の生産額 X^* を推計する。生産額 X^* は，「輸出入が存在しないという仮定のもとで，在庫を除く国内最終需要を，すべて国産品で賄う場合に，技術的に必要とされる部門別生産額」であって，生産額 X^* をもちいたつぎの統合投入係数を紹介する（赤羽（pp. 63-64））[6]。

$$統合投入係数\ (A') = \frac{\dfrac{X_j^*}{X_j^* + X_{j+1}^*} x_{i,j} + \dfrac{X_{j+1}^*}{X_j^* + X_{j+1}^*} x_{i,j+1}}{\dfrac{X_j^*}{X_j^* + X_{j+1}^*} X_j + \dfrac{X_{j+1}^*}{X_j^* + X_{j+1}^*} X_{j+1}} \tag{2.3}$$

$$統合投入係数\ (A'') = \frac{X_j^*}{X_j^* + X_{j+1}^*} a_{i,j} + \frac{X_{j+1}^*}{X_j^* + X_{j+1}^*} a_{i,j+1} \tag{2.4}$$

ただし

- $x_{i,j}$: 第 j 部門の第 i 部門からの投入額.
- X_j : 第 j 部門の国内生産額.
- X_j^* : 輸出入と在庫が存在しないという仮定の下で，国内最終需要をすべて国産品でまかなう場合に必要とされる第 j 部門の国内生産額.
- $a_{i,j}$: 投入係数 $\left(\dfrac{x_{i,j}}{X_j}\right)$.

赤羽の投入係数の安定性にかんする論点を図2.6aと図2.6bをもちいて整理し，具体的に検証してみる。はじめに，統合前の投入係数をみてみよう。

図2.6aでは，物的な投入係数は，$a_{2,1}=167\ \text{m}^2/100\ \text{枚}=1.67\ \text{m}^2/\text{枚}$，$a_{3,2}=167\ \text{m}^2/167\ \text{m}^2=1$，$a_{4,3}=25\ \text{kg}/167\ \text{m}^2=0.15\ \text{kg}/\text{m}^2$，$a_{5,4}=25\ \text{kg}/25\ \text{kg}=1$ と計測される。また，図中のブラウスの枚数=100枚で計算すると，$a_{2,1}=a_{3,2}=a_{4,3}=a_{5,4}=1$ であることがわかる。つぎに，輸出入と在庫を含む図2.6bにおいて，物的な投入係数を計測すると，$a_{2,1}=167\ \text{m}^2/100\ \text{枚}=1.67\ \text{m}^2/\text{枚}$，$a_{3,2}=150.3\ \text{m}^2/150.3\ \text{m}^2=1$，$a_{4,3}=27.5\ \text{kg}/183.7\ \text{m}^2=0.15\ \text{kg}/\text{m}^2$，$a_{5,4}=20\ \text{kg}/20\ \text{kg}=1$ となり，ブラウスの枚数で計算すると，$a_{2,1}=a_{3,2}=a_{4,3}=a_{5,4}=1$ であって，図2.6aと同一である。それは，産業連関表の中間財取引行列は，財・サービスの「消費額」を記載しており（産業連関表部局長会議（1992）p.118)，その値を国内生産額で割ることによって，投入係数が算定されることから，投入係数そのものが安定しているならば，輸出入や在庫の変動によって，投入係数は変化しないことを表している。

つぎに，部門統合した後の投入係数を計測してみよう。例えば，第1部門

---

6) 赤羽の統合方法は，列部門のみを表示しているが，行も同時に統合するとすれば，統合後の自部門投入に相当する統合投入係数は，

$$\text{統合投入係数}(A') = \frac{\dfrac{X_j^*}{X_j^*+X_{j+1}^*}x_{j,j} + \dfrac{X_j^*}{X_j^*+X_{j+1}^*}x_{j+1,j} + \dfrac{X_{j+1}^*}{X_j^*+X_{j+1}^*}x_{j,j+1} + \dfrac{X_{j+1}^*}{X_j^*+X_{j+1}^*}x_{j+1,j+1}}{\dfrac{X_j^*}{X_j^*+X_{j+1}^*}X_j + \dfrac{X_{j+1}^*}{X_j^*+X_{j+1}^*}X_{j+1}}$$

$$\text{統合投入係数}(A'') = \frac{X_j^*}{X_j^*+X_{j+1}^*}(a_{j,j}+a_{j+1,j}) + \frac{X_{j+1}^*}{X_j^*+X_{j+1}^*}(a_{j,j+1}+a_{j+1,j+1})$$

となる。また，統合輸入係数については，同論文を参照されたい。

と第2部門を統合し，第1部門：ブラウス - 花柄布地，第2部門：無地綿布，第3部門：綿糸，第4部門：綿花を形成する。統合後の投入係数を$a'_{i,j}$とし，統合に関連する投入係数をブラウスの枚数で評価すると，図2.6aでは，$a'_{1,1}=100\text{枚}/(100\text{枚}+100\text{枚})=0.50$，$a'_{2,1}=100\text{枚}/(100\text{枚}+100\text{枚})=0.50$であり，図2.6bでは，$a'_{1,1}=100\text{枚}/(100\text{枚}+90\text{枚})=0.53$，$a'_{2,1}=90\text{枚}/(100\text{枚}+90\text{枚})=0.47$となる。また，第2部門と第3部門を統合し，第1部門：ブラウス，第2部門：花柄布地 - 無地綿布，第3部門：綿糸，第4部門：綿花を形成する場合，図2.6aの統合投入係数は，$a'_{2,2}=100\text{枚}/(100\text{枚}+100\text{枚})=0.50$，$a'_{3,2}=100\text{枚}/(100\text{枚}+100\text{枚})=0.50$，図2.6bの統合投入係数は，$a'_{2,2}=90\text{枚}/(90\text{枚}+110\text{枚})=0.45$，$a'_{3,2}=110\text{枚}/(90\text{枚}+110\text{枚})=0.55$となり，輸出入と在庫の有無によって，統合投入係数が変化することがわかる[7]。それは，統合前の投入係数は，輸出入や在庫が存在したとしても，変化しないが，式 (2.1) と (2.2) が示すように，統合後の投入係数は，被統合部門の投入係数だけでなく，輸出入や在庫変動の影響を受ける国内生産額の規模に規定されることから，技術的には投入係数が安定的であったとしても，統合投入係数が変容することが確認できる。

したがって，赤羽の提示した統合投入係数を$x_{i,j}=a_{i,j}X_j$をもちいて変形すると，

$$A' = \frac{\dfrac{X_j^*}{X_j^*+X_{j+1}^*}x_{i,j}+\dfrac{X_{j+1}^*}{X_j^*+X_{j+1}^*}x_{i,j+1}}{\dfrac{X_j^*}{X_j^*+X_{j+1}^*}X_j+\dfrac{X_{j+1}^*}{X_j^*+X_{j+1}^*}X_{j+1}} \tag{2.3}$$

$$= \frac{\dfrac{X_j^*}{X_j^*+X_{j+1}^*}a_{i,j}X_j+\dfrac{X_{j+1}^*}{X_j^*+X_{j+1}^*}a_{i,j}X_{j+1}}{\dfrac{X_j^*}{X_j^*+X_{j+1}^*}X_j+\dfrac{X_{j+1}^*}{X_j^*+X_{j+1}^*}X_{j+1}} \tag{2.5}$$

---

[7] 赤羽は，垂直的な部門統合として，「綿製品製造業」の形成を論述するが，ここでは，一般的な部門統合として，行と列を同時に統合した。なお，垂直的な部門統合を行った場合においても，図2.6aと図2.6bの統合投入係数は異なる。

$$= \frac{\dfrac{X_j^*}{X_j^*+X_{j+1}^*}X_j}{\dfrac{X_j^*}{X_j^*+X_{j+1}^*}X_j+\dfrac{X_j^*}{X_j^*+X_{j+1}^*}X_{j+1}}a_{i,j}+\frac{\dfrac{X_{j+1}^*}{X_j^*+X_{j+1}^*}X_{j+1}}{\dfrac{X_j^*}{X_j^*+X_{j+1}^*}X_j+\dfrac{X_j^*}{X_j^*+X_{j+1}^*}X_{j+1}}a_{i,j+1} \quad (2.6)$$

$$A'' = \frac{\dfrac{X_j^*}{X_j}x_{i,j}+\dfrac{X_{j+1}^*}{X_{j+1}}x_{i,j+1}}{\dfrac{X_j^*}{X_j}X_j+\dfrac{X_{j+1}^*}{X_{j+1}}X_{j+1}} \quad (2.7)$$

$$= \frac{X^*_{j}a_{i,j}+X^*_{j+1}a_{i,j+1}}{X_j^*+X_{j+1}^*} \quad (2.8)$$

$$= \frac{X_j^*}{X_j^*+X_{j+1}^*}a_{i,j}+\frac{X_{j+1}^*}{X_j^*+X_{j+1}^*}a_{i,j+1} \quad (2.4)$$

 (2.3)→(2.5)→(2.6)と，(2.7)→(2.8)→(2.4) と整理でき，統合対象となる部門の中間財取引額と国内生産額を X^* によってウエイト付けることによって，輸出入や在庫変動分を調整する試みであることが再確認できる[8]。

 しかし，統合投入係数 (A') と (A'') を波及効果分析にもちいると，「生産誘発額推計値の合計額が，昭和50年の国内総生産額の総計に一致」せず，その理由は，「現実の経済では，在庫変動や輸出入が実際に存在し，またそれ故に，それらの存在が前提とされて初めて，産業連関表の行と列とが一致している」から，「投入係数の技術的安定性が破壊されることによってのみ初めて，縦横のバランスがとれているといえる。したがって技術的な安定性を回復しようとすれば，今度はバランスの方が崩れてしまう」と（赤羽 (p. 65)）。したがって，産業部門の統合過程において，投入係数が平均化される第1の問題点は，第3節で具体的に示したように，産業連関表の部門分類原則と関連し，そして，投入係数の安定性が崩れる第2の問題点は，部門間の投入産出量を表章する方法と関連していることから，部門統合にかんする2つの問題点は，現行の産業連関体系にもとづく基本的な問題点であることがうかがえる[9]。

---

 8) 注6で示したように，列部門だけでなく行部門も同時に部門統合を行う場合の自部門投入についても，同様に変形可能である。
 9) 産業連関表をブロック化することによって，部門統合問題を回避する方法については，総務庁 (1994)，小野寺 (1981) および中西 (1993) 等を参照されたい。

5. 小　括

　本章は，はじめに，磁気媒体産業連関データの基本構成を示し，つぎに，今日の産業連関計算においては，分析の前提となって問われることがない産業部門間の投入産出関係と投入係数の技術的な性格について，産業部門の構成原則と統合・分割関係にもとづいて数量的に解析した。そして，部門統合によって，投入構造の異質性が「平均化」され，擬制的な技術アクティビティが出現すること，投入係数の安定性がおびやかされる問題点は，産業連関表の基本的な表章形式にかかわる論点であることを明らかにした。

　第1章で示したように，産業連関計算は，レオンチェフ逆行列を媒介として，最終需要の波及効果を計測する方法として収斂してきたことを考えるならば，部門統合によって投入係数の安定性が損なわれ，波及効果量も変化することは，分析の基礎にかかわる問題点であって，あらためて統合度が高い産業連関表の投入係数の経済的技術的な意義が問われなくてはならない。また，産業連関表の三角化やブロック化によって，産業部門分類を再構成する試みは，現行表の部門分類が形式的に配列されていることへの1つの「批判」でもあり，近年のコンピュータによる産業連関表の操作・分析技術の発展を考慮するならば，産業構造の多次元的な分析を行うために，新しい観点から産業部門間の投入産出関係を洞察することが，欠くことのできない思考作業となろう。

参考文献

Ara, K. (1959) "The Aggregation Problem in Input-Output Analysis," *Econometrica*, vol. 27 no. 2, pp. 257-262.

Hatanaka, M. (1952) "Note on Consolidation Within a Leontief System," *Econometrica*, vol. 20 no. 2, pp. 301-303.

Holzman, M. (1953) "Problems of Classification and Aggregation," Leontief, W. W. (ed.) *Studies in the Structure of the American Economy*, Oxford U. P., pp. 326-359.

Leontief, W. W. (1966) "The Structure of Development," *Input-Output Economics*, Oxford U. P., pp. 41-67（新飯田宏訳（1969）「投入産出の経済学」『産業連関分

析』岩波書店, pp. 32-53).

McManus, M. (1956) "On Hatanaka's Note on Consolidation," *Econometrica*, vol. 24 no. 4, pp. 482-487.

Morimoto, Y. (1970) "On Aggregation Problems in Input-Output Analysis," *The Review of Economic Studies*, vol. 37 no. 1, pp. 119-126.

Theil, H. (1957) "Linear Aggregation in Input-Output Analysis," *Econometrica*, vol. 25 no. 1, pp. 111-122.

赤羽隆夫 (1980)「産業連関分析における部門統合の問題点」『ESP』no. 97, pp. 60-65.

新井益洋 (1997)「Q&A」『産業連関』vol. 7 no. 3, pp. 83-84.

尾崎巌・石田孝造 (1970)「経済の基本的構造の決定(一)」『三田学会雑誌』vol. 63 no. 6, pp. 433-453.

小野寺義幸 (1981)「産業連関分析における部門統合問題の実証的検討」『農業総合研究』vol. 35 no. 4, pp. 145-187.

産業連関部局長会議 (1992)『平成2年 (1990年) 産業連関表作成基本要綱』.

清水雅彦 (1991)「Q&A」『イノベーション&I-Oテクニーク』vol. 2 no. 3, pp. 69-70.

総務庁 (1993)『日本標準産業分類——分類項目, 説明及び内容例示』全国統計協会連合会.

─── (1994)『平成2年 (1990年) 産業連関表:総合解説編』全国統計協会連合会.

─── (1999)『平成7年 (1995年) 産業連関表:総合解説編』全国統計協会連合会.

通商産業調査会経済統計情報センター (1994)『産業連関表磁気テープ等利用のしおり』全国統計協会連合会.

時永祥三 (1990)『経済情報管理の基礎』九州大学出版会.

中西貢 (1993)「産業連関表のブロック化と部門統合誤差」『社会科学論集』埼玉大学経済学会, no. 80, pp. 31-44.

藤森頼明 (1990)「産業連関分析とマイクロコンピュータ——データ書式の標準化について」『イノベーション&I-Oテクニーク』vol. 1 no. 3, pp. 49-57.

第3章

質的な産業連関分析の基本的な性格

1. はじめに

　今日の産業連関計算の1つの特徴は，国内外の産業連関表の作成の広がりに対応して，波及効果分析を中心とした実証的な産業連関研究が全面的に展開することである。その一方，最終需要と波及効果量を媒介する産業連関表の投入産出システムそのものにグラフ理論を適用し，産業部門間の関連性を把握する研究が1950年代に開始され，今日にいたるまで，いろいろな論者によって展開されている。とくに，産業連関分析における「質的な構造記述的な方法」＝「質的な産業連関分析」は，1980年代にはいって，経済構造の転換・調整問題が深刻化することによって，中間財のフローが形作る産業部門間の関係をグラフ図表化する構造記述的な分析方法として注目されるようになった。本章では，質的な産業連関分析の代表的な論者であるH. W. HolubとH. Schnablらの方法を日本の産業連関表に適用することによって，質的な産業連関分析の有効性と問題点を考察する[1,2]。

---

1) 本章は，Holub and Schnabl (1985 a)，Holub, Schnabl and Tappeiner (1985 b) およびHolub and Tappeiner (1988) に基本的にもとづく。論文中の脚注においてはそれぞれの論文を「質的論文Ⅰ」，「質的論文Ⅱ」および「質的論文Ⅲ」と略称する。また，産業連関構造のグラフ図表化と基本構造表の作成については，ドイツの経済構造報告の研究事例（濱砂（1992, 1993））を取り入れている。

2．質的な産業連関分析の基本手法

はじめに，質的な産業連関分析法の考え方と手順を，日本の 1990 年 32 部門表の適用結果をもちいて説明していく[3]（なお，産業部門名は，p.78 の付表を参照されたい）。

産業部門間の中間財取引関係は，さまざまな量的な規模で成立することから，それを一定の閾値 S（Schwellenwert）を基準として，「重要な関係」と「重要でない関係」を示す「1」と「0」に二分し，規模が大きくない取引関係は無視することによって，産業部門間の「質的な構造」が表示される。したがって，「いわゆる質的投入産出分析」の「質」とは，1 つには，産業部門間の関係の量的な性格が捨象され，「重要な関係」だけが考察されること，2 つには，産業部門間の基本構造である「重要な関係」がグラフ表示によって分析されることが，その内容である[4]。

閾値の設定によって，産業連関表の中間財取引行列は，直接的な配分経路行列（direct delivery routes matrix）$\mathbf{W}^{(1)} = (w_{ij}^1)$ に変換される（表 3.1 から表 3.5 は，閾値を中間財取引行列の要素の平均値＝4,082 億円に設定し，式

2）質的論文 II（p. 302）と質的論文 III（p. 284）は，質的分析法の展開をつぎの 4 段階に区分している。
 (IA)　1 つの閾値のみによる分析。
 (IB)　(IA) の適用結果を「特性値」ベクトル（1×7）として表示。
 (II)　m 個の閾値をもちいて，「特性値」行列（$m \times 7$）を計測。
 (III)　「特性値」行列（$m \times 7$）を key 値ベクトル（1×11）に変換。
 (IV)　t 個の産業連関表にたいして t 個の key ベクトルを作成し，探索的データ解析の遂行。
 本章第 2 節では (IA) について（質的論文 I（pp. 69-72），質的論文 II（pp. 282-283）と質的論文 III（pp. 294-297）），第 3 節では (IB) と (II) について（質的論文 II（pp. 284-289）と質的論文 III（pp. 297-301）），それぞれの計測結果を示す。
3）『1980 年-1985 年-1990 年接続産業連関表』（総務庁（1995））の 1990 年表を利用している。
4）閾値は，中間財取引行列に一種のフィルターをかけることから，フィルター値（filter value）とも呼ばれる一方，小さな値（BAGatelle Amounts）を取り除くことから BAG とも呼ばれる。本章では，呼称として「閾値」をもちいる。

第 3 章 質的な産業連関分析の基本的な性格

表 3.1 直接配分経路行列 $\mathbf{W}^{(1)} = (w_{ij}^1)$

	1	2	3	4	5	6	7	8	9	10	11	12	13	14	15	16	17	18	19	20	21	22	23	24	25	26	27	28	29	30	31	32
1	0	0	0	0	0	0	0	0	0	0	0	0	0	0	0	0	0	0	0	0	0	0	0	0	0	0	0	0	0	0	0	0
2	0	0	1	0	1	0	1	1	1	1	0	0	0	0	0	0	1	1	0	0	0	0	0	0	0	0	1	0	1	1	0	0
3	1	0	0	0	0	0	0	0	0	0	0	0	0	0	0	0	0	0	0	0	0	0	0	0	0	0	0	0	0	0	0	0
4	0	0	0	0	0	0	0	0	0	0	0	0	0	0	0	0	0	0	0	0	0	0	0	0	0	0	0	0	0	0	0	0
5	0	0	0	1	0	0	0	1	1	0	0	0	0	0	0	1	0	0	0	0	0	0	0	0	1	0	0	0	0	0	0	0
6	1	0	1	0	1	0	1	0	0	0	0	1	1	0	0	0	1	1	0	0	0	0	0	0	0	0	0	0	1	1	0	0
7	0	0	0	0	0	1	0	0	0	0	0	0	0	0	0	0	0	0	0	0	0	0	0	0	0	0	0	0	0	0	0	0
8	0	0	0	0	0	0	0	0	0	0	0	0	0	0	0	0	0	0	0	0	0	0	0	0	0	0	0	0	0	0	0	0
9	0	0	0	0	0	0	0	1	0	0	0	0	0	0	0	0	1	0	0	0	0	0	0	0	0	0	0	0	0	0	0	0
10	0	0	0	0	0	0	0	0	0	0	0	0	0	0	0	0	0	0	0	0	0	0	0	0	0	0	0	0	0	0	0	0
11	0	0	0	0	0	0	0	0	0	0	0	1	1	1	1	1	0	0	0	1	0	0	0	0	0	0	0	0	0	0	0	0
12	0	0	0	0	0	0	0	0	0	0	1	0	1	1	1	1	0	0	0	1	1	0	0	0	0	0	0	0	0	0	0	0
13	0	0	0	0	0	0	0	0	0	0	1	1	0	1	1	0	0	0	0	1	0	0	0	0	0	0	0	0	0	0	0	0
14	0	0	0	0	0	0	0	0	0	0	1	1	1	0	1	0	0	0	0	1	0	0	0	0	0	0	0	0	0	0	0	0
15	0	0	0	0	0	0	0	0	0	0	0	1	0	1	0	1	0	0	0	1	0	0	0	0	0	0	0	0	0	0	0	0
16	0	0	0	0	0	1	0	0	0	0	0	1	1	1	0	0	0	0	0	1	0	0	0	0	0	0	0	0	0	0	0	0
17	0	1	0	0	1	1	0	1	1	0	0	1	1	0	0	1	0	1	0	1	1	0	0	0	0	0	0	0	1	1	0	0
18	0	1	0	0	0	0	0	0	0	0	0	0	0	0	0	0	1	0	0	0	0	0	0	0	0	0	0	0	0	0	0	0
19	0	0	0	0	0	0	0	0	0	0	0	0	0	0	0	0	0	0	0	1	0	0	0	0	0	0	0	0	0	0	0	0
20	0	0	0	0	0	0	0	0	0	0	0	0	0	0	0	0	0	0	1	0	1	0	0	0	0	0	0	0	0	1	0	0
21	0	1	0	0	1	0	0	1	1	0	0	1	0	0	0	1	1	1	0	1	0	0	0	0	1	0	0	0	1	1	0	0
22	0	1	0	0	0	0	0	0	0	0	0	0	0	0	0	0	0	0	0	0	0	0	0	0	0	0	0	0	0	0	0	1
23	1	0	1	0	1	0	0	1	1	0	0	1	1	0	0	1	1	1	0	1	1	0	0	0	1	0	0	0	1	1	0	0
24	0	0	0	0	0	0	0	0	0	0	0	0	0	0	0	0	0	0	0	0	0	0	0	0	0	0	0	0	0	1	1	0
25	0	0	0	0	0	0	0	0	0	0	0	0	0	0	0	0	0	0	0	0	0	0	0	0	0	0	0	0	0	0	0	0
26	0	1	0	0	0	0	0	0	0	0	0	0	0	0	0	0	0	0	0	0	0	0	0	0	0	0	0	0	1	0	0	0
27	0	0	1	0	0	1	0	1	0	0	0	0	0	0	0	0	0	0	0	0	0	0	0	0	0	0	0	1	1	0	0	0
28	0	0	0	0	0	0	0	0	0	0	0	0	0	0	0	0	0	0	0	0	0	0	0	0	0	0	0	0	0	0	0	0
29	0	0	0	0	0	0	0	0	0	0	0	0	0	0	0	0	0	0	0	0	0	0	0	0	0	0	0	0	0	0	0	0
30	0	1	0	0	0	0	0	0	0	0	0	0	0	0	0	0	0	0	0	0	0	0	0	1	0	0	0	0	1	0	0	1
31	0	0	0	0	0	0	0	0	0	0	0	0	0	0	0	0	0	0	0	0	0	0	0	0	0	0	0	0	0	1	0	0
32	0	0	0	0	0	0	0	0	0	0	0	0	0	0	0	0	0	0	0	0	0	1	0	0	0	0	0	0	0	1	0	0

注：1990 年産業連関表の中間財取引行列について，閾値を平均値に設定し，式 (3.1) を適用。

表 3.2　配分経路行列 $W^{(2)} = (w_{ij}^2)$

	1	2	3	4	5	6	7	8	9	10	11	12	13	14	15	16	17	18	19	20	21	22	23	24	25	26	27	28	29	30	31	32
1	1	0	1	0	0	0	1	0	0	0	0	0	0	0	0	1	1	0	0	1	0	0	0	1	0	1	1	0	0	1	1	0
2	0	0	1	1	1	1	0	0	2	0	2	2	4	2	0	1	5	2	0	3	0	3	0	0	0	1	1	0	0	1	0	0
3	3	0	0	0	0	2	0	0	0	0	0	0	1	1	0	1	0	0	0	0	1	0	2	0	0	1	0	0	0	3	0	0
4	0	0	0	0	0	0	0	0	1	0	0	0	0	3	0	0	3	1	0	3	1	2	0	0	2	3	3	0	2	3	0	0
5	3	0	2	3	0	3	0	0	3	0	0	2	3	4	0	4	3	1	0	3	0	3	2	0	1	2	3	0	2	2	1	0
6	0	0	3	2	2	3	0	0	0	0	3	3	5	4	0	4	5	1	0	3	0	3	1	0	2	2	3	0	2	3	0	0
7	3	0	0	0	0	0	0	0	0	0	0	1	0	0	0	0	1	1	0	1	0	1	1	0	1	1	1	0	2	0	0	0
8	0	0	1	0	0	0	0	0	0	0	0	1	2	1	0	0	3	1	0	1	0	1	2	0	1	1	1	0	2	1	0	0
9	0	0	1	0	0	1	0	1	1	0	1	1	1	2	0	1	2	1	0	2	1	2	1	0	1	2	1	0	2	1	1	0
10	1	0	0	0	0	0	0	0	0	0	0	0	0	1	0	0	2	1	0	1	0	3	1	1	1	0	0	0	1	1	0	0
11	0	0	1	2	1	1	0	1	1	0	1	1	1	2	0	1	2	2	0	2	1	2	2	1	2	2	1	0	2	2	1	0
12	0	0	2	0	0	2	0	2	2	0	2	2	5	2	0	2	7	3	0	4	2	3	5	2	2	3	4	0	3	4	0	0
13	4	0	3	3	5	5	0	2	3	0	2	5	6	9	0	5	9	3	1	5	4	5	5	2	4	5	4	0	5	5	1	0
14	2	0	3	2	3	3	0	2	4	0	3	6	8	6	0	4	7	2	1	6	4	5	3	2	3	4	4	0	5	6	1	1
15	0	0	0	0	0	0	0	0	0	0	0	0	0	0	0	0	0	0	0	0	0	0	0	0	0	0	0	0	0	0	0	0
16	4	0	3	3	2	5	0	2	4	0	3	5	6	9	0	4	9	3	1	6	4	5	5	2	4	5	4	0	5	7	1	0
17	2	0	4	2	3	4	0	2	5	0	3	6	7	8	0	5	7	3	1	5	4	5	5	2	4	4	4	0	5	6	1	1
18	4	0	5	3	5	5	0	1	3	0	3	4	4	4	0	4	4	2	1	5	2	3	3	2	2	3	3	0	3	4	0	1
19	0	0	2	1	2	3	0	1	2	0	2	5	8	2	0	5	11	3	0	5	2	5	5	0	3	5	3	0	3	5	0	0
20	2	0	3	2	3	3	0	0	0	0	3	2	2	3	0	3	3	0	1	2	0	3	3	0	1	3	3	0	5	4	1	0
21	1	0	0	0	0	0	0	1	3	0	2	6	0	0	0	0	0	0	0	0	0	0	0	0	1	0	0	0	2	0	0	0
22	0	0	0	0	0	0	0	0	0	0	0	0	0	0	0	0	0	0	0	0	0	0	0	0	0	0	0	0	0	0	0	0
23	0	0	0	0	0	0	0	0	0	0	3	0	2	3	0	0	3	0	0	0	1	3	6	1	3	5	0	0	9	0	0	0
24	1	0	0	0	0	0	0	0	1	0	0	1	1	0	0	1	0	0	0	1	1	1	0	0	0	0	1	0	1	1	1	0
25	0	0	0	0	0	0	0	0	0	0	0	0	0	0	0	0	0	0	0	0	0	0	0	0	0	0	0	0	0	0	0	0
26	0	0	1	0	1	0	0	0	0	0	0	0	0	0	0	0	0	0	0	0	0	0	0	0	0	0	0	0	0	0	0	0
27	0	0	0	0	0	0	0	0	0	0	0	0	0	0	0	0	0	0	0	0	0	0	0	0	0	0	0	0	0	0	0	0
28	0	0	0	0	0	0	0	0	0	0	0	0	0	0	0	0	0	0	0	0	0	0	0	0	0	0	0	0	0	0	0	0
29	0	0	0	0	0	0	0	0	0	0	0	0	0	0	0	0	0	0	0	0	0	0	0	0	0	0	0	0	0	0	0	0
30	0	0	0	0	0	0	0	0	0	0	0	0	0	0	0	0	0	0	0	0	0	0	0	0	0	0	0	0	0	0	0	0
31	1	0	0	0	1	1	0	0	1	0	0	0	1	1	0	1	1	1	0	1	1	2	0	1	0	0	1	0	1	1	1	0
32	0	0	0	0	0	0	0	0	0	0	0	0	0	1	0	0	0	0	0	2	0	2	0	0	0	0	0	0	1	1	0	0

注：$W^{(1)} \times W^{(1)}$ によって、長さ＝2の取引数を示す配分経路行列 $W^{(2)}$ を計測。

表 3.3　距離行列 $\mathbf{E} = (e_{ij})$

(32×32 の距離行列。行・列ともに産業部門番号 1〜32。各要素 e_{ij} は産業部門間の取引経路の最短距離を表す。)

注：式 (3.2) によって計測。産業部門間の取引経路の最短距離を示す。

表3.4　依存行列 $C = (c_{ij})$

	1	2	3	4	5	6	7	8	9	10	11	12	13	14	15	16	17	18	19	20	21	22	23	24	25	26	27	28	29	30	31	32
1	0	0	1	1	1	1	0	1	1	0	1	1	1	1	0	1	1	1	1	1	1	1	1	1	1	1	1	0	1	1	1	1
2	1	0	1	0	1	1	0	1	1	0	1	1	1	1	0	1	1	1	1	1	1	1	1	1	1	1	1	0	1	1	1	1
3	1	0	0	1	1	0	0	1	1	0	1	1	1	1	0	0	1	1	1	1	1	1	1	1	1	1	1	0	1	1	1	1
4	0	0	1	0	1	1	0	1	0	0	1	1	1	0	0	1	1	1	1	1	1	1	1	1	1	1	1	0	1	1	1	1
5	1	0	1	1	0	1	0	1	1	0	1	1	1	1	0	1	1	1	1	1	1	1	1	1	1	1	1	0	1	1	1	1
6	1	0	1	1	1	0	0	1	1	0	1	1	1	1	0	1	1	1	1	1	1	1	1	1	1	1	1	0	1	1	1	1
7	1	0	1	0	1	1	0	1	1	0	1	1	1	0	0	1	1	1	1	1	1	1	1	1	1	1	1	0	1	1	1	1
8	1	0	1	1	1	1	0	0	1	0	1	1	1	1	0	1	1	1	1	1	1	1	1	1	1	1	1	0	1	1	1	1
9	1	0	1	1	1	0	0	1	0	0	1	1	0	1	0	1	1	1	1	1	1	1	1	1	1	1	1	0	1	1	1	1
10	1	0	1	1	1	1	0	1	1	0	1	1	1	1	0	1	1	1	1	1	1	1	1	1	1	1	1	0	1	1	1	1
11	1	0	1	1	1	1	0	1	1	0	0	1	1	1	0	0	1	1	1	1	1	1	1	1	1	1	1	0	1	1	1	1
12	1	0	1	1	1	1	0	1	1	0	1	0	1	1	0	1	1	1	1	1	1	1	1	1	1	1	1	0	1	1	1	1
13	1	0	1	1	1	1	0	1	1	0	1	1	0	1	0	1	1	1	1	1	1	1	1	1	1	1	1	0	1	1	1	1
14	1	0	1	0	1	1	0	1	1	0	1	1	1	0	0	1	1	1	1	1	1	1	1	1	1	1	1	0	1	1	1	1
15	1	0	1	1	1	1	0	1	1	0	1	1	1	1	0	1	1	1	1	1	1	1	1	1	1	1	1	0	1	1	1	1
16	1	0	1	1	1	1	0	1	1	0	1	1	1	1	0	0	1	1	1	1	1	1	1	1	1	1	1	0	1	1	1	1
17	1	0	1	1	1	1	0	1	1	0	1	1	1	1	0	1	0	1	1	1	1	1	1	1	1	1	1	0	1	1	1	1
18	1	0	1	1	1	1	0	1	1	0	1	1	1	1	0	1	1	0	1	1	1	1	1	1	1	1	1	0	1	1	1	1
19	1	0	1	1	1	1	0	1	1	0	1	1	1	1	0	1	1	1	0	1	1	1	1	1	1	1	1	0	1	1	1	1
20	1	0	1	1	1	1	0	1	1	0	1	1	1	1	0	1	1	1	1	0	1	1	1	1	1	1	1	0	1	1	1	1
21	1	0	1	1	1	1	0	1	1	0	1	1	1	1	0	1	1	1	1	1	0	1	1	1	1	1	1	0	1	1	1	1
22	1	0	1	1	1	1	0	1	1	0	1	1	1	1	0	1	1	1	1	1	1	0	1	1	1	1	1	0	1	1	1	1
23	1	0	1	1	1	1	0	1	1	0	1	1	1	1	0	1	1	1	1	1	1	1	0	1	1	1	1	0	1	1	1	1
24	1	0	1	1	1	1	0	1	1	0	1	1	1	1	0	1	1	1	1	1	1	1	1	0	0	1	1	0	1	1	1	1
25	1	0	0	1	1	1	0	1	1	0	1	1	1	1	0	1	1	1	1	1	1	1	1	1	0	1	1	0	1	1	1	1
26	1	0	1	1	1	1	0	1	1	0	1	1	1	1	0	1	1	1	1	1	1	1	1	1	1	0	1	0	1	1	1	1
27	0	0	0	1	1	0	0	1	1	0	1	1	1	1	0	1	1	1	1	1	1	1	1	1	1	1	0	0	1	1	1	1
28	0	0	1	1	1	0	0	1	1	0	1	1	1	1	0	1	1	1	1	1	1	1	1	0	1	1	1	0	1	0	0	1
29	0	0	1	1	1	1	0	1	1	0	1	1	1	1	0	1	1	1	1	1	1	1	1	0	1	1	1	0	0	1	1	1
30	1	0	1	1	1	1	0	1	1	0	1	1	1	1	0	1	1	1	1	1	1	1	1	1	1	1	1	0	1	0	1	1
31	1	0	1	1	1	0	0	1	1	0	1	1	1	1	0	1	1	1	1	1	1	1	1	1	1	1	1	0	1	1	0	1
32	1	0	1	1	1	0	0	1	1	0	1	1	1	1	0	1	1	1	1	1	1	1	1	1	1	1	1	0	1	1	1	0

注：式 (3.3) によって計測。取引経路が存在するかしないかを示す。

第3章 質的な産業連関分析の基本的な性格

表 3.5 関係度行列 $\mathbf{H}=(h_{ij})$

	1	2	3	4	5	6	7	8	9	10	11	12	13	14	15	16	17	18	19	20	21	22	23	24	25	26	27	28	29	30	31	32
1	0	2	3	2	3	2	2	3	3	2	3	3	3	2	0	3	3	2	3	3	3	3	3	3	2	3	2	0	3	3	3	3
2	2	0	2	2	3	2	2	3	3	2	3	3	3	2	0	3	3	2	3	3	3	3	3	3	2	2	2	0	3	2	2	2
3	3	2	0	2	3	2	2	3	3	2	3	3	3	2	0	3	3	2	3	3	3	3	3	3	2	3	2	0	3	3	3	3
4	2	2	2	0	2	2	2	2	2	2	2	2	2	2	0	2	2	2	2	2	2	2	2	2	1	2	2	0	2	2	2	2
5	3	3	3	2	0	3	2	3	3	2	3	3	3	2	0	3	3	3	3	3	3	3	3	3	2	3	2	0	3	3	3	3
6	2	2	2	2	3	0	2	3	3	2	2	3	3	2	0	3	2	2	3	3	3	3	3	3	2	2	2	0	3	3	2	3
7	2	2	2	2	3	2	0	2	3	1	3	2	3	2	0	2	3	2	3	3	2	3	3	3	2	2	1	0	2	2	2	2
8	3	3	3	2	3	3	2	0	3	2	3	3	3	2	0	3	3	3	3	3	3	3	3	3	2	3	2	0	3	3	3	3
9	3	3	3	2	3	3	3	3	0	2	3	3	3	2	0	3	3	3	3	3	3	3	3	3	2	3	2	0	3	3	3	3
10	2	2	2	2	2	2	2	2	2	0	2	2	3	2	0	2	2	2	3	2	2	2	2	2	2	2	2	0	2	2	2	2
11	3	3	3	2	3	2	3	3	3	2	0	3	3	2	0	3	3	3	3	3	3	3	3	3	2	3	2	0	3	3	3	3
12	3	3	3	2	3	3	2	3	3	2	3	0	3	2	0	3	3	3	3	3	3	3	3	3	2	3	2	0	3	3	3	3
13	3	3	3	2	3	3	3	3	3	2	3	3	0	2	0	3	3	3	3	3	3	3	3	3	2	3	2	0	3	3	3	3
14	2	2	2	2	2	2	2	2	2	2	2	2	2	0	0	2	2	2	2	2	2	2	2	2	2	2	2	0	2	2	2	2
15	0	0	0	0	0	0	0	0	0	0	0	0	0	0	0	0	0	0	0	0	0	0	0	0	0	0	0	0	0	0	0	0
16	3	3	3	2	3	3	2	3	3	2	3	3	3	2	0	0	3	3	3	3	3	3	3	3	2	3	2	0	3	3	3	3
17	3	3	3	2	3	2	3	3	3	2	3	3	3	2	0	3	0	2	3	3	3	3	3	3	2	3	2	0	3	3	3	3
18	2	2	2	2	3	2	2	3	3	2	3	3	3	2	0	3	2	0	3	3	3	3	3	3	2	2	2	0	3	2	2	2
19	3	3	3	2	3	3	3	3	3	2	3	3	3	2	0	3	3	3	0	3	3	3	3	3	2	3	2	0	3	3	3	3
20	3	3	3	2	3	3	3	3	3	2	3	3	3	2	0	3	3	3	3	0	3	3	3	3	2	3	2	0	3	3	3	3
21	3	3	3	2	3	3	2	3	3	2	3	3	3	2	0	3	3	3	3	3	0	3	3	3	2	3	2	0	3	3	3	3
22	3	3	3	2	3	3	3	3	3	2	3	3	3	2	0	3	3	3	3	3	3	0	3	3	2	3	2	0	3	3	3	3
23	3	3	3	2	3	3	3	3	3	2	3	3	3	2	0	3	3	3	3	3	3	3	0	3	2	3	2	0	3	3	3	3
24	3	3	3	2	3	3	3	3	3	2	3	3	3	2	0	3	3	3	3	3	3	3	3	0	2	3	2	0	3	3	3	3
25	2	2	2	1	2	2	2	2	2	2	2	2	2	2	0	2	2	2	2	2	2	2	2	2	0	2	1	0	2	2	2	2
26	3	2	3	2	3	2	2	3	3	2	3	3	3	2	0	3	3	2	3	3	3	3	3	3	2	0	2	0	3	3	3	3
27	2	2	2	2	2	2	1	2	2	2	2	2	2	2	0	2	2	2	2	2	2	2	2	2	2	2	0	0	2	2	2	2
28	0	0	0	0	0	0	0	0	0	0	0	0	0	0	0	0	0	0	0	0	0	0	0	0	0	0	0	0	0	0	0	0
29	3	3	3	2	3	3	2	3	3	2	3	3	3	2	0	3	3	3	3	3	3	3	3	3	2	3	2	0	0	3	3	3
30	3	2	3	2	3	3	2	3	3	2	3	3	3	2	0	3	3	2	3	3	3	3	3	3	2	3	2	0	3	0	3	3
31	3	2	3	2	3	2	2	3	3	2	3	3	3	2	0	3	3	2	3	3	3	3	3	3	2	3	2	0	3	3	0	3
32	3	2	3	2	3	3	2	3	3	2	3	3	3	2	0	3	3	2	3	3	3	3	3	3	2	3	2	0	3	3	3	0

注：式 (3.4) によって計測。産業部門間の関係が ① 双方向的な依存関係 ($h_{ij}=3$)，② 一方的な依存関係 ($h_{ij}=2$)，③ 擬似的な関係 ($h_{ij}=1$)，および ④ 完全孤立型 ($h_{ij}=0$) に区分される。

(3.1) から (3.4) を適用した結果である）。

$$\mathbf{W}^{(1)}=(w_{ij}^1),\ w_{ij}^1=\begin{cases}1 & x_{ij}-\mathrm{S}>0\ \text{かつ}\ i\neq j\\ 0 & \text{その他}\end{cases} \quad (3.1)$$

$$(i,j=1,\cdots,n)$$

ただし，x_{ij}：中間財取引行列の要素． S：閾値．

表3.1の$\mathbf{W}^{(1)}$において，例えば，$w_{27}^1=1$（2行7列）は，第2部門：鉱業部門から第7部門：石油・石炭製品部門に長さ＝1の供給路が存在することを示している。

供給経路の長さ＝2の産業部門間の取引数を示す配分経路行列$\mathbf{W}^{(2)}$は$\mathbf{W}^{(1)}\cdot\mathbf{W}^{(1)}$によって計測され（表3.2），例えば，$w_{71}^2=3$（7行1列）は，「第7部門：石油・石炭製品→第6部門：化学製品→第1部門：農林水産業」，「第7部門→第20部門：商業→第1部門」および「第7部門→第23部門：運輸→第1部門」という供給路の長さ＝2の連続的な取引関係が3本存在することを示している。

$\mathbf{W}^{(m)}=(w_{ij}^m)$は，第$i$部門から第$j$部門への長さ＝$m$の取引経路の数を示し，一般的に，$\mathbf{W}^{(m)}=\mathbf{W}^{(m-1)}\cdot\mathbf{W}^{(1)}$によって計測される。産業部門の数が$n$であれば，最も長い直線的な供給路の長さは$n-1$であるから，32部門分類の中間財取引行列については，$\mathbf{W}^{(1)}$から$\mathbf{W}^{(31)}$まで計算できる。そういった供給路が現実的に機能するためには，①生産期間ないしは供給期間が，すべての産業部門で等しいことと，②すべての産業部門に，需要を吸収する在庫が存在しないことが仮定されている。

つぎに，配分経路行列$\mathbf{W}^{(1)}$，$\mathbf{W}^{(2)}$，$\mathbf{W}^{(3)}$，…を計測し，配分経路行列の要素が初めて0より大きい値を示したときの経路の長さを示す産業部門間の距離行列（distance matrix）$\mathbf{E}$が導かれる（表3.3）。

$$\mathbf{E}=(e_{ij}),\ e_{ij}=\begin{cases}l\text{の最小値}(l\mid w_{ij}^l>0,\ l=1,2,3,\cdots)\ \text{かつ}\ i\neq j\\ 0 \qquad\qquad\qquad \text{その他}\end{cases} \quad (3.2)$$

$$(i,j=1,\cdots,n)$$

距離行列 $\mathbf{E}$ は，産業部門間の供給系列の「最短」距離を表示することから，それを確認すると，$\mathbf{W}^{(1)}$ において，$w_{ij}^1=1$ ならば，$e_{ij}=1$ となる。$w_{ij}^1=0$ かつ $w_{ij}^2>0$ ならば，$e_{ij}=2$ となる。それは，$\mathbf{W}^{(2)}$ の例で示した第 7 部門と第 1 部門の関係のように，$w_{71}^1=0$ と $w_{71}^2>0$ に相当する（$e_{71}=2$）。また，距離行列の計測から，最も長い経路を経て取引関係が連結される産業部門は，第 19 部門：水道・廃棄物処理と第 31 部門：事務用品（距離＝5）であることがわかる。

他方，$e_{ij}>0$ は第 i 部門から第 j 部門に供給経路が存在することを示しており，それにもとづいて，産業部門間の相互依存関係を把握する依存行列（dependency matrix）$\mathbf{C}$ が定義される（表 3.4）。

$$\mathbf{C}=(c_{ij}),\ c_{ij}=\begin{cases}1 & e_{ij}>0 \\ 0 & その他\end{cases} \quad (3.3)$$
$$(i,j=1,\cdots,n)$$

さらに，依存行列 $\mathbf{C}$ から，産業部門間の関係が，①双方向的な依存関係，②一方的な依存関係，③擬似的な関係，および④完全孤立という4つに区分され，関係度行列（connectedness matrix）$\mathbf{H}$ が計測される（表3.5）。

$$\mathbf{H}=(h_{ij}),\ (h_{ij})=(c_{ij}+c_{ji}+k_{ij}),\ k_{ij}=\begin{cases}0 & 第\ i\ 部門と第\ j\ 部門が完全に分離 \\ 1 & その他\end{cases}$$
$$(i,j=1,\cdots,n) \quad (3.4)$$

ただし，

① 双方向的な依存関係（$h_{ij}=3$：$c_{ij}=c_{ji}=1,\ k_{ij}=1$）．

② 一方的な依存関係（$h_{ij}=2$：c_{ij} と c_{ji} のいずれかが 0，$k_{ij}=1$）．

③ 擬似的な関係（$h_{ij}=1$：$c_{ij}=c_{ji}=0,\ k_{ij}=1$）．

④ 完全孤立（$h_{ij}=0$：$c_{ij}=c_{ji}=0,\ k_{ij}=0$）．

関係度行列 $\mathbf{H}$ による 4 つの産業部門間の区分は，質的分析法にとって重要であるから，図 3.1（仮説例）によって説明する。

①の「双方向的な依存関係」は，S_2 から S_3 へ，また，S_3 から S_4 を経て

58

直接配分経路行列 $W^{(1)}$

	1	2	3	4	5	6	7
1	0	1	0	0	0	0	0
2	0	0	1	0	0	0	0
3	0	1	0	1	0	1	0
4	0	0	1	0	0	0	0
5	0	0	0	0	0	1	0
6	0	0	0	0	0	0	0
7	0	0	0	0	0	0	0

距離行列 E

	1	2	3	4	5	6	7
1	0	1	2	3	0	4	0
2	0	2	1	2	0	3	0
3	0	1	2	1	0	1	0
4	0	2	1	2	0	3	0
5	0	0	0	0	0	1	0
6	0	0	0	0	0	0	0
7	0	0	0	0	0	0	0

依存関係行列 C

	1	2	3	4	5	6	7
1	0	1	1	1	0	1	0
2	0	1	1	1	0	1	0
3	0	1	1	1	0	1	0
4	0	1	1	1	0	1	0
5	0	0	0	0	0	1	0
6	0	0	0	0	0	0	0
7	0	0	0	0	0	0	0

関係度行列 H

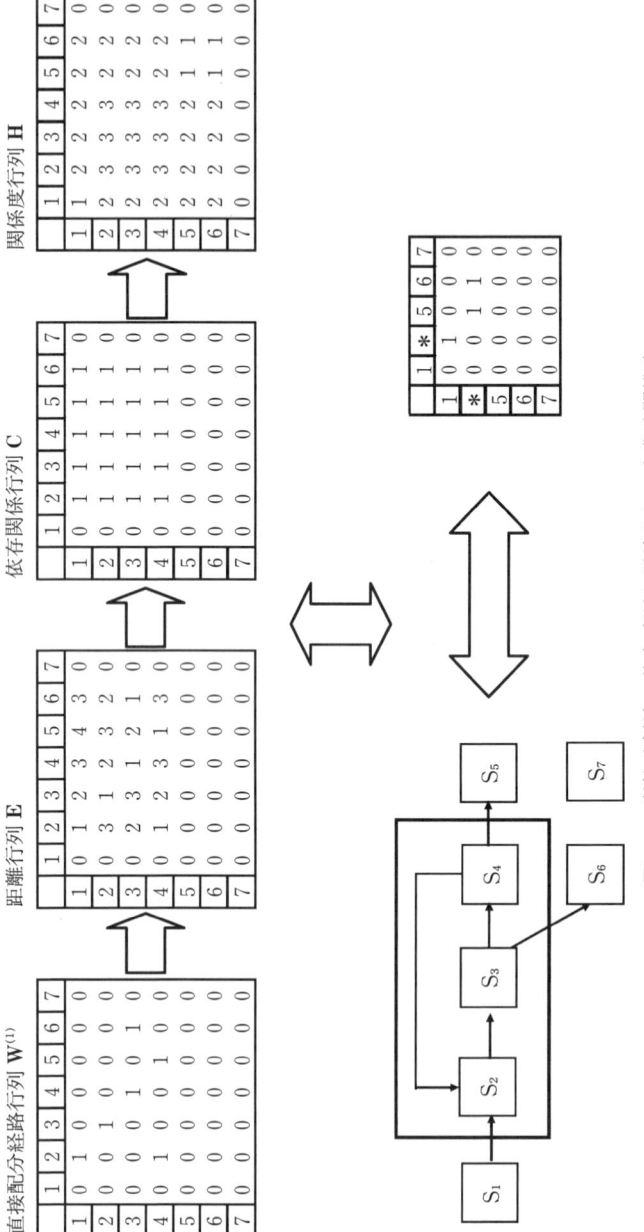

	1	2	3	4	5	6	7
1	0	2	2	2	0	2	0
2	2	3	3	3	0	2	0
3	2	3	3	3	0	2	0
4	2	3	3	3	0	2	0
5	2	2	2	2	0	2	0
6	2	2	2	2	1	0	0
7	0	0	0	0	0	0	0

	1	*	5	6	7
1	0	1	0	0	0
*	0	0	1	1	0
5	0	0	0	1	0
6	0	0	0	0	0
7	0	0	0	0	0

S_i：第 i 部門

図 3.1 質的分析法の基本手順と凝縮された産業連関構造

注：質的分析法の基本手順を示し，凝縮された産業連関構造と凝縮される産業連関構造との対応関係を示すために作成。関係度行列にもとづいて作成される凝縮された産業連関構造の部門間の関係は，
① 双方向的な依存関係：S_2, S_3, S_4（太枠で囲んだ部分。核を構成する。）
② 一方向的な依存関係：S_1 と ①，S_6 と ①，S_5 と ①
③ 擬似的な関係：S_5 と S_6
④ 孤立型：S_7
となる。また，図の右下の行列は，双方向的な依存関係の産業部門を1つにまとめた行列。

S_2 へ，というように，相互的に供給系列をたどることができ，図中に，枠で囲んでいる。②の「一方的な依存関係」は，例えば，S_1 と S_5 の関係であり，S_1 から S_5 へは供給路をたどることはできるが，逆に，S_5 から S_1 へとは供給路をたどることができない。③の「擬似的な関係」は，S_5 と S_6 の関係であり，S_5 から S_6 へも，逆に，S_6 から S_5 へも供給経路をたどることはできないが，供給経路の方向を無視すれば両者が関係づけられる。最後に，④の「完全孤立型」は，S_7 であって，$W^{(1)}$ の 7 行と 7 列の値が全てゼロで，他の部門と投入・産出関係を持たない。

関係度行列 H によって 4 つに区分された部門間の関係のうち，①の「双方向的な依存関係」のグループが産業過程の循環的な要素を示し，投入産出システムの「核」(core) と呼ばれ，とくに注目される。そのような要素を 1 つのグループにまとめ，中間財取引行列にかんする部門間情報を集約することによって，投入産出構造が凝縮 (condensation) される。凝縮された産業連関システムには循環的な部門間関係が存在しないことから，完全に三角化でき（図 3.1 の右下の行列），投入産出構造がつぎの 3 つの基本的な構造タイプに分類される。

(I) 直線的なタイプ：○→○→○→○
(II) 多重経路 (multiple-track) の直線的なタイプ：○→○→○→○
(III) 准 (quasi) 連結タイプ：

(III a) ○→○→○⟨○／○

(III b) ○＼○→○→○

(III c) ○→○→○→○

そして，関係度行列 H と直接配分経路行列 $W^{(1)}$ の産業部門を再配列することによって，凝縮化された産業連関構造を具体的に描くと，図 3.2 となり，産業連関システムの構造型としては，(III a) と (III b) が複合した形態をとることがわかる。図 3.2 では，「核」を構成する産業部門を太枠で囲んでおり，第 2 部門：鉱業，第 7 部門：石油・石炭製品と第 10 部門：非鉄金属

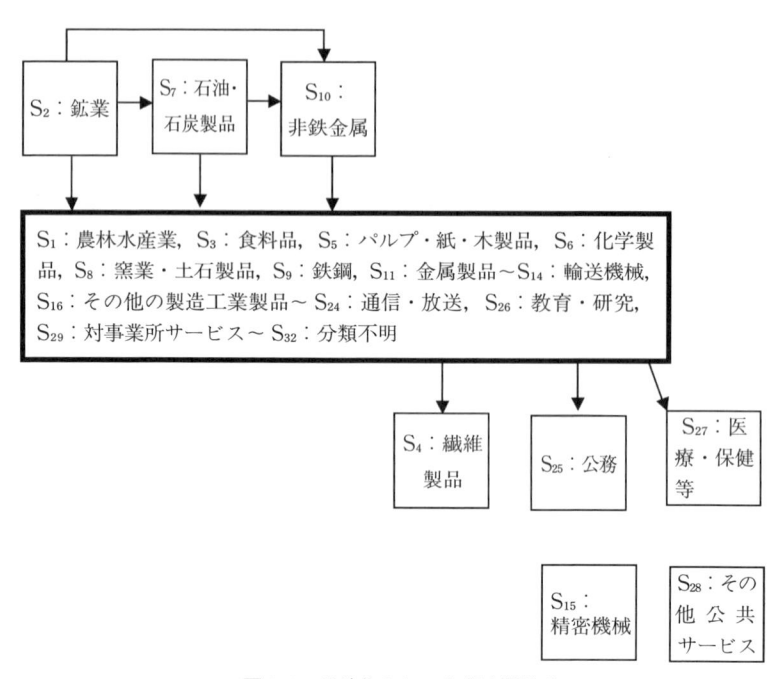

```
                ┌──────────────────────────────────┐
                ↓                                  │
    ┌─────────┐   ┌─────────┐   ┌─────────┐       │
    │ S₂：鉱業 │──→│ S₇：石油・│──→│ S₁₀：    │      │
    │         │   │ 石炭製品 │   │ 非鉄金属 │       │
    └────┬────┘   └────┬────┘   └────┬────┘       │
         │             │             │             │
         ↓             ↓             ↓             │
    ┌────────────────────────────────────────────┐
    │ S₁：農林水産業，S₃：食料品，S₅：パルプ・紙・木製品，S₆：化学製 │
    │ 品，S₈：窯業・土石製品，S₉：鉄鋼，S₁₁：金属製品～S₁₄：輸送機械， │
    │ S₁₆：その他の製造工業製品～S₂₄：通信・放送，S₂₆：教育・研究，  │
    │ S₂₉：対事業所サービス～S₃₂：分類不明                          │
    └──────────┬──────────┬──────────┬───────────┘
               ↓          ↓          ↓
          ┌───────┐  ┌───────┐  ┌───────┐
          │S₄：繊維│  │S₂₅：公務│  │S₂₇：医│
          │ 製品  │  │       │  │療・保健│
          │       │  │       │  │ 等    │
          └───────┘  └───────┘  └───────┘

                     ┌───────┐  ┌───────┐
                     │S₁₅：  │  │S₂₈：その│
                     │精密機械│  │他公共 │
                     │       │  │サービス│
                     └───────┘  └───────┘
```

図 3.2 凝縮化された産業連関構造
閾値＝平均値

注：閾値を平均値に設定し，産業連関システムを凝縮した図表．

部門が川上型（産出型）の産業部門として描かれ，第 4 部門：繊維製品，第 25 部門：公務，および第 27 部門：医療・保健・社会保障部門が川下型（投入型，河口）の産業部門として図示されている。第 15 部門：精密機械と第 28 部門：その他の公共サービスは孤立型の産業部門である。このような産業連関分析の質的な方法の 1 つの適用は，凝縮化された投入産出構造によって，最終需要が，第 1 に，できるだけ多くの産業部門に，第 2 に，できるだけ速く波及するという完全性と速度性の観点から政府投資が投下されるべき産業部門を選択することである。

図 3.2 の場合では，第 1 の完全性の観点からは，川下型の産業部門である第 4 部門，第 25 部門および第 27 部門が連関システムの「投入ベース」として確定される。いずれの河口部門からも「核」を構成する産業部門と第 2 部

第3章 質的な産業連関分析の基本的な性格

	$W^{(1)'}$ r=1				$W^{(1)'}+W^{(2)'}$ r=2				$W^{(1)'}+W^{(2)'}+W^{(3)'}$ r=3				$W^{(1)'}+\cdots+W^{(4)'}$ r=4			
	4	25	27	完全度	4	25	27	完全度	4	25	27	完全度	4	25	27	完全度
1	0	0	0	0	0	0	1	1	1	1	1	1	1	1	1	1
2	0	0	0	0	0	0	1	1	1	1	1	1	1	1	1	1
3	0	0	1	1	0	0	1	1	1	1	1	1	1	1	1	1
4	0	0	0	0	0	0	0	0	0	0	0	0	0	0	0	0
5	0	0	0	0	1	1	1	1	1	1	1	1	1	1	1	1
6	1	0	1	1	1	1	1	1	1	1	1	1	1	1	1	1
7	0	0	0	0	1	1	1	1	1	1	1	1	1	1	1	1
8	0	0	0	0	0	0	0	0	1	1	1	1	1	1	1	1
9	0	0	0	0	0	1	0	1	1	1	1	1	1	1	1	1
10	0	0	0	0	0	1	0	1	1	1	1	1	1	1	1	1
11	0	0	0	0	0	1	0	1	1	1	1	1	1	1	1	1
12	0	0	0	0	0	1	0	1	1	1	1	1	1	1	1	1
13	0	0	0	0	0	1	0	1	1	1	1	1	1	1	1	1
14	0	1	0	1	1	1	1	1	1	1	1	1	1	1	1	1
15	0	0	0	0	0	0	0	0	0	0	0	0	0	0	0	0
16	1	1	0	1	1	1	1	1	1	1	1	1	1	1	1	1
17	0	0	0	0	1	1	1	1	1	1	1	1	1	1	1	1
18	0	0	1	1	1	1	1	1	1	1	1	1	1	1	1	1
19	0	0	0	0	0	0	0	0	0	0	0	0	1	1	1	1
20	1	0	1	1	1	1	1	1	1	1	1	1	1	1	1	1
21	0	0	0	0	1	1	1	1	1	1	1	1	1	1	1	1
22	0	0	0	0	1	1	1	1	1	1	1	1	1	1	1	1
23	0	1	0	1	1	1	1	1	1	1	1	1	1	1	1	1
24	0	0	0	0	1	1	1	1	1	1	1	1	1	1	1	1
25	0	0	0	0	0	0	0	0	0	0	0	0	0	0	0	0
26	0	0	0	0	1	1	1	1	1	1	1	1	1	1	1	1
27	0	0	0	0	0	0	0	0	0	0	0	0	0	0	0	0
28	0	0	0	0	0	0	0	0	0	0	0	0	0	0	0	0
29	0	1	1	1	1	1	1	1	1	1	1	1	1	1	1	1
30	0	0	0	0	0	0	0	0	1	1	1	1	1	1	1	1
31	0	0	0	0	1	0	1	1	1	1	1	1	1	1	1	1
32	0	0	0	0	0	0	0	0	1	1	1	1	1	1	1	1

注記:r=4の表において,S_{15}とS_{28}は孤立型の部門である。

図3.3 波及速度の計測

注:ブール算を利用して,S_4,S_{25},S_{27}の河口部門について,完全性と速度性を計測。河口部門間が擬似的な関係であることと,S_{15}とS_{28}が孤立していることから,完全度=1には到達しないが,それを除くと半径=4ですべての産業部門に波及が浸透する。

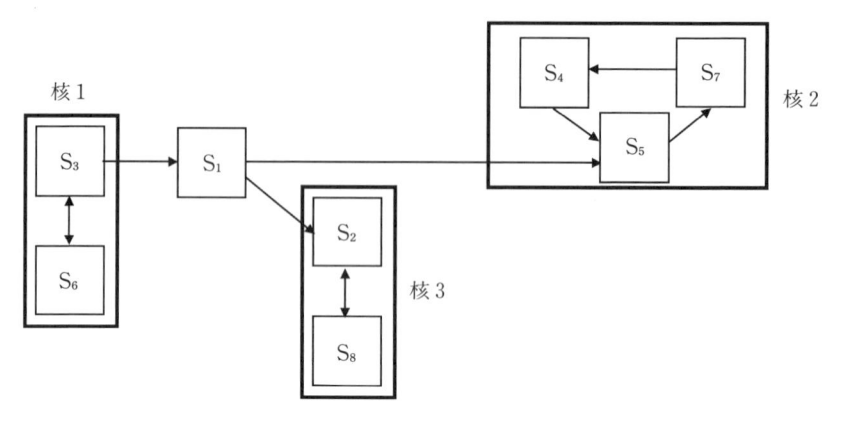

図 3.4　核が川下型の産業部門を構成するケース

注：核が川下型の産業部門を構成するケースを仮説例として作成。

門，第 7 部門および第 10 部門へと需要経路＝波及経路をたどる（矢印を逆にたどる）ことはできるが，3 つの河口部門間の関係は「擬似的な関係」であるから河口部門間には波及経路は存在していない。

　第 2 の速度性の観点から産業部門を選択する基準として，Schnabl/Holub の完全度の半径（radius；r）がもちいられる。計算方法は，$\mathbf{W}^{(1)}, \cdots, \mathbf{W}^{(n-1)}$ にかんして，w_{ij}^{m} ($m=1, \cdots, n-1$) の要素が供給経路の存在を示す 1 以上の値を示すならば「1」に，供給経路が存在しないことを示す「0」ならば，「0」のままにしておく。そして，変換後の配分経路行列を $\mathbf{W}^{(m)'}$ とすると，$\mathbf{W}^{(1)'}$，$\mathbf{W}^{(1)'}+\mathbf{W}^{(2)'}$，$\mathbf{W}^{(1)'}+\mathbf{W}^{(2)'}+\mathbf{W}^{(3)'}, \cdots, \mathbf{W}^{(1)'}+\mathbf{W}^{(2)'}+\mathbf{W}^{(3)'}+\cdots+\mathbf{W}^{(m)'}$ をブール算 ($0+0=0, 0+1=1+0=1, 1+1=1$) によって計測し，最小の m で，すべての産業部門に波及が到達したことを示す列ベクトルの要素がすべて 1（完全度＝1）となる産業部門を選択する。それを，図 3.3 によって示しており，第 4，第 25，第 27 部門について，$\mathbf{W}^{(1)'}$（半径＝1），$\mathbf{W}^{(1)'}+\mathbf{W}^{(2)'}$（半径＝2），$\mathbf{W}^{(1)'}+\mathbf{W}^{(2)'}+\mathbf{W}^{(3)'}$（半径＝3），$\mathbf{W}^{(1)'}+\mathbf{W}^{(2)'}+\mathbf{W}^{(3)'}+\mathbf{W}^{(4)'}$（半径＝4）を計測している。ただし，先述したように，河口部門間が「擬似的な関係」にあることと，第 15 部門と第 28 部門がすでに孤立しているために，河口部門についてブール算を繰り返しても完全度＝1 には到達しないが，それを除いて考えると，各河口部門は，半径＝4 で，「核」を構

第3章 質的な産業連関分析の基本的な性格　　63

```
┌─────────┐
│ S₂：鉱業 │
└─────────┘
```

[図：凝縮化された産業連関構造]

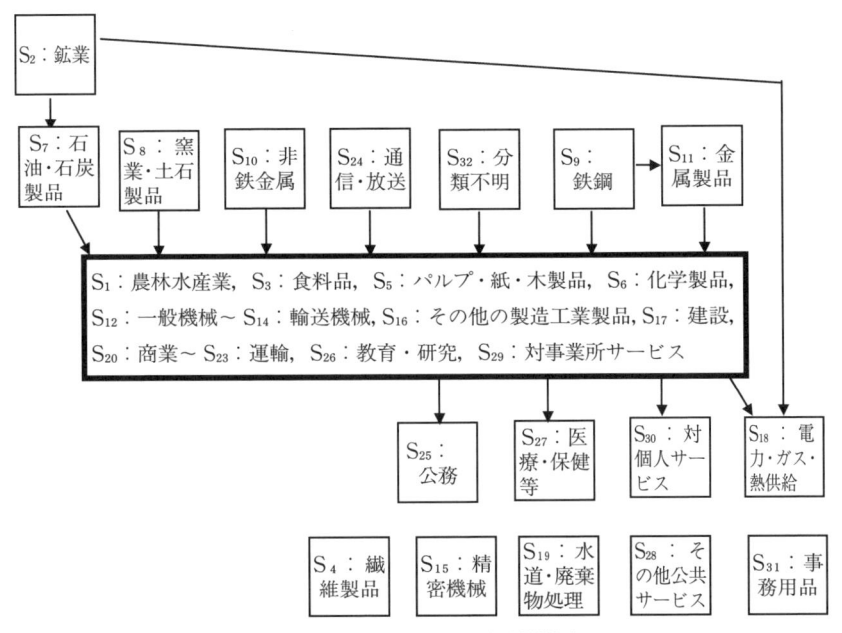

- S_7：石油・石炭製品
- S_8：窯業・土石製品
- S_{10}：非鉄金属
- S_{24}：通信・放送
- S_{32}：分類不明
- S_9：鉄鋼
- S_{11}：金属製品

核：S_1：農林水産業，S_3：食料品，S_5：パルプ・紙・木製品，S_6：化学製品，S_{12}：一般機械〜S_{14}：輸送機械，S_{16}：その他の製造工業製品，S_{17}：建設，S_{20}：商業〜S_{23}：運輸，S_{26}：教育・研究，S_{29}：対事業所サービス

- S_{25}：公務
- S_{27}：医療・保健等
- S_{30}：対個人サービス
- S_{18}：電力・ガス・熱供給
- S_4：繊維製品
- S_{15}：精密機械
- S_{19}：水道・廃棄物処理
- S_{28}：その他公共サービス
- S_{31}：事務用品

図 3.5　凝縮化された産業連関構造
閾値＝平均値×3

注：閾値＝平均値×3に設定し産業連関構造を凝縮。

成する産業部門と川上型の産業部門に波及効果を伝達することがわかる。完全性と速度性の観点は，例えば，図3.4（仮説例）のように，核が川下型の産業部門を構成している場合に，核2の1つの部門と核3の1つの部門に最終需要が発生するならば，投入産出構造全体に需要が波及することから，核2と核3から1つずつの部門を選択する基準として重要視される。

つぎに，閾値を平均値の3倍（＝1兆2,247億円）に設定すると，図3.5の凝縮化された産業連関構造が出現し，それにもとづいて作成された日本経済の「基本構造表」が図3.6である[5]。

図中の太線で囲まれた産業部門が産業連関システムの「核」であって，供

---

[5]「基本構造表」は，質的論文Ⅰ〜Ⅲでは触れられないが，ドイツの経済構造報告のなかに取り入れられている（濱砂（1992,1993））。

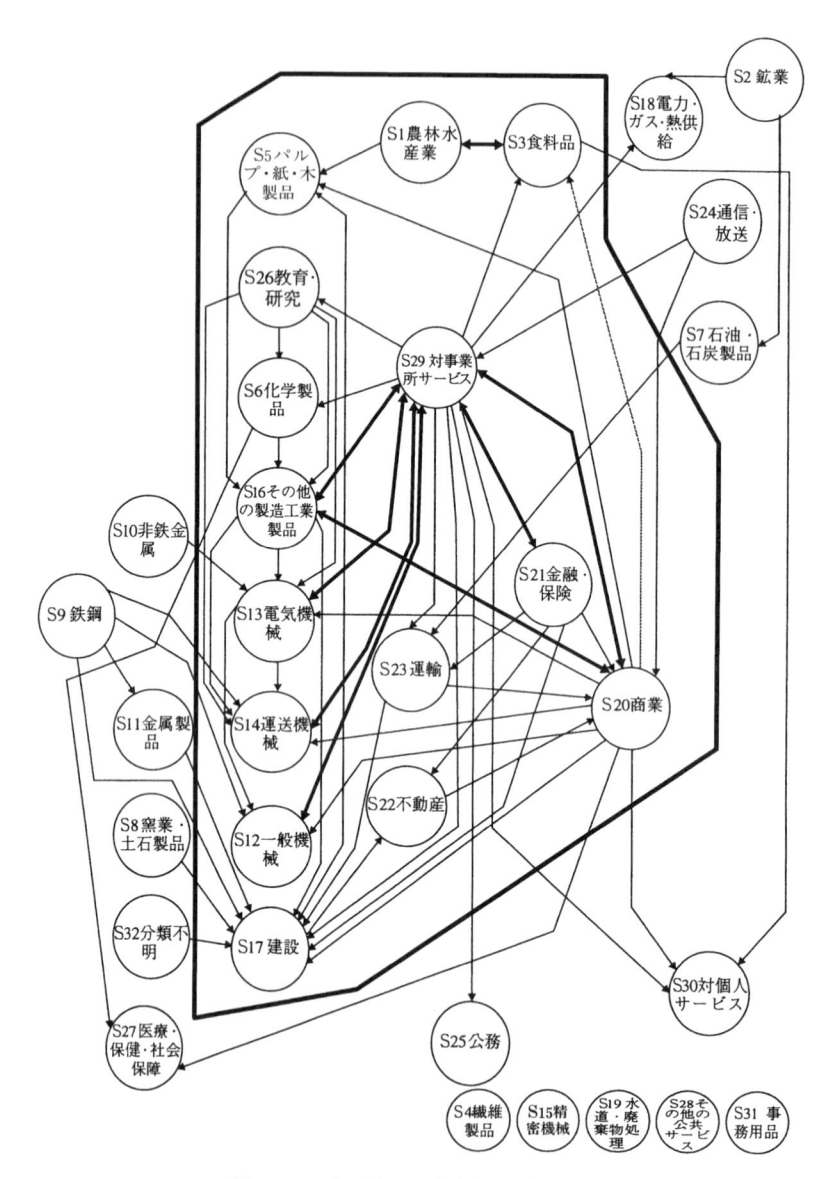

図 3.6 日本経済の基本構造表（1990 年）

注：日本の 1990 年表について，閾値を中間財取引行列の平均値×3 に設定し，質的分析法を適用し，基本構造表を作成．

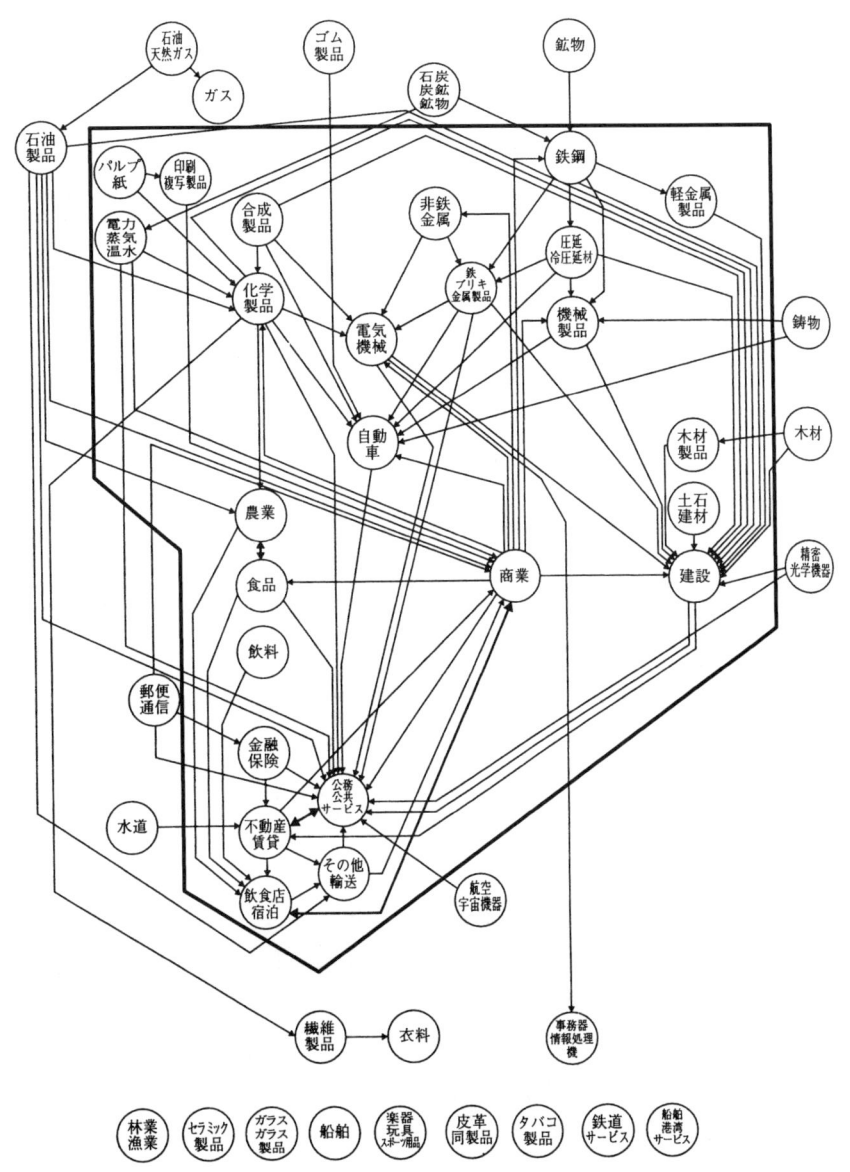

第3章 質的な産業連関分析の基本的な性格　65

図 3.7 ドイツ経済の基本構造表（1988年）

注：ドイツの1988年表について，閾値を中間財取引行列の平均値×3に設定し，質的分析法を適用し，基本構造表を作成．

給フロー系列の出発点と終点には，それぞれ川上型の産業部門と川下型の産業部門が位置する。また，「核」の内部の太線の矢印は，$W^{(1)}$において，$w_{ij}^1 = w_{ji}^1 = 1$を意味しており，直接的な双方向的な取引関係の存在を示す。質的分析法の提案者によると，基本構造表は，国民経済における基礎過程の「外面的な構成」を表示し，その時間的な比較と国際比較によって，経済過程の構造変化の方向を捉えることができ，また，供給路の数と長さによって，供給構造の複雑さ，部門間の循環的関係，部門間の複合状況，部門の基幹的位置と周辺的位置等が示されるとされる。

供給経路の数によって，産業部門間の波及構造をたどると，①建設部門は，建設需要を，「核」だけでなく，より多くの部門へと波及させる位置関係にあり，②対事業所サービス部門と商業部門は，多くの産業部門と相互的な需給関係にあることが明らかになる。また，対事業所サービス部門と商業部門に関係する需要・供給経路を除いてみると，おおまかではあるが，直線的な供給系列を読みとることができることから，商業・対事業所サービス部門を中心とした産業部門間の直接・間接的な循環関係を確認することができる。図3.7は，ドイツの1988年産業連関表について，閾値を中間財取引行列の平均値の3倍に設定することによって得られたドイツ経済の基本構造表である。図3.6と同様に，建設部門は，建設需要を多くの部門へと波及させる一方，商業部門とサービス部門は，多くの産業部門と需給関係を結んでいる。ただし，科学・文化・出版・その他のサービス部門は，図3.7のなかの10個の産業部門と直接的な双方向的な関係をもち，それ以外の12部門に直接的な供給経路をもつ関係にあるので，科学・文化・出版・その他のサービス部門を図中に書き入れると，それ以外の産業部門間の関係を明示的に図示できなくなることから除外している。

3．質的な産業連関分析法の展開

質的分析法にたいする批判点は，とくに，閾値によって産業部門間の中間財取引を「重要な関係」と「重要でない関係」に二分し，数量的な情報が質的な情報に転換されることから，中間財取引行列が内包する多くの情報が失

第3章 質的な産業連関分析の基本的な性格

表 3.6 閾値の設定 （単位：百万円）

閾値	1990 年	1985 年	1980 年
10	55,682	48,209	46,198
11	79,936	72,168	64,694
12	104,215	92,568	82,841
13	146,836	126,214	105,753
14	187,420	174,006	154,783
15	273,800	235,913	211,406
16	388,303	325,899	292,899
17	564,888	500,967	406,589
18	949,022	742,384	634,963
19	1,941,345	1,392,608	1,177,075

注：閾値を中間財取引行列の二十分位値に設定した値。

われることと，閾値の大きさによって，直接配分経路行列をはじめとして，供給系列における産業部門間の位置関係や凝縮化される産業部門の組み合わせは異なり，「基本構造表」も相違することであって，閾値の値の設定そのものの理論的な根拠が問われてくる。それについては，閾値をいろいろな値に設定し，質的分析法の適用によって得られる情報を数量的に集約することで分析が展開されていく。

本節では，日本の 80 年－85 年－90 年接続産業連関表にかんして，それぞれの表の中間財取引行列の要素の各二十分位値に閾値を設定し，中間財取引行列の値を「0」と「1」に変換する際に，一定の割合で，0 の数を増やしていくことを考える（閾値の値は表 3.6 で示している）[6]。

はじめに，質的分析法から得られる情報を集約していく方法について見てみると，そこでは，産業連関構造の「特性値」が計測されており，すべて 1 と 0 の間の値を取るように基準化されている[7]。

---

6) 質的論文II (p. 287) と質的論文III (p. 299) は，
フィルター比 $= \dfrac{TZ-OZ}{N(N-1)-OZ}$　　　$OZ \neq N(N-1)$

TZ：$\mathbf{W}^{(1)}$ に変換後のゼロの数（主対角要素以外）．
OZ：$\mathbf{W}^{(1)}$ に変換する前の中間財取引行のゼロの数（閾値＝0，主対角要素以外）．
N：産業部門の数．
によって，閾値を設定している。

(a) IPC (improper components) 比＝IPC/n

　　IPC：核と孤立化した産業部門以外の部門数．n：産業部門数．

(b) IC (isolated components) 比＝IC/n

　　IC：孤立化した産業部門数．n：産業部門数．

(c) 核比率＝2 PC/n

　　PC：核の数．n：産業部門数．

核は少なくとも2つの部門から構成されることから，核の数に2をかけ，部門数で割ることによって，1と0の間の値を取るように基準化している。

(d) 結合度＝$\Sigma k_{ij}/(K(K-1)/2)$

　　K：核を1つの部門にまとめた行列の部門数[8]．

　　k_{ij}：核を1つの部門にまとめた行列の要素．

核を1つの部門にまとめると，産業連関構造は，完全に三角化されることから，K(K−1)/2で割って，基準化している。また，結合度が1に近いほど，凝縮化された産業連関構造が緊密に関係していることを示している[9]。

(a)から(d)の特性値は，凝縮化された産業連関構図の全体像と関連する値であり，つぎの(e)と(f)は，核に注目した特性値である。

(e) 「核」の強度＝$(P-G)/(G(G-1))$

　　G (>1)：核を構成する産業部門数．

　　P：核を構成する産業部門間の直接配分経路の数（$\mathbf{W}^{(1)}$ より計測）．

核を構成する産業部門の数がG個の場合，最多でG(G−1)個，最少でG個の直接的な配分経路が存在することから，P−GをG(G−1)で割ること

---

7) (a)〜(f)のほかに，産業連関関係の全体構造に関係する特性値として「対象性」がある（質的論文II (p. 286) 質的論文III (p. 298)）．

　　対象性＝QS2/QS1, QS1 ≠ 0

　　QS1：川上型の産業部門と川下型の産業部門をつなぐ経路の数．

　　QS2：核が取り除かれた場合に残っている経路の数．

8) 図3.1の右下の行列を参照せよ．同図では，K＝5である．

9) 結合度は，IからIIIの構造型区分に関連しており，結合度が1の場合には直線的な構造タイプ，0と1の間の場合には完全には直線的ではない構造タイプおよび0の場合には，すべての産業部門が孤立化している構造を示す（質的論文II (p. 286) の脚注）．

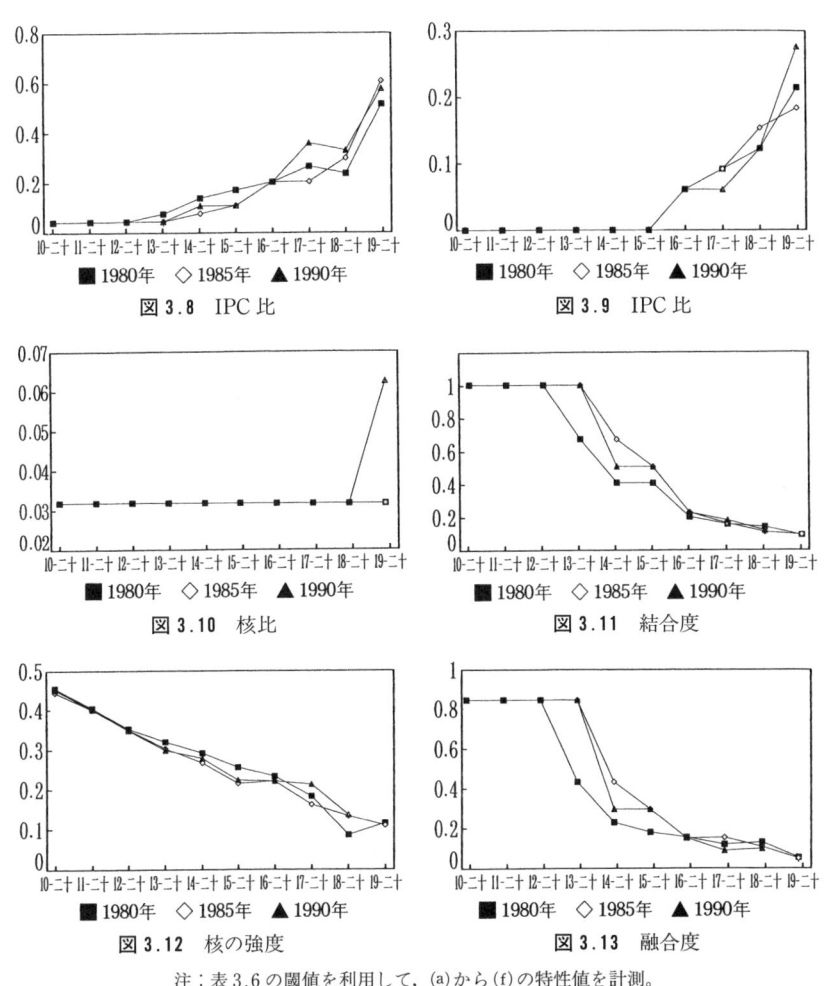

第3章　質的な産業連関分析の基本的な性格

図3.8　IPC比

図3.9　IPC比

図3.10　核比

図3.11　結合度

図3.12　核の強度

図3.13　融合度

注：表3.6の閾値を利用して，(a)から(f)の特性値を計測。

により，基準化しており，1に近いほど核のなかに多くの供給経路が存在していることを示す。

(f)　融合度＝Q/R

　　Q：核から核以外の部門および核以外の部門から核への供給経路の数．
　　R：核以外の産業部門がもつ供給経路の数（1つの部門あたりの平均値）．

```
┌─────────────────────────────────────────────┐
│ $S_1$：農林水産業～$S_{26}$：教育・研究，$S_{28}$：その他の公共サービス～ │
│ $S_{32}$：分類不明                            │
└─────────────────────────────────────────────┘
                                    │
                                    ↓
                              ┌──────────┐
                              │ $S_{27}$：医 │
                              │ 療・保健 │
                              │ 等        │
                              └──────────┘
```

図 3.14 凝縮化された産業連関構造
閾値＝第 10 二十分位値

注：閾値を第 10 二十分位値（中央値）に設定し，質的分析法を適用。第 27 部門が川下型の産業部門として出現している。

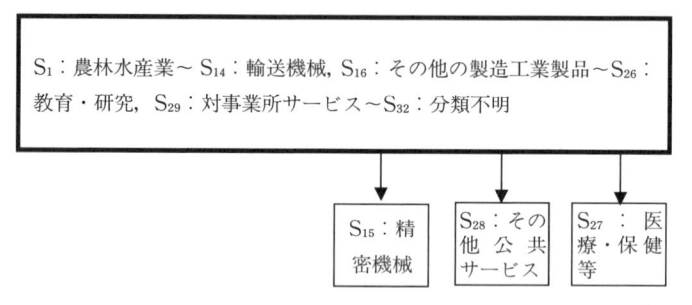

```
┌─────────────────────────────────────────────────────┐
│ $S_1$：農林水産業～$S_{14}$：輸送機械，$S_{16}$：その他の製造工業製品～$S_{26}$： │
│ 教育・研究，$S_{29}$：対事業所サービス～$S_{32}$：分類不明              │
└─────────────────────────────────────────────────────┘
              │              │              │
              ↓              ↓              ↓
        ┌─────────┐    ┌─────────┐    ┌─────────┐
        │ $S_{15}$：精 │    │ $S_{28}$：そ │    │ $S_{27}$：医 │
        │ 密機械    │    │ の他公共 │    │ 療・保健 │
        │           │    │ サービス │    │ 等        │
        └─────────┘    └─────────┘    └─────────┘
```

図 3.15 凝縮化された産業連関構造
閾値＝第 15 二十分位値

注：閾値を第 15 二十分位値（第 3 四分位値）に設定し，質的分析法を適用。第 15，27，28 部門が川下型の産業部門として出現している。

融合度は，0 に近いほど，核が全体構造の中に埋没していることを示し，1 に近いほど核が中心的に存在していることを示す。

「特性値」は，それ自身が投入産出構造を徴表する重要な値であって，図 3.8 から図 3.13 は，表 3.6 で示した閾値にもとづいて特性値をグラフ化している。図 3.8 と図 3.9 は，閾値の上昇に対応して，核から川上型，川下型，孤立型の産業部門が分離していく状況を示し，図 3.10 は，1990 年表の第 19 二十分位値のみ核の数が複数あることを示している。また，図 3.11 と図 3.12 は，結合度と核の強度が低下していく状態を示し，図 3.13 は，核が次

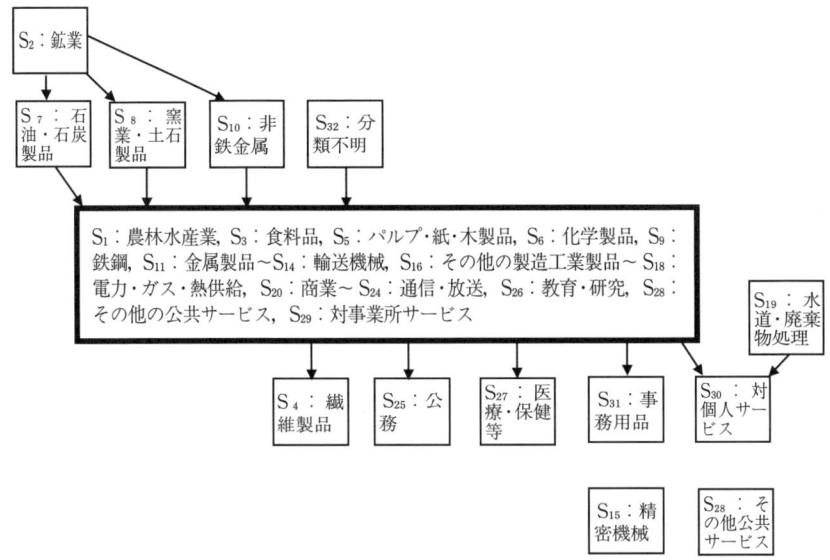

第3章 質的な産業連関分析の基本的な性格　　　71

```
┌──────────┐
│S₂：鉱業    │
└──────────┘
    │
    ├──────┬──────┬──────┐
    ▼      ▼      ▼      ▼
┌──────┐┌──────┐┌──────┐┌──────┐
│S₇：石││S₈：窯││S₁₀：非││S₃₂：分│
│油・石炭││業・土石││鉄金属 ││類不明 │
│製品  ││製品  ││      ││      │
└──────┘└──────┘└──────┘└──────┘
```

┌───┐
│ S_1：農林水産業, S_3：食料品, S_5：パルプ・紙・木製品, S_6：化学製品, S_9： │
│ 鉄鋼, S_{11}：金属製品〜S_{14}：輸送機械, S_{16}：その他の製造工業製品〜S_{18}： │
│ 電力・ガス・熱供給, S_{20}：商業〜S_{24}：通信・放送, S_{26}：教育・研究, S_{28}： │
│ その他の公共サービス, S_{29}：対事業所サービス   │
└───┘

```
┌──────┐┌──────┐┌──────┐┌──────┐┌──────┐  ┌──────┐
│S₄：繊││S₂₅：公││S₂₇：医││S₃₁：事││S₃₀：対││S₁₉：水│
│維製品││務    ││療・保健││務用品││個人サー││道・廃棄│
│      ││      ││等    ││      ││ビス  ││物処理│
└──────┘└──────┘└──────┘└──────┘└──────┘  └──────┘

                          ┌──────┐┌──────┐
                          │S₁₅：精││S₂₈：そ│
                          │密機械││の他公共│
                          │      ││サービス│
                          └──────┘└──────┘
```

図 3.16　凝縮化された産業連関構造
閾値＝第 17 二十分位値

注：閾値を第 17 二十分位値に設定し、質的分析法を適用。川下型の産業部門の他に、川上型と孤立型の産業部門が新たに出現している。

第に全体構造のなかに埋没していく状況を示している。図 3.8 から図 3.13 は、投入産出構造が「解体」あるいは「崩壊」するパターンを描くといわれており、特性値グラフにもとづいて、「key 値」を計測することによって、時点間や国際間の産業連関構造の差異性と同質性が議論されている[10]。しかし、特性値グラフと「key 値」による構造分析の追求は、それ自体興味深い研究ではあるが、それは、投入産出構造を図表化し記述していく展開が考察の後景に退いていく過程でもある。したがって、つぎに、閾値は、表 3.6 の値をもちいて、特性値の背景にある産業部門間の構造情報や凝縮化された産業連関構造が変化する過程を確認してみよう。

---

[10] 質的論文 II（pp. 289-299）と質的論文 III（pp. 301-309）は、経済の発展段階が異なる複数の国の産業連関表から特性値グラフを作成し、各国表をグループ化することを考察しており、発展段階が異なると、特性値グラフも明確な差が存在することを明らかにしている。

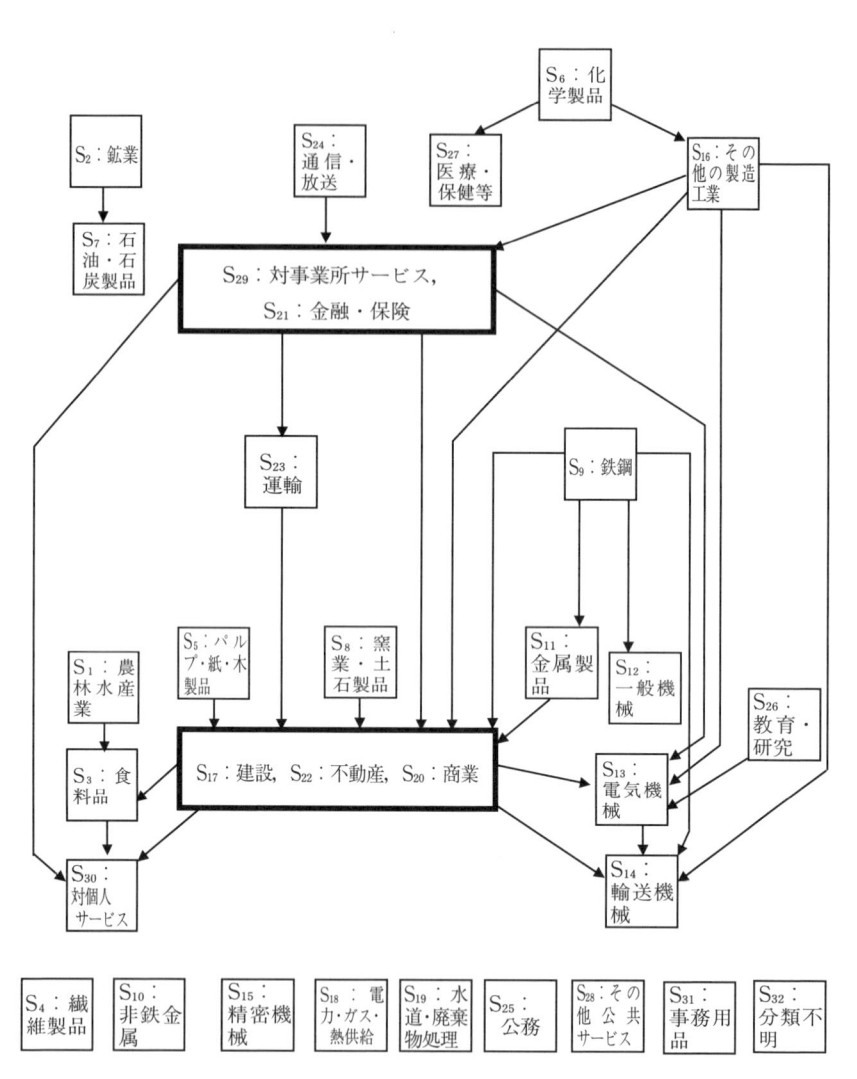

図 3.17 凝縮化された産業連関構造
閾値＝第 19 二十分位値

注：閾値を第 19 二十分位値に設定し，質的分析法を適用。川下型の産業部門の他に，川上型と孤立型の産業部門が出現するだけでなく，核が 2 つに分裂している。

図 3.14 は，閾値を第 10 二十分位値（＝中央値，556.8 億円）に設定した場合の凝縮化された産業連関構造であり，第 27 部門：医療・保健・社会保障が，川下型の産業部門として枠で囲んだ核から分離している。図 3.15 は，閾値を第 15 二十分位値（＝第 3 四分位値，2,738 億円）に設定した場合であり，図 3.14 と比較すると，新たに第 15 部門：精密機械と第 28 部門：その他の公共サービスが川下型の産業部門として出現している。さらに閾値の値を上げていくと，図 3.16（第 17 二十分位値，5,649 億円）や図 3.17（第 19 二十分位値，1 兆 9,413 億円）で示される凝縮化された投入産出構造が描かれる。図 3.17 は，それまで 1 つだった核が第 29 部門：対事業所サービスと第 21 部門：金融・保険のグループと第 17 部門：建設，第 22 部門：不動産と第 20 部門：商業のグループに分離された構造を示している。したがって，産業連関システムの構造型を概観すると，図 3.14 は p.59 の(I)の直線型，図 3.15 は（Ⅲ a）の准連結型であり，図 3.16 と図 3.17 は，准連結型が複合した形態であることがわかる。

閾値を上げていくと，核から川下型，川上型と孤立型の産業部門が分離していき，いったん核から除外された産業部門が再び核を構成することはない。したがって，閾値を高く設定しても，投入産出システムの循環構造にとどまる産業部門は，核としての性格を強く示し，低い閾値で，川下型，川上型と孤立型へと移行する産業部門は，川下型，川上型と孤立型の性格を示していると考えられる。本節では，閾値を二十分位値に設定し，産業連関システムを凝縮したが，最後に，中間財取引行列の要素のすべての値を閾値に設定し，産業部門を核型，川下型，川上型および孤立型の区分にもとづいて，整理しておく。

表 3.7 は，各産業部門について，閾値の上昇に対応して，核から分離する閾値，川下型の性格を持った部門として出現する閾値，川下型の性質を喪失する閾値，川上型の性格を持った部門として出現する閾値，川上型の性質を喪失する閾値，最後に，孤立型の産業部門として出現する閾値を示している。ただし，表中の値は，閾値そのものではなく，閾値の大小関係をそれぞれ順位づけ，その順位を，中間財取引行列の要素の数で割った値であり，閾値の小さい値から順に，$1/(32 \times 32)$，$2/(32 \times 32)$，…と表記している。そして，

表 3.7 質的分析法の適用による産業部門パターン

		1990年							1985年							1980年						
		核		川下型		川上型		孤立型		核		川下型		川上型		孤立型		核		川下型		川上型		孤立型
		最後	出現	最後	出現	最後	出現	最後	出現	最後	出現	最後	出現	最後	出現	最後	出現	最後	出現	最後	出現	出現
1	農林水産業	0.930	—	—	—	0.931	0.931	0.997	0.944	—	0.945	0.945	0.998	0.953	—	—	0.954	0.966	0.999
2	鉱業	0.764	—	—	—	—	—	0.987	0.790	—	0.791	0.940	0.989	0.793	—	—	0.794	0.955	0.997
3	食料品	0.930	0.931	0.958	0.936	—	—	0.997	0.944	0.945	0.974	—	0.998	0.953	0.954	0.971	—	—	0.999
4	繊維製品	0.768	0.769	0.920	—	—	—	0.921	0.798	0.799	0.955	—	0.956	0.842	0.843	0.937	—	—	0.938
5	パルプ・紙・木製品	0.930	—	—	—	0.931	0.931	0.982	0.944	—	—	—	0.982	0.953	—	—	0.954	0.976	0.991
6	化学製品	0.938	—	0.958	0.958	0.938	0.938	0.983	0.944	0.945	0.974	0.925	0.979	0.915	—	—	0.916	0.973	0.979
7	石油・石炭製品	0.764	—	0.958	0.936	0.765	0.765	0.987	0.866	0.867	0.940	0.867	0.940	0.837	0.838	—	—	0.955	0.997
8	窯業・土石製品	0.842	—	0.958	0.958	0.843	0.843	0.991	0.852	0.853	0.974	0.853	0.974	0.900	0.901	—	—	0.976	0.994
9	鉄鋼	0.904	—	0.958	0.958	0.905	0.905	0.979	0.923	0.924	0.973	0.924	0.974	0.936	0.937	—	—	—	0.980
10	非鉄金属	0.799	—	0.944	0.944	0.800	0.800	0.948	0.791	0.792	0.935	0.792	0.935	0.835	0.836	—	—	0.927	0.955
11	金属製品	0.904	—	0.958	0.958	0.905	0.905	0.996	0.923	0.924	0.974	0.924	0.974	0.936	0.937	—	—	0.976	0.996
12	一般機械	0.934	0.935	0.945	0.945	0.935	0.935	0.971	0.938	0.939	0.946	—	0.970	0.945	0.946	—	—	0.947	0.975
13	電気機械	0.944	0.945	0.958	0.958	—	—	0.955	0.935	0.936	0.972	—	0.973	0.927	0.928	0.950	—	—	0.955
14	輸送機械	0.944	0.945	0.958	0.958	—	—	0.963	0.935	0.936	0.965	—	0.966	0.940	0.941	0.958	—	—	0.971
15	精密機械	0.661	0.662	0.753	0.753	—	—	0.754	0.670	0.671	0.760	—	0.761	0.642	0.643	0.762	—	—	0.763
16	その他の製造工業製品	0.938	—	—	—	0.938	0.938	0.979	0.949	0.950	0.974	0.950	0.978	0.962	0.963	—	—	0.973	0.979
17	建設	0.958	—	—	—	—	—	0.996	0.974	—	—	—	0.995	0.976	—	—	—	—	0.996
18	電力・ガス・熱供給	0.902	0.903	0.941	—	—	—	0.947	0.906	0.907	0.922	—	0.942	0.936	0.937	0.942	—	—	0.958
19	水道・廃棄物処理	0.825	0.826	0.840	—	—	—	0.877	0.782	0.783	0.822	—	0.838	0.749	0.750	—	—	0.815	0.819
20	商業	0.958	—	—	—	—	—	0.990	0.974	—	—	—	0.992	0.976	—	—	—	—	0.993
21	金融・保険	0.951	0.952	0.958	0.958	—	—	0.978	0.949	0.950	0.974	—	0.980	0.942	0.943	—	—	0.976	0.982
22	不動産	0.958	—	—	—	—	—	0.980	0.974	—	—	—	0.985	0.976	—	—	—	—	0.983
23	運輸	0.944	0.945	0.951	0.958	0.958	—	0.968	0.974	0.950	0.966	—	0.967	0.956	0.957	—	—	0.961	0.962
24	通信・放送	0.883	0.884	—	—	—	—	0.964	0.867	0.868	0.954	—	0.955	0.792	0.793	—	—	0.952	0.962
25	公務	0.754	0.755	0.943	0.944	—	—	0.944	0.890	0.891	0.949	0.891	0.961	0.911	0.912	0.925	—	—	0.926
26	教育・研究	0.940	0.941	—	—	—	—	0.977	0.924	0.925	—	0.925	0.969	0.904	0.905	—	—	0.923	0.924
27	医療・保健・社会保障	0.235	0.236	0.938	—	—	—	0.983	0.391	0.392	0.951	—	0.979	0.275	0.276	0.944	—	—	0.965
28	その他の公共サービス	0.691	0.692	0.778	—	—	—	0.779	0.765	0.766	0.771	—	0.785	0.788	0.789	0.799	—	—	0.800
29	対事業所サービス	0.951	0.952	0.958	0.958	—	—	0.994	0.949	0.950	0.974	0.950	0.994	0.962	0.963	—	—	—	0.988
30	対個人サービス	0.840	0.841	0.958	—	—	—	0.985	0.735	0.736	0.974	—	0.987	0.662	0.663	0.976	—	0.976	0.984
31	事務用品	0.826	0.827	0.897	—	—	—	0.898	0.813	0.814	0.892	—	0.893	0.694	0.695	0.851	—	—	0.852
32	分類不明	0.821	0.822	0.939	—	—	—	0.940	0.890	0.891	0.894	—	0.895	0.943	0.944	0.963	—	—	0.964

注：1990年、85年、80年の産業連関表について、中間財取引行列のすべての値を閾値として設定し、核、川上型、川下型および孤立型として出現・消滅する閾値をまとめている。ただし表中の値は、閾値そのものではなく、関連の順序を要素の数で割った値である。

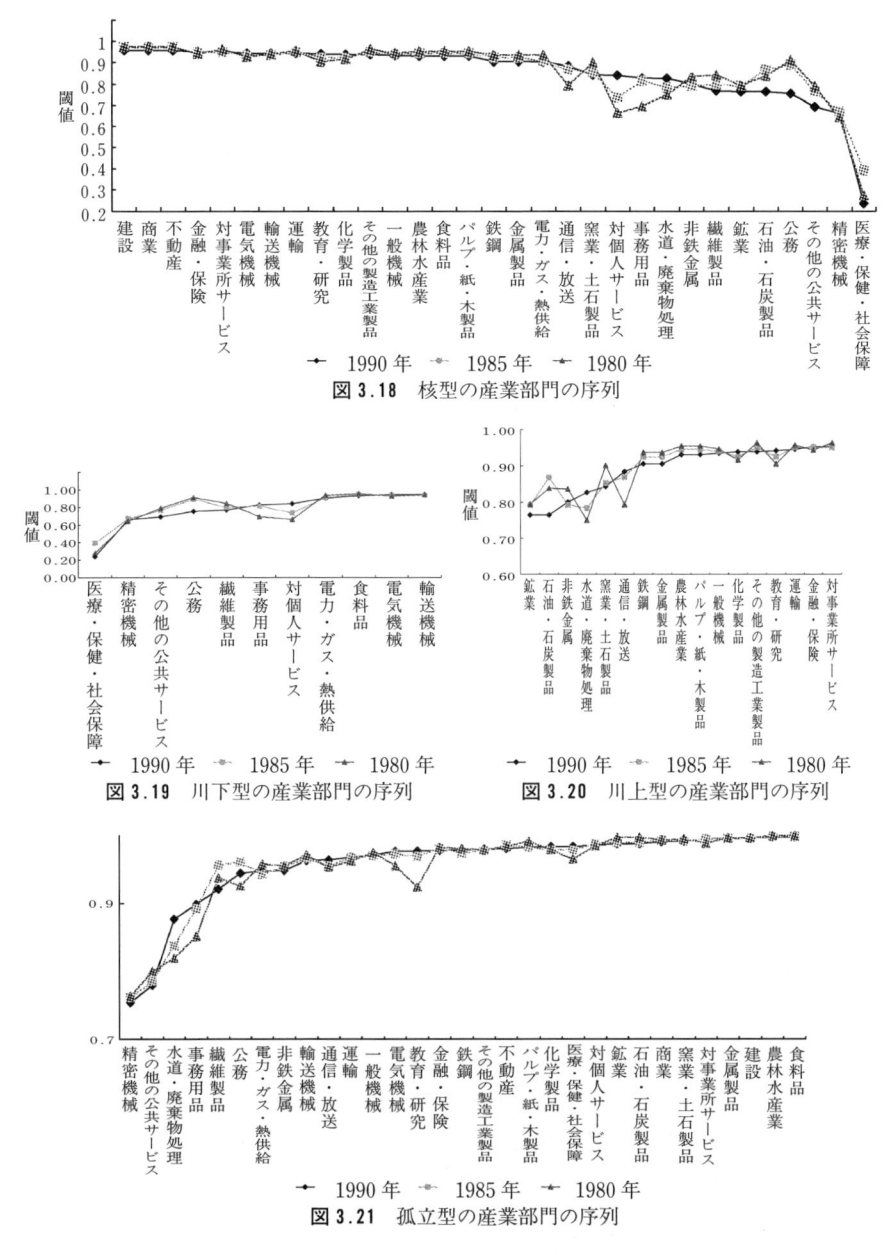

第 3 章 質的な産業連関分析の基本的な性格

図 3.18 核型の産業部門の序列

図 3.19 川下型の産業部門の序列

図 3.20 川上型の産業部門の序列

図 3.21 孤立型の産業部門の序列

注：閾値を中間財取引行列のすべての要素に設定し，核型，川下型，川上型と孤立型の特性を強くもつ産業部門の順に，左から右に並べている．なお，産業部門の順序は，比較のために，1990年を基準に1985年と1980年を並べ替えている．

表 3.8　4つの型の順位相関係数

	核	川上	川下	孤立
1990年と1985年	0.917	0.900	0.854	0.982
1990年と1980年	0.844	0.756	0.793	0.930
1985年と1980年	0.963	0.921	0.957	0.944

注：閾値を上昇させ，核型，川上型，川下型および孤立型の産業部門の出現順位について，順位相関係数を計測。

　図3.18〜図3.21は，表3.7にもとづいて，核型，川下型，川上型と孤立型に産業部門の情報を整理している。図3.18は，左から右の順番に，閾値を高く設定しても，核にとどまる産業部門を並べている。図3.19〜図3.21は，左から右の順番に，低い閾値において，川下型，川上型および孤立型の特徴を示す産業部門を並べている。なお，時点間の比較のために，産業部門の順序は，1990年の順序を基準に1985年と1980年の産業部門配列を並べ替えている。

　図3.18は，核型の産業部門の配列を示しており，1980年から1990年に移行する過程で，第25部門：公務が核型の性格が弱くなる一方，第30部門：対個人サービスが核型の性格を強く示すことがわかるが，3時点において，第17部門：建設部門，第20部門：商業および第22部門：不動産は，投入産出システムにおいて，強い循環的な構造を持つことがわかる。図3.19は，川下型（投入型）の産業部門の配列であり，図3.18の部門変動と同様に，第30部門：対個人サービスと第25部門：公務に順位の変動があるが，第27部門：医療・保健・社会保障と第15部門：精密機械は，川下型の産業部門の特性を強く示すことがわかる。そして，図3.20は，川上型の配列を示しており，そこでは，これまでの核型と川下型の安定した順序とは異なり，時点間でばらつきが見られるが，大まかに見ると，第2部門：鉱業，第7部門：石油・石炭製品および第8部門：窯業・土石といった中間財原材料の供給部門が上位に位置することがわかる。また，図3.21によって，孤立型の産業部門を見ると，1980年の第26部門：教育・研究が他の2時点と比較して孤立型の性格を強く持つが，低い閾値で孤立型として出現する第15部門：精密機械，第28部門：その他の公共サービスと第19部門：水道・

廃棄物処理や，高い閾値でも孤立型に移行せず，投入産出システムのなかにとどまる部門として，第17部門：建設，第1部門：農林水産業および第3部門：食料品が共通していることがわかる。最後に，図3.18～図3.21の情報を順位相関係数でまとめると，表3.8となり，核型，川上型，川下型と孤立型において，1990年と1980年において，順位相関係数の値がやや下がるが，全体として，質的分析法から得られる4つのタイプの産業部門の特性は，全体として，安定していることがうかがえる。

4．小　括

本章は，質的分析法を日本の産業連関表に適用することによって，質的分析法の基本的な手順を具体的に明らかにした。質的分析法は，最終需要の波及効果計算では問われることがない産業部門間の投入産出関係にグラフ理論を適用することによって，部門間情報を集約し，図表化された産業連関構造を記述することを基本的な課題としており，そういった観点からは，今後，(i)距離行列を基本構造表に反映すること，(ii)閾値の設定の変化に対応して生成する異なる投入産出システムを基本構造表として組み込むこと，(iii)(ii)と関連して，閾値を低い値から高い値へと設定していくと，核から川上型の産業部門や川下型の産業部門が分離してくることから，それを順序付けすることによって三角化法の適用結果と関連性を比較すること，および(iv)多部門の産業連関表に質的分析法を適用し，基本構造表を作成する際には，国民経済の「外面的な構成」を把握しづらくなること等についても考察が必要かと思われる。

　一方，質的分析法は，分析視角が最終需要の波及効果量の精密な計測から，投入産出システムそのものの構造解析へと変化することによって，実態的な産業連関過程や経済循環過程との関連性が改めて問われてくるが，同方法によって析出される産業部門の核型，川下型，川上型と孤立型の区分や基本構造表は，グラフ理論との関連で「形式的」に整理されたままである。それは，閾値を客観的に設定する方法を開発することや，凝縮化された産業連関構造図と基本構造表を利用して，産業部門間の関係を記述していく研究が展開せ

付表　産業部門名一覧

S1	農林水産業	S12	一般機械	S23	運輸
S2	鉱業	S13	電気機械	S23	通信・放送
S3	食料品	S14	輸送機械	S25	公務
S4	繊維製品	S15	精密機械	S26	教育・研究
S5	パルプ・紙・木製品	S16	その他の製造工業製品	S27	医療・保健・社会保障
S6	化学製品	S17	建設	S28	その他の公共サービス
S7	石油・石炭製品	S18	電力・ガス・熱供給	S29	対事業所サービス
S8	窯業・土石製品	S19	水道・廃棄物処理	S30	対個人サービス
S9	鉄鋼	S20	商業	S31	事務用品
S10	非鉄金属	S21	金融・保険	S32	分類不明
S11	金属製品	S22	不動産		

注：本章でもちいた 1990 年―1985 年―1980 年接続産業連関表の産業部門の略称記号と正式名称（総合大分類表（32 部門分類表），総務庁（1995））．

ず，「速度性」と「完全性」による波及効果の観点による評価や質的分析法の適用結果の集約指標の開発へと研究が進展することからも類推できる．他方，質的分析法によって国民経済の産業構造に接近するためには，産業連関表の産業部門間の取引情報が中間財取引に限定されていることが基本的な制約となっており，産業構造論的な視点からは，新しい表章形式が考案される可能性もうかがえる．

本章は，産業連関表にグラフ理論を適用する研究動向を取りまとめているわけではない．それは，質的分析法がグラフ理論にもとづいているとはいえ，質的分析法による産業部門のパターン解析と図表化された産業連関構造が非常に印象的に思えたからである．近年，閾値の設定にかんして，レオンチェフ逆行列の級数展開と逆行列への収束度合を考慮した研究が進められており，そういった研究と産業連関構造の関連性を明らかにすることや産業連関表の新しい表章形式を展望することについては，今後の課題としたい．

参考文献

Aroche-reyes, F. (1996) "Important Coefficients and Structural Change: A multi-layer Approach," *Economic Systems Research*, vol. 8 no. 3, pp. 235-246.

Blin, J. M. and Murphy, F. (1974) "Notes and Comments: On Measuring Economic Interrelatedness," *Review of Economic Studies*, vol. 41 no. 3, pp. 437-440.

Bon, R. (1989) "Qualitative Input-Output Analysis," Miller, R. E., Polenske, K. R. and Rose, A. Z. (eds.) *Frontiers of Input-Output Analysis*, Oxford U. P., pp. 222-231.

Düring, A. and Schnabl, H. (2000) "Imputed Interindustry Technology Flows—A Comparative SMFA Analysis," *Economic Systems Research*, vol. 12 no. 3, pp. 363-375.

Ghosh, S. and Roy, J. (1998) "Qualitative Input-Output Analysis of the Indian Economic Structure," *Economic Systems Research*, vol. 10 no. 3, pp. 263-273.

Holub, H. W. and Schnabl, H. (1985 a) "Qualitative Input-Output Analysis and Structural Information," *Economic Modelling*, vol. 2 no. 1, pp. 67-73.

―――, Schnabl, H. and Tappeiner, G. (1985 b) "Qualitative Input-Output Analysis with Variable Filter," *Journal of Institutional and Theoretical Economics*, vol. 141 no. 2, pp. 282-300.

――― and Tappeiner, G. (1988) "A General Qualitative Technique for the Comparison of Economic Structures," *Quality & Quantity*, vol. 22 no. 3, pp. 293-310.

Ichihashi, M., Ikeda, H. and Iiguni, Y. (1995) "A Means of Graphical Analysis for Input-Output Table," *Kochi University Review of Social Science*, no. 54, pp. 193-226.

Mesnard, L. de (1995) "A Note on Qualitative Input-Output Analysis," *Economic Systems Research*, vol. 7 no. 4, pp. 439-445.

Rosenblatt, D. (1957) "On Linear Models and the Graphs of Minkowski-Leontief Matrices," *Econometrica*, vol. 25 no. 2, pp. 325-338.

Schnabl, H. (1994) "The Evolution of Production Structures, Analyzed by a Multilayer Procedure," *Economic Systems Research*, vol. 6 no. 1, pp. 51-68.

――― (1995) "The Subsystem-MFA; A Qualitative Method for Analyzing National Innovation Systems—The Case of Germany," *Economic Systems Research*, vol. 7 no. 4, pp. 383-396.

Siebe, T. (1996) "Important Intermediate Transactions and Multi-sectoral Modelling," *Economic Systems Research*, vol. 8 no. 2, pp. 183-193.

Sonis, M. and Hewings, G. J. D. (1992) "Coefficient Change in Input-Output Models : Theory and Applications," *Economic Systems Research*, vol. 4 no. 2, pp. 143-157.

Weber, C. and Schnabl, H. (1998) "Environmentally Important Intersectoral Flows : Insights from Main Contributions Identification and Minimal Flow Analysis," *Economic Systems Research*, vol. 10 no. 4, pp. 337-356.

Yan, C. and Ames, E. (1965) "Economic Interrelatedness," *Review of Economic Studies*, vol. 32 no. 4, pp. 299-310.

市橋勝 (1995 a)「プロセスグラフとグラフ理論」泉弘志・木下滋・藤江昌嗣・大西広・藤井輝明編著『経済統計学の現代化』晃洋書房, pp. 109-126.

――― (1995 b)「波及経路行列による産業構造分析」『広島大学総合科学部紀要II : 社会文化研究』vol. 21, pp. 47-66.

―――・飯国芳明・池田啓実 (1997)「波及過程分析と逆行列への収束割合」『広島大

学総合科学部紀要Ⅱ：社会文化研究』vol. 22, pp. 1-26.
総務庁（1995）『昭和55―60―平成2年接続産業連関表：総合解説編，計数編(1)(2)』全国統計協会連合会.
西山賢一（1991）「生態学からみた産業連関表」『イノベーション&I-Oテクニーク』vol. 2 no. 2, pp. 4-10.
服部嘉雄・小澤孝夫（1974）『グラフ理論解説』昭晃堂.
濱砂敬郎（1992）「ドイツ産業連関分析の新局面」『経済学研究』九州大学経済学会，vol. 58 nos. 4・5, pp. 243-258.
――――（1993）「ドイツ経済構造報告における産業連関分析」九州大学ドイツ経済研究会編『統合ドイツの経済的諸問題』九州大学出版会，pp. 249-283.
――――（1996）「構造分析的な産業連関分析の一形態――L. Czaykaの『いわゆる質的産業連関分析法』について」『経済学研究』九州大学経済学会，vol. 62 nos. 1-6, pp. 185-212.
横倉弘行（1987）「産業連関論における質的分析の系譜」『商学論纂』中央大学商学研究会，vol. 29 no. 2, pp. 59-92.
――――（1990）「産業連関の質的分析」『産業連関分析入門』窓社，pp. 123-155.

第4章

環境分析用産業連関計算の1つの適用＊
── 宇宙太陽発電衛星の CO_2 負荷計算 ──

1. はじめに

　人口増大と人類の社会経済活動の活発化により，オゾン層の破壊，異常気象，大気汚染，廃棄物発生，海洋汚染，水質悪化，土壌劣化，森林破壊，生物多様性の危機，そしてエネルギーの枯渇といった地球規模での環境問題が顕在化し，人間の社会活動や生命そのものを規制する社会的問題として認識されるに至っている。とくに，化石燃料の燃焼によって引き起こされる地球温暖化問題については，1997年12月に開催された地球温暖化防止京都会議（COP 3）において，地球温暖化防止に向けた2000年以降の国際的な協力体制が提案され，また，日本国内においても，リサイクル・循環型社会に向けての枠組みが提案され法案化されてきた。そして，国際的国内的な環境保全型社会のあり方とその評価をめぐる議論は，産業連関計算にも影響を与え，今日的な環境評価法として，環境産業連関計算が開発されることとなった。

＊ 本章は，日本学術振興会未来開拓学術研究推進事業「アジア地域の環境保全：アジア地域における経済および環境の相互依存と環境保全に関する学際的研究（研究プロジェクト番号：97Ⅰ00601，代表：慶應義塾大学・産業研究所教授：吉岡完治）」における環境分析用産業連関計算にかんする研究成果を取りまとめた。とくに，宇宙太陽発電衛星の CO_2 負荷を確定する過程は，吉岡完治・慶應義塾大学教授，菅幹雄・東京国際大学助教授および野村浩二・慶應義塾大学助教授との共同作業であり，これまでの研究成果として，Asakura, Collins, Nomura, Hayami and Yoshioka (2002)，伊藤（博）・朝倉 (2001)，吉岡（完）・菅・野村・朝倉 (1998 a, b, c, 1999 b) について，プロジェクト代表より取りまとめの許可をいただき，作成した。文中の誤りは，筆者の責任である。なお，本章では，本プロジェクトを「未来開拓プロジェクト」と略称する。

本章は，環境問題に対応するために開発された環境分析用産業連関計算について，はじめに，環境分析用産業連関表の表章形式と分析の動向を整理し，つぎに，具体的な分析事例として，宇宙太陽発電衛星のCO_2負荷計算を示す。

2．環境分析用産業連関表の表章形式

1970年，国際公害シンポジウム（東京）におけるレオンチェフの講演：「環境波及と経済構造」（Leontief (1970)）をきっかけとして，産業連関表を環境分析に適用する研究が開始され（Leontief and Ford (1972), Leontief (1973)），それにもとづいて，わが国において，通産省が昭和43年と48年を対象とする「産業公害分析用産業連関表」を作成した（通商産業省 (1971)，通商産業大臣官房 (1976)）。同表は，公害除去活動アクティビティを明示的に示し，硫黄酸化物，水質汚濁および産業廃棄物の排出状況を把握することが可能であり，今日の産業連関表とは異なる表章形式にもとづいて作成・公表されていた[1]。その後，「公害分析用産業連関表」の作成は行われなかったが[2]，近年，地球温暖化問題が注目されることによって，経済活動，エネルギー消費量および環境負荷の関係を詳細に分析することが必要になった。そのために開発された表が「環境分析用産業連関表」である。

図4.1は，慶應義塾大学産業研究所の環境問題研究グループが作成した1990年と1995年の環境分析用産業連関表の基本構成を示している[3]。図中

---

1) レオンチェフおよび通産省が作成した公害分析のための産業連関表は，浅岡 (1983a,b)，大平（号）(1980)，金子 (1973)，木地 (1996)，斎藤 (1992)，建元 (1972)，田村 (1976)，林（英機）(1995, 2000, 2001) と早見・木地 (1994) において取り上げられている。

2) レオンチェフや通産省が作成した公害分析のための産業連関表があまり利用されなかった理由として，木地 (1996) は，当時，欧米においては，環境問題が社会的に深刻化していなかったこと，景気停滞期における環境対策費の負担が景気回復を遅らせるという社会的反発があったこと，そして，わが国においては，産業連関計算が社会的に浸透していなかったこと，当時の公害問題が地域性を持ち，全国規模の公害産業連関表にはなじまなかったことを指摘している。

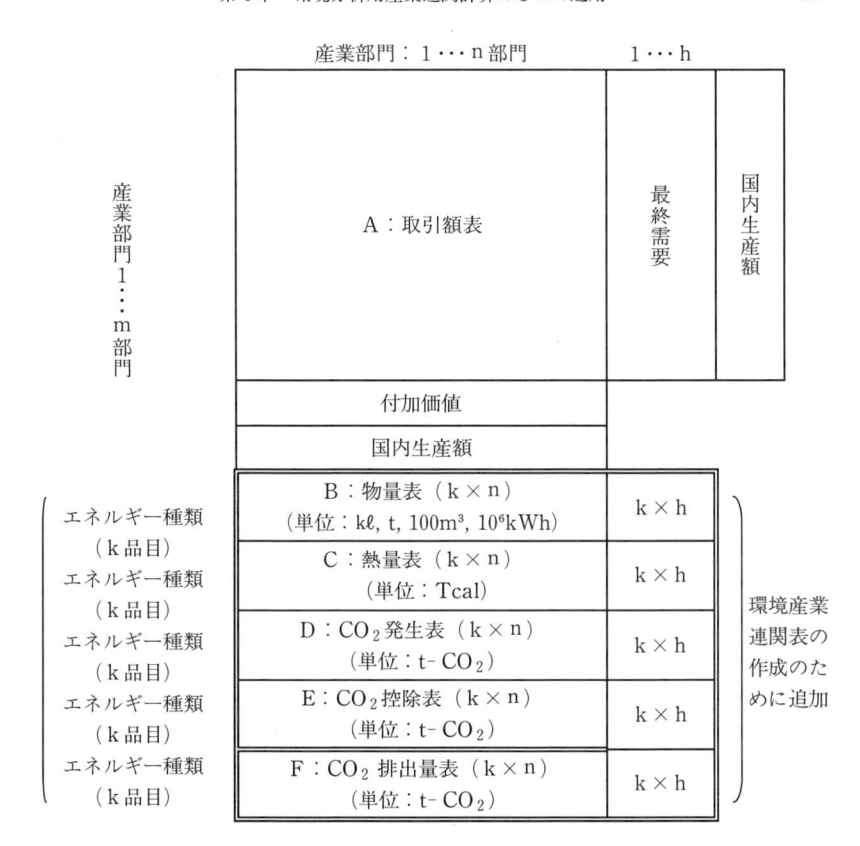

第4章　環境分析用産業連関計算の1つの適用　　　83

	産業部門：1 ··· n 部門	1 ··· h	
産業部門 1 ··· m 部門	A：取引額表	最終需要	国内生産額
	付加価値		
	国内生産額		

エネルギー種類（k品目）	B：物量表（k×n） （単位：kℓ, t, 100m³, 10⁶kWh）	k×h	環境産業連関表の作成のために追加
エネルギー種類（k品目）	C：熱量表（k×n） （単位：Tcal）	k×h	
エネルギー種類（k品目）	D：CO_2 発生表（k×n） （単位：t-CO_2）	k×h	
エネルギー種類（k品目）	E：CO_2 控除表（k×n） （単位：t-CO_2）	k×h	
エネルギー種類（k品目）	F：CO_2 排出量表（k×n） （単位：t-CO_2）	k×h	

図 4.1　環境分析用産業連関表の表章形式

注：産業研究所環境問題分析グループ（1996），朝倉他（2001），中野（2000a），早見他（2000b）より作成。

3）環境産業連関表の詳細な作成方法，表章形式と式（4.1）から計測される財・サービスの単位あたり直接間接 CO_2 排出量について，1990年表は，産業研究所環境問題分析グループ（1996）の第1章と2章を，1995年表は，朝倉他（2001）の第1章と2章，中野（2000 a,b）と早見他（2000 b）を参照せよ。本節では，エネルギー負荷と CO_2 負荷を計測可能な環境産業連関表として，1990年表と1995年表を取り上げるが，最初に作成された1985年環境産業連関表は，CO_2，NO_x と SO_x の排出分析も可能である。それについては，Hayami et al.（1993），池田・菅（1994）と吉岡（完）他（1992 b）を参照せよ。

のAは，総務庁が公表する産業連関表である。1990年表は，基本表（行：527部門，列：411部門）を正方化し，405部門で構成されるが，1995年表では，取引基本表をそのまま使用している（行：519部門，列：403部門）。図中のBは，各部門が経済活動のために投入した複数のエネルギー財を種類別に物量（t, kℓ, 100 m³ 等）で表示した表であり，「物量表」と呼ぶ。1990年表では50種類，1995年表では53種類のエネルギー財から構成される。「物量表」は，産業連関表に付帯している物量表の値を基本値として使用し，それ以外のエネルギー財について，公表統計から作成している。Cの部分は，「物量表」を熱量に換算した「熱量表」である。「熱量表」の作成のために，物量表と同じ種類のエネルギー財について，「物量単位あたり発熱量」を別途作成し，物量表にかけている。最後に，D，E，Fの部分を，それぞれ「CO_2発生表」，「CO_2控除表」，「CO_2排出量表」と呼ぶ。「CO_2発生表」は，投入されたエネルギー財の炭素分がすべてCO_2に転化したことを前提にCO_2を計測した表である。しかし，投入されたエネルギー財のなかで，CO_2を生成しない部分があり，それを「CO_2控除表」として計測する。「CO_2控除表」は，2つの方法によって作成される。第1の方法は，「燃焼比率方式」であり，それは，投入されたエネルギー財が原料として使用され，燃焼されなかった値を推計して，控除量とする方法である。第2の方法は，「炭素収支方式」であり，産出物に含まれる炭素分を推計して，控除量とする方法である。どちらの方法を採用するかは，部門によって異なるが，大半の部分は，「燃焼比率方式」を採用している。そして，「CO_2発生表」から「CO_2控除表」を引き，実際のCO_2排出量を示す「CO_2排出量表」を作成している。

　環境分析用産業連関表が作成されると，環境分析のための基本的な値として，第j部門の単位あたりの直接間接CO_2排出量がCO_2排出原単位として，つぎのように計算される[4]。

　4）式（4.1）では，レオンチェフ逆行列として，$(\mathbf{I}-\mathbf{A})^{-1}$をもちいているが，輸入財の生産過程の$CO_2$負荷を除く場合は，$(\mathbf{I}-(\mathbf{I}-\mathbf{M})\mathbf{A})^{-1}$である。

$$CO_{2j} = (\mathbf{CO}_2^p (\mathbf{I}-\mathbf{A})^{-1} + CO_{2j}^f)\mathbf{f}_{(j)} \qquad (4.1)$$

ただし,

CO_{2j}：第 j 部門の国内生産額1単位あたりの誘発 CO_2 排出量.

$\mathbf{CO}_2^p$：財・サービスの生産過程からの CO_2 排出係数（行ベクトル）.

（図4.1の CO_2 排出量を生産額で割った値：直接 CO_2 排出係数）

CO_{2j}^f：第 j 部門の消費過程からの CO_2 排出係数.[5]

$\mathbf{f}_{(j)}$　：第 j 要素が1でその他の要素が0である最終需要ベクトル.

慶應義塾大学産業研究所の環境研究グループが作成する環境分析用産業連関表は，1985年表については，エネルギーとCO_2排出原単位の他に，SO_xとNO_x排出原単位も計測・公表していたが，1990年表以降は，エネルギー消費とCO_2排出原単位の計測を中心に作表している。エネルギー消費とCO_2排出原単位以外の環境負荷について，南斎他（2002）はSO_x，NO_xと浮遊粒子状物質（Suspended Particulate Matter; SPM），日本建築学会（1999）はSO_xとNO_x，本藤他（1998,2002）はSO_x，NO_x，CH_4とN_2Oをすべての産業部門について公表している。また，LCA実務入門編集委員会（1998）は，産業連関表の部門別品目別生産額表レベルでSO_x，NO_x，生物化学的酸素要求量（Biochemical Oxygen Demand; BOD），化学的酸素要求量（Chemical Oxygen Demand; COD），浮遊物質（Suspended Solid; SS），窒素および燐等を公表している[6]。

3．環境分析用産業連関計算の展開

表4.1は，「未来開拓プロジェクト」，産業研究所環境問題分析グループ（1996）および朝倉他（2001）を中心にして，産業連関表を利用した環境・エネルギー分析の動向を分析対象別に取りまとめた表である。

---

5) 最終製品を消費・燃焼する過程から排出される CO_2 排出係数の作成方法については，中野（2000b）を参照せよ。

6) 日本建築学会（1999）の表7.2.1（p.57）は，産業連関表を利用した環境負荷原単位について，作成機関ごとに環境負荷の種類等を整理している。

表 4.1 産業連関計算による環境・エネルギー評価の研究事例

分析の課題と対象	著者	タイトル	その他
0. 全体のフレームワーク	早見・松橋・疋田・溝下・中野・吉岡 (2001)	「未来開拓プロジェクト」おおよび環境グループA と B「未来技術の CO_2 削減評価」(『WG 2』：I-1 章)	Hayami et al. (1993, 1995c), Yoshioka, K. et al. (1995 b), Hayami and Yoshioka (1996), 池田 (1991), 池田・菅 (1994), 菅・吉岡 (1996), 中野 (2000 a), 早見 (2000 a), 早見他 (2000 b), 吉岡 (完) 他 (1991, 1992 b, c), 吉岡・菅 (1997), 吉岡 (完) (1992 a), 吉岡 (完)・早見 (1994 b, 1995 b)
0.1 表・原単位の作成・分析のフレーム	松橋 (1998 b)	「技術評価のためのライフサイクルアセスメント手法の基本的枠組みとその問題点」(『WG 2』：I-2 章)	
	松橋 (1998 c)	「技術評価のためのライフサイクルアセスメント手法の基本的枠組みとその問題点：第二報」(『WG 2』：I-3 章)	
	松橋・疋田 (1999 c)	「動学ライフサイクルアセスメントの概念とその発電システムへの適用」(『WG 2』：I-5 章)	
	松橋・吉岡・疋田 (2000)	「ライフサイクルアセスメントの枠組みと配分問題に関する一考察」(『WG 2』：I-6 章)	
	疋田・石谷・松橋・吉田・吉岡 (1999)	「LCA のためのデータベースツールの開発」(『WG 2』：I-7 章)	内山他 (1998), Nishimura et al. (1996, 1997), 西村他 (1996), 本藤・内山 (1999 c), 本藤他 (1996, 1998, 1999 a, b, 2001 a), 本藤 (2000 a)
	疋田・石谷・松橋・吉田・大橋 (2000)	「ライフサイクルアセスメントに基づく環境評価システムの開発」(『WG 2』：I-7 章)	
	石川・藤井・高橋・中野・吉岡 (1998)	「リサイクルを含む場合の環境負荷の産業連関表による分析方法」(『WG 2』：I-8 章)	Yoshioka, M. et al. (1998), Matsuhashi et al. (1999b), 松橋・石谷 (1998 e), 吉岡 (理) (1996), 吉田 (好) 他 (1998 a)
	中野 (2000 b)	「1995 年環境分析産業連関表による生産誘発 CO_2 排出量の推計」(『WG 2』：I-9 章)	
	中野・森・鷲津 (2002)	「昭 60—平 2—7 年接続環境分析用産業連関表」	

第4章　環境分析用産業連関計算の1つの適用

分類	内容	文献
0.2 CDM・その他	環境グループA・B「環境分析用産業連関表の作成」(1章) 環境グループA・B「生産誘発による CO_2 排出量」(2章)	近藤他 (1994 a, b), 近藤・森口 (1997), 南斎 他 (2000 a, 2001, 2002), 森口他 (1993 a,
	吉田 (好)・石谷・松橋・大熊 (2000)「産業部門におけるエネルギー消費量の不確かさを考慮したLCA」(『WG 2』: I -11章)	森口・近藤 (1998) 林 (英明) 他 (1998), 吉田 (公) 他 (1999), 武田他 (2001)
	松橋・張・吉田・石谷 (1999 b)「LCAの概念を利用した技術移転の評価手法と，そのCDMへの応用」(『WG 2』: I -12章)	野村 (昇) 他 (1994) 小林他 (2001) 神山・松永 (1987 b)
1. 農林水産業	Breiling, Hoshino, Matsuhashi (1999), 「Contributions of Rice Production to Japanese Greenhouse Gas Emissions Applying Life Cycle Assessment as a Methodology」(『WG 2』: II -10 章)	久守 (1994, 2000)
	松橋・星野・Breiling・吉岡 (1999 a)「米作のライフサイクルアセスメント」(『WG 2』: II -11 章)	神山・松永 (1987 a)
2. 素材産業部門 (鉄・非鉄・セメント・紙パルプ部門等)	岡村・石谷・松橋・吉田・疋田 (2000)「ライフスタイルに関するLCA分析」(『WG 2』: V - 5 章) 環境グループA「鉄くず・高炉スラグ・フライアッシュのリサイクル」(6章) 環境グループA「故紙リサイクルの分析」(7章)	Fujiwara et al. (1995), 池田他 (1995), 菅・石川 (1995), 吉岡 (完) 他 (1993 d) 松橋他 (1993), 吉田 (好) 他 (1998 b) 戸井他 (1997), 吉田 (公) 他 (2001) 長谷川 (1995), 中村 (2001 a)

3. 廃棄物・排熱・リサイクル		Nakamura and [Waste Input-Output Model] Kondo (2002)	大平(純)他 (1998, 1999), 木村他 (1998)
	清水・木地・菅 (1997)「製造業における資源再利用（リサイクル）状況の統計整備」	中村 (1996, 1999 a, b, 2000 a, b, c, 2001 b, c)
	西・松橋・吉田・石谷「日本の製造業における排熱利用可能性の評価」(1999)『WG 2』: V-1章]	廣部・内山 (1999)
	矢野・石谷・松橋・吉田・疋田 (2000)「産業連関分析の拡張による廃棄物処理システム導入可能性の研究」(『WG 2』: V-7章]	通産統計協会 (1998)
4. 輸送機械と輸送システム	松橋・菅・吉岡・疋田・吉田・石谷 (1998 a)「自動車のライフサイクルアセスメント」(『WG 2』: III-1章]	池田他 (1996), 菅 (1992), 早見 (1992), 溝下他 (1998)
	Matsuhashi, Ishitani, Hikita, Hayami, Yoshioka (1999a) [Life Cycle Assessment of Gasoline Vehicles and Electric Vehicles] (『WG 2』: III-2章]	稲村他 (2002), 鈴木(利) (2000) 南斎他 (2000 b), 森口他 (1993 b)
	疋田・清水・工藤 (2002)「電気自動車 KAZ の LCA」(『WG 2』: III-6章] 環境グループA「自動車の LCA」(8章)	西村他 (1998) 松橋他 (1998 d)
	工藤・石谷・松橋 (2000)「公共交通機関のライフサイクル CO_2 排出特性の検証」(『WG 2』: III-5章]	
	環境グループB「ITS の CO_2 負荷計算」(4章)	
5. 建設・建築部門関連	環境グループA「省エネルギー住宅の分析」(4章)	Hayami et al. (1995d), 吉岡(完)他 (1993 a, c)
	菅・内田・鷲津 (1998)「LNG 受入基地建設の CO_2 負荷計算」	伊香賀・外岡 (2000 a), 伊香賀他 (2000 b), 岡 (1985 a, 2001), 鈴木(道)他 (1994, 1995), 竹林他 (1992), 横山他 (2000)

第 4 章　環境分析用産業連関計算の 1 つの適用

分類	著者・タイトル	文献
6. エネルギー変換・発電システム部門	吉岡（完）・菅・野村・朝倉 (1998 a)・「宇宙太陽発電衛星の CO_2 負荷分析」（『WG 2』: II - 1 章）	漆崎他 (2001)，酒井・漆崎 (1992)
	吉岡（完）・菅・野村・朝倉 (1998 b)・「宇宙太陽発電衛星の CO_2 負荷一若干のシミュレーション」（『WG 2』: II - 1 章）	田頭他 (1996)，田頭・内山 (1997)
	Asakura, Collins, Nomura, Hayami and Yoshioka (2002)・「CO_2 Emission from Solar Power Satellite」（『WG 2』: II - 2 章）	Yoshioka, K. et al. (1996)，吉岡（完）他 (1994 a)，内山 (1997)
	大橋・松橋・石谷・吉田・定田 (2000)・「SPS 2000 のライフサイクルアセスメント」（『WG 2』: II - 3 章）	内山 (1993 a, b, 1995)，内山・山本 (1992)，本藤・内山 (1997)，本藤他 (2000 b)，本藤 (2001 b)
	大橋・石谷・松橋・吉田・定田・吉岡 (2001)・「宇宙太陽発電衛星の CO_2 負荷レファレンスシステムとニューコンセプト」（『WG 2』: II - 4 章）	赤井他 (1993)，野村他 (1995, 1998)，野村・赤井 (1997)
	環境グループ B・「宇宙太陽発電衛星の CO_2 負荷」（5 章）	定田他 (1998 b)
	環境グループ A・「電力生産による CO_2 排出」（5 章）	
	定田・石谷・松橋・吉田 (1998 a)・「プロセス連関分析によるガスコジェネシステムの LCA」（『WG 2』: II - 6 章）	
7. 家計消費関連製品（事務機器を含む）	鷲津 (1999 a)・「家計調査に基づく環境家計簿分析」（『WG 2』: IV - 2 章）	内山他 (1999)，川島他 (2000)
	鷲津 (1999 b)・「家計の消費構造と CO_2 排出に関する時系列分析」（『WG 2』: IV - 3 章）	近藤他 (1995, 1996)

	鷲津・溝下 (2000)	「環境家計簿作成のためのCO_2排出点数表」(「WG 2」: IV-4章)	Hayami et al. (1995b), 菅 (1997), 吉岡(完)他 (1993 b)
	鷲津・溝下 (2001)	「CO_2排出点数表の作成と環境家計簿の実践」(「WG 2」: IV-5章)	竹山 (1999), 長岡 (2001)
	環境グループA・B	「環境家計簿作成のためのCO_2排出点数表」(3章)	
8. 国際表と国際間表(日本表を含む)	清水・スズキ・サドウ・ヒロミ (2002)	「多国広域経済圏における「経済と環境」の相互依存関係」(「WG 1」: I-1章)	Hayami et al. (1995a), Hayami and Kiji (1997), Kuroda and Wong (1995), Yoshioka, K. et al. (1995a), 黒田 (1994), 黒田他 (1996), 篠崎他 (1994, 1997, 1998), 早見, 木地 (1994), 吉岡(完)・早見 (1995 a)
	木地 (2002 a)	「東アジア諸国：環境・エネルギー問題分析用産業連関表の作成と利用」(「WG 1」: I-2章)	
	金・鷲津・佐々木 (2002)	「EDENによる観測事実」(「WG 1」: I-3章)	
	石田・桜本・竹中 (2002)	「東アジア諸国における経済と環境の国際間相互依存分析」(「WG 1」: I-4章)	
	鷲津・山本 (2002)	「CO_2波及からみたアジア地域の相互依存関係」(「WG 1」: I-5章)	
	木地 (2002 b)	「アジア諸国の経済の特徴とエネルギー消費およびCO_2, SO_2の発生」(「WG 1」: I-6章)	
	黒田・野村・大津 (2000 a)	「環太平洋地域における国際産業連関表」	
	新保 (2002 b)	「EDEN表の国際産業連関表への展開と国際産業連関表の精度向上に関する考察」(「WG 5」: V-2章)	藤川他 (2002), 柏原 (1993), 杉本 (1995), Fujikawa (1995), 藤川 (1996), 藤川 (宇) (2000), 中川 (1999), 長谷部 (1994 a, b, 1995), 尹他 (1998)
	孟・和気 (1998)	「鉄鋼業における日中技術移転の環境負荷分析」(6章)	袁 (1995), 趙 (1994), 李 (1994), 呉 (1997)
	環境グループB	「地球温暖化ガスの排出」	

第4章　環境分析用産業連関計算の1つの適用

9. 地域表・地域間表	吉田・石谷・松橋（1999）「LCA的な概念による地域活動に伴うCO$_2$総排出量の構造分析」（[WG2]：I-10章）	青木（2000）,碓井（2000 a, b）,鈴木（基）他（1993）,中井・森口（1999）,長谷部（1998）,濱砂・三戸（2002）,吉田（好）他（1998 c）
10. 多部門計量モデル・CGEモデル	黒田・野村（1998 a）「日本経済の多部門一般均衡モデルの構築シミュレーション（I）」	Kuroda and Shimpo（1993）,伊藤（浩）他（1993）,黒田・野村（1998 c, 2001）,黄（1998）,矢島・内田（1991）
	黒田・野村（1998 b）「日本経済の多部門一般均衡モデルの構築シミュレーション（II）」	
	滕（1998）「中国の経済発展と環境問題を分析するための多部門計量モデル」	
	黒田・野村（2000 b）「環太平洋地域における多部門一般均衡モデルの構築」	
	新保（2002 a）「日本のCO$_2$排出抑制と東アジア経済」（[WG5]：V-1章）	
	中島・朝倉・中野（2002）「中国地域モデルの開発と環境シミュレーション」（[WG5]：V-4章）	

注：ワーキンググループII（2002）の表3（pp.19-20、上巻）を利用して、「未来開拓プロジェクト」を中心に、環境・エネルギー分析のために開発された産業連関計算の研究動向を取りまとめている。なお、表中の[WG1]、[WG2]と[WG5]は、同プロジェクトの最終報告書であり、それぞれ、ワーキンググループI、IIとV（2002）を示している。また、[環境グループA]と[環境グループB]は、産業研究所環境問題研究グループ（1996）と朝倉他（2001）の略称である。

産業連関表を利用した環境負荷計算は,「ライフサイクルアセスメント(Life Cycle Assessment ; LCA)」の概念がもちいられる。LCA は,ある製品やシステムの製造過程,運用過程および最終的な廃棄過程について,投入されるエネルギー,財,サービスと排出される環境負荷を把握し,環境影響を評価する手法である。LCA の枠組みにもとづいて環境評価する基本的な手法として,「積み上げ法」がある。積み上げ法は,産業連関表では部門設定されない詳細な物財の技術的情報を整理し,生産から廃棄にいたる過程で排出される環境情報を足し合わせる（＝積み上げる）手法である。したがって,産業連関計算による環境評価法においても,積み上げ法の手法を取り入れ,評価対象となる新しい技術システムとその運用にかんする物的工学的情報を整理し,産業連関表の産業部門分類に格付け,価額評価し,最終需要として設定することによって,環境負荷の波及計算を行うことが一般的である。しかし,財・サービスの流れを詳細に追求していく積み上げ法の考え方と今日的な循環型社会のモデル分析の要請から,環境負荷にかんするオープン型産業連関表計算も変容する。

はじめに,輸入財の取り扱い方法の問題点についてみてみる。

これまで,オープン型産業連関計算では,レオンチェフ逆行列として,$(I-A)^{-1}$ を採用し,輸入財を含めて環境評価する方法と,$(I-(I-M)A)^{-1}$ を採用し,輸入財を対象外とする方法が一般的であった。それについて,近藤他（1994 b）は,2 つのモデルの CO_2 排出係数等の比較と貿易データを利用した輸出入に関連する CO_2 負荷の国際収支を計測する。また,本藤他（1996,1998,1999 a,b,2002）は,国内の採掘・製造技術とは異なる方法で生産される財を競争輸入財としては取り扱わず,輸入元の製造エネルギーと船舶輸送のエネルギー消費を計測することによって,環境負荷を計測する。ただし,産業連関表の枠組みにもとづいて,輸入財を含めた環境評価を行うためには,輸入元の環境産業連関表を必要とする。そして,自国の国内需要が他国の経済活動を刺激し,再び自国の経済活動を刺激するといった国際的な相互依存関係を排出原単位の計測に含めるためには,環境分析用の国際産業連関表が必要であり,「未来開拓プロジェクト」のワーキンググループ I（2002）が東アジア地域の 9 ヵ国（日本,韓国,中国,台湾,インドネシア,

マレーシア，フィリピン，シンガポール，タイ）について，エネルギー消費，CO_2 と SO_x 排出量の計測可能な環境分析用産業連関表（Economic Development and Environmental Navigator ; EDEN）を作成しており，EDEN 表の作成方法，表章形式と分析モデル，各国および各国間の環境負荷の相互依存関係，外洋輸送時の CO_2 負荷および技術移転シミュレーションの結果等を明らかにしている[7]。それと関連して，各国表をリンクして国際表に展開する手順と統計的な問題点について，新保（2002 b）が整理している。

産業連関表を利用した環境負荷計算の大きな特徴は，レオンチェフ逆行列を媒介として，環境負荷の間接効果を包括的に計測可能なことであるが，産業連関表の投入産出関係が中間財に限定されていることから，野村他（1994, 1995）は，固定資本減耗を投入産出関係に組み込み，産業部門のエネルギー原単位の計測と太陽光発電のエネルギーペイバックタイム（Energy Payback Time ; EPT）の計測を行う。また，固定資本行列を組み込んで建築物の環境負荷計算や原単位の計測を行う研究として，伊香賀・外岡（2000），鈴木（道）他（1994），林（英明）他（1998）と横山他（2000）がある。ちなみに，建築物について，$(I+A+A^2+A^3\cdots)$ で示される波及段階を切断し，波及部門を限定することによって，建築物の環境評価を行う研究も行われている（漆崎他（2001），酒井・漆崎（1992））。

技術過程の環境評価法の基本的な問題点として，配分問題がある。配分問題は，1つの生産過程が複数の財を生産する場合，環境負荷を複数財に配分する方法的問題である。産業連関表においては，1つのアクティビティが結合生産を行う場合は，主生産物とくず・副産物に区分し，ストーン方式によって処理しており，実態的な生産活動と環境負荷量の関係に「歪み」が生じる。

それについて，森口・近藤（1998）は，石油精製過程等について，配分方法の相違によって環境負荷が大きく異なることを明らかにする。また，Yoshida et al.（2000）と吉田（好）他（1998 a, b）は，結合生産物を明示的に取

7）アジア地域のエネルギー環境用産業連関表は，NEDO（1999 a, b）においてもデータベース化されている。

り扱う「三次元産業連関表」を開発し，鉄屑のリサイクル過程について，転炉から電気炉への代替と転炉スクラップ比率を操作し，価格，エネルギー消費とCO_2排出量の変化等をシミュレートする．そして，Yoshioka, M. et al. (1998)，松橋 (1998 b, c)，松橋他 (2000) と吉岡 (理) 他 (1996) は，線形計画法を利用して，環境負荷やエネルギー負荷の最適な配分方法を確定する方法を示し，それにもとづいて，Breiling et al. (1999)，Matsuhashi et al. (1999 a)，疋田他 (1998 a, b, 2002) と松橋他 (1998 a, 1998 d, 1999 a) は，電力発電システム，米作および自動車の環境負荷計算を行う．松橋 (1998 b, c) の提示した環境評価手法の枠組みは，産業連関計算を利用した動学LCA，リサイクルおよび Clean Development Mechanism; CDM を含んでおり，それについて，岡村他 (2000)，西他 (1999) と矢野他 (2000) は飲料容器，廃熱および廃棄物等のリサイクル分析を，松橋・疋田 (1999 c) は発電システムへの動学LCA分析を，Matsuhashi et al. (1999b)，松橋・石谷 (1998 e) と松橋他 (1999 b) は日中の技術移転効果の計測を行う．また，松橋 (1998 b, c) の環境評価法は，疋田他 (1999, 2000) によってソフト化・ツール化が進められている．

一方，Nishimura et al. (1996, 1997)，内山他 (1998, 1999)，工藤他 (2000) と西村他 (1996, 1998) は，産業連関表に物質保存法則等を適用し，結合生産やリサイクル過程の環境・エネルギー評価法を提示し，財の直接間接エネルギー投入量の計測やガソリン車と電気自動車および公共輸送機関のCO_2排出量の比較研究を行う．

とくに，廃棄物の環境評価について，Nakamura and Kondo (2002)，中村 (1996-2001 b) と中村他 (2001 c) は，産業連関表に廃棄物の発生，処理および再資源化の過程を把握可能なデータベースを内生部門として付加し，「廃棄物産業連関表」を作成することによって，廃プラスチックの高炉還元利用，ゴミ発電，古紙のリサイクル等のシミュレーション分析を行う．また，産業連関表の外生的な付帯表として廃棄物の排出量と最終処理量を作成し，最終需要の1単位あたりの排出・処理量や最終需要項目別の排出・処理係数等を作成する研究として，大平 (純) 他 (1998, 1999) と木村他 (1998) がある．

そして，Fujiwara et al. (1995)，池田他 (1995)，菅・石川 (1995)，吉岡他 (1993 d) では，鉄くず，高炉スラグ，フライアッシュおよび古紙等のリサイクルシミュレーション分析が示され，それは，石川他 (1998) と吉岡（完）・菅 (1997) において，1つのアクティビティが複数の財・サービスを生産するケース，複数のアクティビティが1つまたは複数の財・サービスを生産するケース，財・サービス自体が代替的・補完的関係を示すケース等に整理され，シミュレーション分析が可能な「シナリオレオンチェフ産業連関表」として整理されている。

これまで，産業連関表を利用して計測される部門別の環境負荷原単位は，その背景にある複数の技術アクティビティの環境負荷原単位の社会的な「平均値」として評価され，特定の技術システムを環境評価する時の産業連関計算の特徴点として取り上げられてきた。それについて，吉岡（完）・中島 (1998 d) は，『工業統計調査』と『石油等消費構造統計』のミクロデータを利用して，生産額1単位あたりの燃料使用量と CO_2 排出量の分布を明らかにし，本藤他 (2001 a)，吉田（好）他 (2000) と南斎他 (2001) は，CO_2 排出原単位の変動係数の計測，感度分析および誤差の計測を行う。また，産業連関表では，1つの財・サービスの単価は，供給先が異なっても一定であることが分析の仮定となっているが，本藤・内山 (1999 c) は，電力の販売・供給単価の相違を反映した CO_2 原単位の計測を行う。そして，第2章の論点と関連した問題点として，最終需要の誘発する CO_2 排出量は，産業部門の統合度によっても異なり，それについては，近藤他 (1994) の分析がある。

最後に，海外表と国内地域表を利用した環境分析と多部門計量・CGE モデルによる環境シミュレーションについて触れておく。EDEN 表が作成・公表される以前より，各国の産業連関表を利用した環境計算が行われており，アジア地域を分析対象とした CO_2，SO_x およびエネルギー消費構造の日中比較や要因分析等が行われている (Fujikawa (1995)，尹他 (1998)，袁 (1995)，呉 (1997)，中川 (1999)，趙 (1994)，長谷部 (1995)，藤川（清）(1996)，藤川（学）(2000)，李 (1994))。また，日本表については，加河他 (2002)，杉本 (1995) と長谷部 (1994 a,b) が価格モデルによる炭素税導入による価格上昇効果の計測，エネルギー需要や環境負荷の要因分解等を行う。

とくに，日本表と中国表について，整合的な産業部門分類とにもとづく「エネルギー消費・大気汚染分析用産業連関表」（通商産業省通商産業研究所(1994)）が開発・公表され，表の作成方法とエネルギー消費，CO_2・SO_xの排出構造の相違と要因分解，貿易の自由化と技術移転効果および PPP 等が計測されている（Hayami et al. (1995a)，Hayami and Kiji (1997)，Kuroda and Wong (1995)，Yoshioka, K. et al. (1995a)，黒田（1994），黒田他（1996），篠崎他（1994, 1997, 1998），早見・木地（1994），吉岡（完）・早見（1995a），孟・和気（1998））。また，地域表と地域間表を利用した環境・エネルギー分析としては，青木（2000）による富山県表を利用したエネルギー消費構造の分析，中井・森口（1999）による大阪府表を利用した CO_2 負荷の計測，濱砂・三戸（2002）による慶應義塾大学の環境産業連関表の作成方法にもとづく福岡県の環境表の作成，吉田（好）他（1998c, 1999）による環境負荷の地域間の相互依存関係分析，薄井（2000a, b）による兵庫県の廃棄物産業連関表の作成と廃棄物処理コストの上昇の価格波及効果分析，長谷部（1998）による神奈川県と日本全体の環境負荷の比較と DPG 分析がある。そして，産業連関表と計量経済モデルをリンクした多部門計量モデルや CGE モデルにおいても，CO_2 排出量の予測や炭素税や原子力発電の導入および技術移転による経済的影響と環境負荷の抑制効果等がシミュレートされている（例えば，伊藤（浩）他（1993），黒田・野村（1998a, b, c, 2000b, 2001），黄（1998），新保（2002a），矢島・内田（1991））。

4．宇宙太陽発電衛星の環境負荷計算

前節では，環境分析用産業連関計算の展開動向を概観した。したがって，本節では，1990 年環境分析用産業連関表を利用した具体的な分析を行うことによって，基本的な環境評価法を確認したい。

表 4.2 は，図 4.1 で示した日本の環境産業連関表から計測される CO_2 負荷の上位 5 部門を示しており，1990 年においても，1995 年においても，CO_2 負荷が最も高い産業部門は，電力部門である。また，ITS（溝下他(1998)）や自動車（池田他（1996））の部門別直接間接 CO_2 負荷を見ると，電

表 4.2　1990 年・1995 年部門別 CO_2 排出量（上位 5 部門）

部　門	1990 年		部　門	1995 年	
	CO_2 排出量 （百万 t-CO_2）	構成比 (%)		CO_2 排出量 （百万 t-CO_2）	構成比 (%)
電力・ガス・熱供給	343.7	28.5	電力・ガス・熱供給	371.5	28.2
運輸	175.9	14.6	運輸	208.1	15.8
民間消費支出	120.8	10.0	民間消費支出	149.8	11.4
鉄鋼	102.8	8.5	窯業・土石製品	100.0	7.6
窯業・土石製品	99.9	8.3	鉄鋼	96.7	7.3
その他	364.7	30.2	その他	391.6	29.7
総計	1,207.9	100.0	総計	1,317.8	100.0

注：早見他（2000 b）の表 4 (p. 15) と朝倉他（2001）の表 1-25 (p. 41) より作成。

力部門が上位に位置しており，それは，財・サービスの生産活動のために，直接的間接的に電力を必要とすることを示唆している．したがって，多くの研究者によって，発電効率の上昇，廃熱の再利用，そして，自然エネルギーそのものを利用して，化石燃料の依存度を下げる発電方法が研究されてきた．とくに，太陽光発電は，火力発電所のように CO_2，NO_x および SO_x を排出しないこと，原子力発電のように放射性廃棄物が出ないことから，クリーンなエネルギーとして注目されてきた．しかし，発電量が天候に左右されることや夜間には発電ができないことから，安定的な電力供給が難しい．

ゆえに，われわれは，化石燃料の依存度が低く，安定的な電力供給が可能な未来型の発電方法として，宇宙太陽発電衛星（Solar Power Satellite；SPS）に着目し，その CO_2 負荷計算を試みる．SPS は，太陽電池パネルを並べた衛星を静止軌道上に打ち上げて発電し，その電力マイクロ波を地球に送り，地上の受電アンテナ（レクテナ）で受信した後，各産業・家計に送配電する発電システムであって，化石燃料に依存しないクリーンな発電システムである．しかし，SPS システムは，宇宙空間を利用した大規模な発電システムであることから，SPS システムの建設・運用時に膨大な CO_2 が排出されることが予想される．

本節は，SPS システムの有効性を評価するために，はじめに，SPS シス

テムの全体像を概観し，つぎに，環境分析用産業連関分析の手法にもとづいて，同システムの CO_2 負荷を計算する。そして，SPS システムの建設方法を変更したシミュレーション計算の結果を示し，最後に，CO_2 負荷の観点から，SPS と他の発電方式との比較研究を行う。

4.1 SPS の基本構成と CO_2 負荷計算

はじめに，太陽発電衛星（SPS）の基本的なシステム構成を説明する。

SPS の構想は，米国のグレイザーが 1968 年に提案し，その後，1970 年代初頭の石油危機をきっかけに注目され，1978 年にアメリカのエネルギー省（Department of Energy；DOE）と航空宇宙局（National Aeronautics and Space Administration；NASA）「リファレンスシステム」と呼ばれる SPS を発表した（Glaser (1968), DOE/NASA (1979)）。以下では，DOE/NASA リ

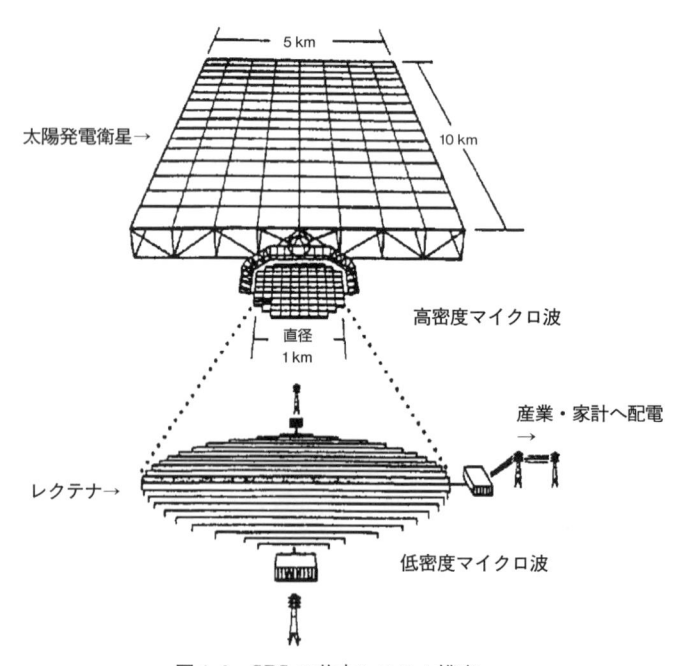

図 4.2　SPS の基本システム構成

注：DOE/NASA (1980 a) の図 3 (p. 3) より作成。

〔宇宙輸送機〕		・静止衛星軌道	静止衛星軌道基地(6)
1.大量打ち上げロケット	300機	↑ (35,800 km)	太陽発電衛星 (7,8)
2.人員打ち上げロケット	40機		
3.軌道間貨物輸送機	190機		軌道間貨物輸送機(3)
4.軌道間人員輸送機	30機		軌道間人員輸送機(4)
〔宇宙基地〕			推進燃料(10)
5.低軌道基地	2基		
6.静止軌道上の建設基地	2基	・低軌道	低軌道基地(5)
〔太陽発電衛星〕		↑ (数百 km)	
7.衛星	60基		大量打ち上げロケット(1)
8.宇宙用太陽電池	60基		大量打ち上げロケット(2)
〔その他〕			推進燃料(10)
9.レクテナ	60基		
10.宇宙輸送機の推進燃料		・地上	レクテナ(9)

図 4.3 SPS システムを構成するユニットと空間配置

注:DOE/NASA (1979, 1980b), Frants and Cambel (1981) より,SPS の建設・運用に必要なユニットを作成.

ファレンスシステムと呼称する)[8]．

　図 4.2 は,SPS の基本構成を示している．図の上部の構造物が太陽電池を搭載した太陽発電衛星であり,大きさは 5 km×10 km である．太陽発電衛星で発電した電力は高周波マイクロ波に変換され,地上へ送られる．図の下部の構造物がレクテナであり,電力マイクロ波を受電し,各産業・家計に送電する機能を持つ．大きさは 10 km×13 km である．図 4.2 は,SPS の基本構成を示しているが,SPS システムを建設・運用するためには,図 4.3 に示すいろいろなユニットが必要となる．図 4.3 によって,SPS の建設について説明する．SPS システムの建設は,はじめに,地上から,大量打ち上げロケットと人員打ち上げロケットによって,低軌道上に資材と人員を打ち上げ,基地を建設し,軌道間輸送機を組み立てる．つぎに,軌道間輸送機によって,低軌道から静止軌道まで資材と人員を輸送する．静止軌道上にお

---

8) グレイザーの構想とそれが DOE/NASA リファレンスシステムとして整理されていく社会的背景,および SPS システムそのものの社会的意義について,詳細は,長友 (1996) を参照せよ.

表4.3　SPSの基本想定

発電衛星1基あたり発電量	5 GW
発電衛星の数	60 基
1日あたり発電時間数	24 時間
1年あたり発電日数	365 日
1年あたり発電量（60 基）	26,280 億 kWh
1年あたり発電量（1 基）	438 億 kWh

注：DOE/NASA リファレンスシステムにもとづいて，60 基の SPS が 1 年間稼働する際の発電量を，5（GW/基）×60（基）×24（時間）×365（日）と計算している。

いても，基地を建設し，太陽発電衛星を組み立てる。地上では，太陽発電衛星で発電した電力マイクロ波を受信・変換するためのレクテナを建設する。また，宇宙輸送機の推進燃料（水素，酸素，アルゴン）も製造することが必要である。

　表4.3 は，DOE/NASA リファレンスシステムの発電規模を示している。1 基の太陽発電衛星は，5 GW の発電能力を持ち，それを 60 基打ち上げて発電を行うことを想定しており，それは，1970 年代当時，21 世紀に予想される全米の電力需要を SPS がすべて供給するという発想にもとづいている。60 基の SPS が完成したときの年間発電量は，26,280 億 kWh である。そういった大規模な SPS システムを建設し，稼働させるために必要なすべてのユニット（図4.3 の 1～10）について，CO_2 負荷を計算する。

　DOE/NASA リファレンスシステムは，現在から約 20 年前の発電計画ではあるが，その後，より詳細に検討された SPS システムは提案されなかった。近年，NASA をはじめとして，宇宙科学研究所，宇宙開発事業団や無人宇宙実験システム研究開発機構等から，新しいタイプの SPS システムが

9）新しい SPS システムやこれまでの SPS システムの研究動向を調査した報告書として，Science Application International Corporation et al. (1997)，宇宙開発事業団 (1999)，宇宙科学研究所 (1993)，日本機械工業連合会・日本航空宇宙工業会 (1998)，日本機械工業連合会・無人宇宙実験システム研究開発機構 (2001)，日本航空宇宙工業会 (2000)，NEDO (1992, 1994)，無人宇宙実験システム研究開発機構 (2002) 等がある。

提案されている[9]。しかし，今日的なSPSシステムと比較するためにも，基本型としてDOE/NASAリファレンスシステムのCO₂負荷計算が必要であること，そして，新システムは，輸送系を含めたシステム全体の物量情報が乏しいことから，われわれは，DOE/NASAリファレンスシステムに注目している．

4.2 CO_2負荷の計算方法

SPSのCO₂負荷は，1990年環境分析用産業連関表を利用して，

$$\mathbf{CO}_2^k = \widehat{\mathbf{CO}_2^p}(\mathbf{I}-\mathbf{A})^{-1}\mathbf{f}^k + \mathbf{CO}_{2,nonIO}^k \tag{4.2}$$

ただし
$\widehat{\mathbf{CO}_2^p}$ = 直接CO₂排出係数を対角化した行列．
$(\mathbf{I}-\mathbf{A})^{-1}$ = レオンチェフ逆行列．
$\mathbf{f}^k$ = SPSの第kユニットベクトル ($k=1, \cdots, 10$ (図4.3))．

①SPSの 物量情報		②10桁コード 分類体系の対応			③環境IOの対応 (価額)		④商業・輸送 マージン付加	
SPS 構成財	物的 投入量	SPS 構成財	10桁コード分類		IO表 分類	価額	IO表 分類	価額
			部門分類	単価				
財1	a	財1	財A'	p_a	財A	a×(p_a)	財A	a×(p_a)
財2	b	財2	財B'	p_b	財B	b×(p_b)	財B	b×(p_b)
財3	c	財3	財C'	p_c	財C	c×(p_c)	財C	c×(p_c)
財4	d	財4	財D'	p_d	財D	d×(p_d)	財D	d×(p_d)
⋮							商業・ 輸送マ ージン	m_1 m_2 ⋮

図4.4 SPSの最終需要の作成方法

注：①から④によって，SPSの最終需要を作成する．非競争輸入財については，『日本貿易月表』の数量と価額から計算される単価を利用する．

$CO_{2,nonIO}^k$ = SPSの第 k ユニットの CO_2 負荷について，環境産業連関表以外から推計した値．

CO_2^k = SPSの第 k ユニットの CO_2 負荷ベクトル．

と計算する．SPS のユニットについて，最終需要 f^k を作成する基本的な手順は，図 4.4 で示すとおりであり，はじめに，DOE/NASA（1979）を主要な情報源として，SPS のユニットの物量構成情報を入手・整理し（①），①の物量情報を「部門別品目別国内生産額表（単価表＝10 桁コード分類体系）」に対応づけ（②），②に単価をかけ，価額を計算し，環境産業連関表の部門分類に格付けする（③）。①が非競争輸入財の場合は，『日本貿易月表』から単価を計算し，その値を利用する。そして，③に商業・輸送マージンを付加し（④），そのベクトルを，SPS の最終需要ベクトルに設定する。ただし，DOE/NASA（1979）の物量データは，原素材に限定され，加工・組立工程の情報が欠落している。したがって，宇宙輸送機，宇宙基地および衛星本体については産業連関表の航空機部門，宇宙用太陽電池は化学工学会第 1 種研究会（1995），レクテナは地上の太陽光発電の建設関連データ（化学工学会第 1 種研究会（1995），加藤他（1994），野村他（1995））と産業連関表の電力施設建設部門，推進燃料は宇宙輸送機の飛行回数に対応させて，Franz and Cambel（1981）と調査データを中心に利用し，補完・調整している[10]。また，最終需要には，SPS の経常運転費として，電力の送配電システムやシステムの建設・維持を含める必要があるが，レクテナの設置点を特定することが困難なこと等から，今回の計算には含めていない。なお，$CO_{2,nonIO}^k$ は，環境産業連関計算からは計測されない太陽電池の製造過程におけるシリカ還元等から発生する CO_2 排出量である。

SPS の最終需要は，2つ作成する。1つは，DOE/NASA リファレンスシステムに該当する最終需要である。もう1つは，わが国の 1995 年の電力需要量を SPS がすべて供給する場合の最終需要である。1995 年時点の1年

---

[10] 最終需要ベクトルは，多くの資料・報告書を利用していることから，それについては，吉岡（完）他（1998a）を参照されたい。

表4.4 SPSのCO$_2$負荷　　　　　　　　　　（万t-CO$_2$）

SPSの各ユニット構成	DOE/NASA (60基)	日本 (18基)
〔宇宙輸送機〕		
1.大量打ち上げロケットの製造	412	124
2.人員打ち上げロケットの製造	12	4
3.軌道間貨物輸送機の製造	9,576	2,873
4.軌道間人員輸送機の製造	4	1
〔宇宙基地〕		
5.低軌道基地の資材製造	5	3
6.静止軌道上の建設基地の資材製造	19	9
〔太陽発電衛星〕		
7.衛星の製造	1,424	427
8.宇宙用太陽電池の製造	90,393	27,118
〔その他〕		
9.レクテナの資材製造，建設	38,688	11,606
10.宇宙輸送機の推進燃料の製造・燃焼	17,473	5,242
計	158,007	47,407

注：SPSを建設する際に発生するCO$_2$負荷を，図4.3のユニットごとに，式（4.2）によって計算している。

間の電力需要量は7,511億kWhであり，表4.3のSPS1基あたりの発電電力量が438億kWh/年であることから，18基のSPS衛星が必要になる。したがって，それ以外のユニットについても比例計算して端数を切り上げて機数を計算し，最終需要ベクトルを作成している[11]。

表4.4は，SPSのCO$_2$負荷計算の結果を示している。DOE/NASAリファレンスシステムにもとづくSPSのCO$_2$排出量は，15.8億tと計算される。最も排出量が大きいユニットは，太陽電池の製造であり，全体の約6割を占め，2番目に排出量が大きいユニットは，レクテナの建設である。ま

---

11) 電力需要量は，『電力需給の概要（平成8年度）』の電力9社計の値（通商産業省資源エネルギー庁公益事業部編（1996）p.2）を利用する。慶應義塾大学産業研究所環境問題分析グループ（1996）による発電設備のCO$_2$負荷と比較可能な値とするために，需要電力量ベースで計算している。ただし，わが国の夏季の電力のピーク負荷を考慮に入れるならば，SPSの数は，18基の倍の36基が必要になる。

表 4.5 SPS 60 基の CO_2 負荷と経済的波及効果（上位 10 部門）

CO_2誘発排出量（万 t-CO_2）		付加価値誘発額（兆円）		生産誘発額（兆円）		最終需要（兆円）	
事業用発電	6,900.8	卸売	22.6	半導体素子・集積回路	60.4	半導体素子・集積回路	58.6
板ガラス・安全ガラス	1,085.7	半導体素子・集積回路	22.2	板ガラス・安全ガラス	42.0	板ガラス・安全ガラス	34.9
自家発電	960.1	板ガラス・安全ガラス	20.3	卸売	32.8	事業用発電	19.9
石炭製品	670.7	事業用発電	17.4	事業用発電	30.2	アルミ圧延製品	18.6
銑鉄	622.0	金融	7.3	アルミ圧延製品	19.6	卸売	18.0
アルミニウム（含再生）	336.5	プラスチック製品	6.7	プラスチック製品	18.8	研磨材	12.5
道路貨物輸送	269.7	企業内研究開発	6.5	アルミニウム（含再生）	14.8	プラスチック製品	11.2
石油製品	225.0	研磨材	6.4	研磨材	13.1	熱間圧延鋼材	5.9
自家用貨物自動車輸送	188.7	道路貨物輸送	5.4	企業内研究開発	11.8	その他の金属製品	4.5
その他の窯業・土石製品	179.5	アルミ圧延製品	4.5	その他の電子・通信機器	11.6	道路貨物輸送	4.4
その他の産業部門	4,362.0	その他の産業部門	98.3	その他の産業部門	228.7	その他の産業部門	29.0
総計	15,800.7	総計	217.6	総計	483.7	総計	217.6

注：DOE/NASA リファレンスシステムにもとづいて，60 基の SPS の CO_2 負荷，経済的波及効果および推計の基準となる最終需要について，上位 10 部門を掲載。また，CO_2 負荷の波及計算とは別に推計したシリカ還元や水素の製造・液化過程からの CO_2 排出量は，上位 10 部門には含めていないが，総計には含めている。

た，SPSの構想を日本に適用する場合には，4.7億tのCO_2が排出されることがわかる。表4.2で示したわが国の1年間のCO_2総排出量が12億tから13億t程度であることから，SPSの建設過程からは，大量のCO_2が排出されることが明らかになった。また，表4.5は，SPSシステム全体の最終需要と誘発CO_2排出量および経済的波及効果について，上位10部門を示している。最終需要と誘発生産額の構成が示すように，SPSシステムを建設するためには，半導体製品，ガラス製品およびアルミ製品等のいろいろな構成素材を必要とするが，CO_2の波及排出量を見ると，電力関連部門（事業用発電と自家発電）が全体（15.8億t）の約5割を占めることが特徴的である。

4.3 宇宙太陽発電衛星のシミュレーション

前節では，DOE/NASAリファレンスシステムにもとづくSPSのCO_2負荷を計算した。そこでは，SPSシステムの建設時に，大量のCO_2が排出されることが示された。しかし，実際にSPSが建設される場合には，SPSは，1基ずつ段階的に建設されることが予想される。その場合，SPSシステム自体が発電システムであることから，完成したSPSからの電力を利用して，SPSを建設することも想定可能である。したがって，本節は，つぎの1から5の想定を置き，SPSの電力を利用し，SPSを段階的に建設していく「ソーラーブリーダーシナリオ」によるCO_2負荷を計測する。また，ソーラーブリーダーシナリオと比較すると，前節で示したCO_2負荷は，SPSを一度に60基（あるいは18基）建設する時のCO_2負荷計算の結果であり，それを本節以降，「ベースラインシナリオ」と呼称する（図4.5参照）。

1. SPSとレクテナは，1期間で1基ずつ建設し，全部で18基建設する。
2. 太陽電池製造設備，宇宙基地と宇宙輸送機は，第1期目にすべて製造・建設する。
3. 第1基目のSPSシステムの建設に必要な電力は，すべて既存電力が供給する。
4. 第t期には，第$t-1$期以前に建設されたSPSシステムは稼働して

・ベースラインシナリオ

・ソーラーブリーダーシナリオ

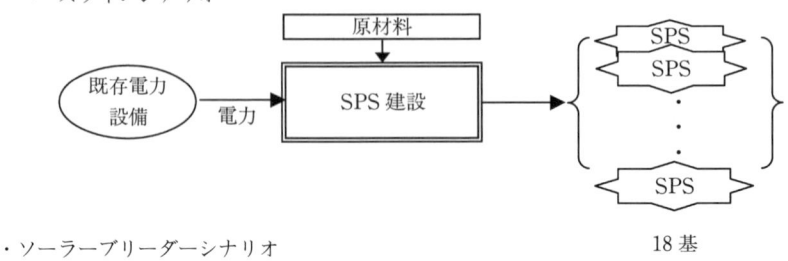

第1期

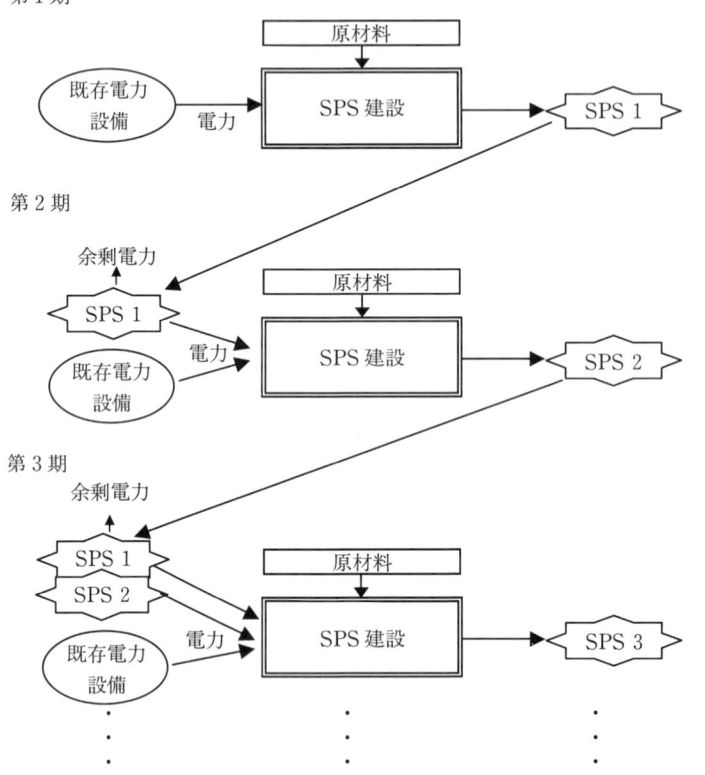

第2期

第3期

図 4.5　ベースラインシナリオとソーラーブリーダーシナリオ

注：「ベースラインシナリオ」は，一度に 18 基の SPS を建設する考え方を示しており，前節で計算した CO_2 負荷計算の値は，ベースラインシナリオにもとづく値である。「ソーラーブリーダーシナリオ」は，SPS の発電電力を利用しながら SPS を段階的に建設していく方法である。

第4章 環境分析用産業連関計算の1つの適用

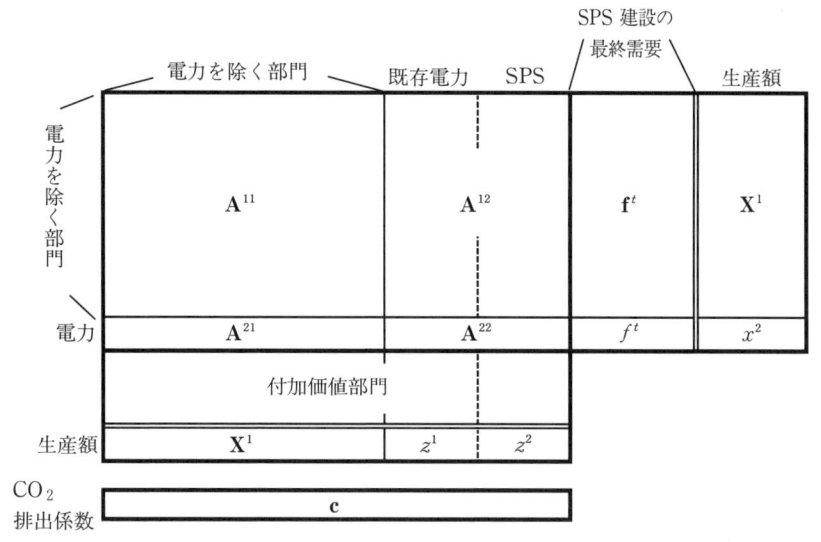

図4.6 ソーラーブリーダー計測用の環境分析用産業連関表

（図中ラベル：電力を除く部門、既存電力、SPS、SPS建設の最終需要、生産額、電力を除く部門、A^{11}、A^{12}、f^t、X^1、電力、A^{21}、A^{22}、f^t、x^2、付加価値部門、生産額、X^1、z^1、z^2、CO_2排出係数、c）

注：吉岡(完)・菅（1997）と石川他（1998）は，シナリオレオンチェフ産業連関計算の方法を整理しており，それにもとづいてソーラーブリーダーによるSPSのCO_2負荷計算のためのデータベースを構成している。

いる（$t=2, 3, \ldots, N$；$N=18$）。

5．第t期にSPSシステムを建設するために必要な電力は，第$t-1$期以前に建設されたSPSシステムの電力を優先的に利用し，不足分のみ既存の電力設備から得る。

つぎに，ソーラーブリーダーと環境産業連関計算の関係を示す。ソーラーブリーダーにもとづくSPSの最終需要の構成は，想定の1と想定の2で決定され，前節で作成した最終需要ベクトルを利用する。また，CO_2負荷計算においては，最終需要が与えられると，既存の電力設備の電力とSPSの電力にたいして波及効果が生じることから，その2つの波及電力量を計測しなければならない。その値を確定するために，図4.6に示すように，環境分析用産業連関表の電力部門を既存電力アクティビティとSPSアクティビティに区分する。それは，第3節で述べたシナリオレオンチェフ産業連関計

算をソーラーブリーダーシナリオに適用することを意味する（吉岡（完）・菅（1997）と石川他（1998））．図4.6にもとづいて，ソーラーブリーダーシナリオの計算方法を説明する．変数名は，つぎのとおりである．

$\mathbf{A}^{11}$, $\mathbf{A}^{12}$, $\mathbf{A}^{21}$, $\mathbf{A}^{22}$：図4.6に示すように，電力を特掲した投入係数行列．
：それぞれ，$(n-1)\times(n-1)$, $(n-1)\times 2$, $1\times(n-1)$, 1×2 の行列とベクトル．

$\mathbf{f}^t$：第 t 期に建設されるSPSの最終需要ベクトル（電力を除く）．

f^t：第 t 期に建設されるSPSの最終需要ベクトル（電力のみ）．

$\mathbf{X}^1$：電力を除く誘発生産額ベクトル．

x^2：電力の誘発生産量．

z^1, z^2：既存電力アクティビティ1とSPS発電アクティビティ2の誘発生産量．$\mathbf{z}=(z^1, z^2)'$.

$\mathbf{c}$：CO_2排出係数ベクトル．

第 t 期のSPSの最終需要 $\mathbf{f}^t$ と f^t を与えると，それを満たすための財・サービスの需給バランスは，

$$\begin{cases} \mathbf{A}^{11}\mathbf{X}^1+\mathbf{A}^{12}\mathbf{z}+\mathbf{f}^t=\mathbf{X}^1 \\ \mathbf{A}^{21}\mathbf{X}^1+\mathbf{A}^{22}\mathbf{z}+f^t=x^2 \end{cases} \quad (4.3)$$

と表現できる．ただし，式(4.3)は，方程式の数が n 本あり，未知数は，$\mathbf{X}^1$, x^2, $\mathbf{z}$ であり，合計 $n+2$ 個ある．したがって，ソーラーブリーダーシナリオに含まれる基本想定を利用して，式(4.3)を解くことを考える．

想定の5は，x^2, z^1 と z^2 の関係を示しており，それは，

$$z^1+z^2=x^2 \quad (4.4)$$

と表現できる．また，想定の3と4は，第 t 期の z^2 の値を示しており，第 t 期のSPS1基あたりの発電電力量をQとすると，SPSの発電電力は優先的に利用されることから，

$$z^2 = Q \cdot (t-1) \tag{4.5}$$

と表せる。したがって，式 (4.3)，(4.4) と (4.5)によって，方程式の数が $n+2$ 本となり，t 期の SPS の建設にかんする最終需要が与えられると $\mathbf{X}^1$，x^2，$\mathbf{z}$ が決定される。$\mathbf{X}^1$，x^2，$\mathbf{z}$ の解き方は，式 (4.4) と (4.5) を

$$\mathbf{B}\mathbf{z} - \mathbf{H}x^2 = \mathbf{S} \tag{4.6}$$

ただし

$$\mathbf{B} = \begin{pmatrix} 1 & 1 \\ 0 & 1 \end{pmatrix}$$

$$\mathbf{H} = \begin{pmatrix} 1 \\ 0 \end{pmatrix}$$

$$\mathbf{S} = \begin{pmatrix} 0 \\ Q \cdot (t-1) \end{pmatrix}$$

と書き直し，式 (4.3) と (4.6) を

$$\begin{cases} (\mathbf{I}-\mathbf{A}^{11})\mathbf{X}^1 - \mathbf{A}^{12}\mathbf{z} + 0 = \mathbf{f}^t \\ -\mathbf{A}^{21}\mathbf{X}^1 - \mathbf{A}^{22}\mathbf{z} + x^2 = f^t \\ 0 + \mathbf{B}\mathbf{z} - \mathbf{H}x^2 = \mathbf{S} \end{cases} \tag{4.7}$$

と変形し，

$$\begin{pmatrix} \mathbf{x}^1 \\ \hline \mathbf{z} \\ \hline x^2 \end{pmatrix} = \begin{pmatrix} \mathbf{I}-\mathbf{A}^{11} & -\mathbf{A}^{12} & 0 \\ \hline -\mathbf{A}^{21} & -\mathbf{A}^{22} & 1 \\ \hline 0 & \mathbf{B} & -\mathbf{H} \end{pmatrix}^{-1} \begin{pmatrix} \mathbf{f}^t \\ \hline f^t \\ \hline \mathbf{S} \end{pmatrix} \tag{4.8}$$

を想定にもとづいて，$\mathbf{f}^t$ と f^t を与えながら計算すればよい[12]。

---

12) 分析の枠組みは確定しているが，すでに述べたように，SPS の経常運転時のアクティビティを確定できていないことから，$\mathbf{A}^{12}$ と $\mathbf{A}^{22}$ の第 2 列目のベクトルは，ゼロのままである。

ソーラーブリーダーにもとづいて計算したCO_2負荷を表4.6にまとめている。

第1期目は，SPSシステムの立ち上げの時点であり，SPSからの電力供給は存在せず，太陽電池製造設備，宇宙輸送機，宇宙基地，太陽発電衛星（1基）とレクテナ（1基）が既存の電源設備からの電力供給（276.9億kWh）のみによって建設される。第2期目は，第1期目に建設されたSPSと既存の電力設備の電力によってSPSが建設されるが，シミュレーションの結果は，第1期目に建設されたSPSの電力だけで第2期目のSPS建設に必要な電力がすべて供給され，既存の電源設備からの電力を全く必要としないことを示している。3期目以降も，既存の発電設備からの電力を必要としない。したがって，ソーラーブリーダーの場合には，2期目以降は，すでに完成したSPSの電力供給だけでSPSを建設可能なことが明らかになった。

つぎに，表4.6の右側に示す「SPSの余剰電力とCO_2負荷の帰属計算」を見てみよう。ソーラーブリーダーの場合は，2期目以降，余剰電力が発生する。表4.6の(d)は，その余剰電力量に既存の電力設備の電力生産単位あたり直接間接CO_2負荷をかけた値である。その値は，SPSの余剰電力と同等の電力を，既存の電力設備によって生産したならば，30.2億tのCO_2が排出されることを意味する。そして，(b)から(d)を差し引いた値を「総合効果」として示している。この計算は，一種の「帰属計算」である。それによると，ソーラーブリーダーシナリオのCO_2負荷は，余剰電力分からのマイナス効果を持つCO_2負荷が大きく，トータルでマイナス28億tのCO_2負荷となることが明らかになった。

4.4 電力生産単位あたりCO_2負荷の比較

最後に，SPSと既存の発電設備について，電力生産1単位あたりのCO_2負荷を比較する。ベースラインシナリオのケースでは，トータルで15.8億tのCO_2が排出される（表4.4）。SPSの耐用年数を30年とすれば，ベースラインシナリオによる発電1kWhあたりCO_2排出量はつぎのように計算される[13]。

158,007（CO_2排出量：万トン）÷30（耐用年数）÷26,280（SPS発電量：

第4章　環境分析用産業連関計算の1つの適用

表4.6 SPSのCO₂負荷：ソーラーブリーダーシナリオ

期	SPS建設に必要な電力（億kWh）			CO₂負荷	稼働中のSPS		SPSの余剰電力とCO₂負荷の帰属計算		
	SPSからの電力供給 (a)	既存電力からの電力供給	計	万トン (b)	数	発電量(億kWh) (c)	余剰電力(億kWh) (c)−(a)	CO₂負荷(億トン) (d)	総合効果(億トン) (b)−(d)
1	0	276.9	276.9	3,201	0	0	0	0.0	0.3
2	246.8	0	246.8	1,388	1	438	191.2	0.1	0.0
3	246.8	0	246.8	1,388	2	876	629.2	0.3	−0.2
4	246.8	0	246.8	1,388	3	1,314	1,067.2	0.5	−0.4
5	246.8	0	246.8	1,388	4	1,752	1,505.2	0.7	−0.6
6	246.8	0	246.8	1,388	5	2,190	1,943.2	0.9	−0.8
7	246.8	0	246.8	1,388	6	2,628	2,381.2	1.1	−1.0
8	246.8	0	246.8	1,388	7	3,066	2,819.2	1.4	−1.2
9	246.8	0	246.8	1,388	8	3,504	3,257.2	1.6	−1.4
10	246.8	0	246.8	1,388	9	3,942	3,695.2	1.8	−1.6
11	246.8	0	246.8	1,388	10	4,380	4,133.2	2.0	−1.8
12	246.8	0	246.8	1,388	11	4,818	4,571.2	2.2	−2.1
13	246.8	0	246.8	1,388	12	5,256	5,009.2	2.4	−2.3
14	246.8	0	246.8	1,388	13	5,694	5,447.2	2.6	−2.5
15	246.8	0	246.8	1,388	14	6,132	5,885.2	2.8	−2.7
16	246.8	0	246.8	1,388	15	6,570	6,323.2	3.0	−2.9
17	246.8	0	246.8	1,388	16	7,008	6,761.2	3.2	−3.1
18	246.8	0	246.8	1,388	17	7,446	7,199.2	3.5	−3.3
19	—	—	—	—	18	7,884	—	—	—
計	4,195.6	276.9	4,472.5	26,797			62,818.4	30.2	−27.5

注：ソーラーブリーダーシナリオにもとづいて，SPSの建設に必要な電力量，CO₂負荷および余剰電力等を建設段階ごとに示している。

億kWh/年)×100＝20（g/kWh）．

また，ソーラーブリーダーシナリオの場合も，SPSの耐用年数を30年と想定し，表4.6の値をもちいて，

26,797（CO₂排出量：万トン）÷30（耐用年数）÷7,884（SPS発電量：億

---

13) 日本の発電電力に相当する18基の場合は，60基をベースに計算しており，電力生産単位あたりCO₂負荷は同じ値である．

表 4.7 電力生産1単位あたり CO_2 排出量　　　　単位：$g\text{-}CO_2/kWh$

発電方式	経常運転	建設	合計
SPS（ベースライン）	0	20	20
SPS（ソーラーブリーダー）	0	11	11
SPS 2000	0	3,635	3,635
SPS グランドデザイン	0	58	58
石炭火力発電	1,222	3	1,225
石油火力発電	844	2	846
LNG 火力発電	629	2	631
原子力発電	19	3	22

注：SPS の電力生産1単位あたりの CO_2 負荷を他の発電システムと比較している。「経常運転時」の値は，1年間の電力生産過程から発生した単位あたり CO_2 排出量を示し，「建設時」の値は，発電設備の建設から発生する CO_2 を耐用年数で割った値である。火力発電と原子力発電の値は，慶應義塾大学産業研究所環境問題分析グループ（1996）より菅幹雄氏が計測。なお，SPS データベースの制約から，SPS の電力生産1単位あたり CO_2 排出量の値には，経常運転に関連する CO_2 排出量が含まれていないが，火力・原子力の値には含まれていることに留意されたい。また，参考値として，大橋他（2000, 2001）が推計した宇宙科学研究所が提案する SPS 2000 と NEDO が提案する SPS グランドデザインの環境負荷値を掲載している。

$kWh/年) \times 100 = 11 \ (g/kWh)$.

と計算している。ただし，ソーラーブリーダーシナリオで計算する単位あたり CO_2 排出量は，表 4.6 の (b) の値であって，帰属計算した「総合効果」の値ではないことに注意されたい。

表 4.7 は，発電方式別に電力生産1単位あたりの CO_2 排出量を示しており，「経常運転時」の値は，1年間の電力生産過程から発生した1単位あたりの CO_2 排出量を示し，「建設時」の値は，発電設備の建設から発生する CO_2 を耐用年数で割った値である。表 4.7 をみると，SPS（ベースライン）の電力生産1単位あたり CO_2 排出量は，$20\,g/kWh$ であって，石炭火力の 1/60，LNG の 1/30 であり，原子力発電よりも若干小さい値である。そして，ソーラーブリーダーのケースは，さらに CO_2 負荷が低下し，ベースラインの約半分の CO_2 しか排出しないことが明らかになった[14]。

本節は，DOE/NASA リファレンスシステムにもとづいて，SPS の CO_2 負荷計算を行った。表 4.4 が示すように，SPS の建設から大量の CO_2 が排

出されるが，電力1 kWhあたりのCO_2排出量によって，既存の発電設備と比較すると，SPSのCO_2負荷は，非常に小さな値として評価されることがわかった．

5. 小　　括

本章は，環境問題に対応するために開発された環境分析用産業連関計算について，基本的な表章形式を示し，分析の動向を概観した．そして，環境計算の1つの適用事例として，SPSの環境負荷計算を行い，SPSの建設段階からは，大量のCO_2が排出されるが，発電1単位あたりのCO_2負荷で評価すると，SPSは，非常にCO_2負荷の低い発電システムであることを示した．

これまでの産業連関計算では，輸入財と屑副産物の取り扱い方法や，中間財の取引関係が示す産業連関過程は，モデル分析における「仮定」として取り扱われてきたが，環境計算における精密な財の技術過程を評価するために，再び考察の対象となることが明らかになった．そして，オープン型産業連関計算では取り扱うことができなかったリサイクル等の循環型資源フローを解析するために，いろいろな産業連関表とモデル計算が開発されており，今後，新しい環境保全型の社会・技術システムが提案されることによって，これまでとは異なる産業連関計算を開発する必要性が生じることも予想され，それは，産業連関研究にとって，大きな課題にあるといえよう．

参考文献

Asakura, K., Collins, P., Nomura, K., Hayami, H. and Yoshioka, K. (2002) "CO_2 Emission from Solar Power Satellite," *KEO Discussion Paper*, no. G-145.

Breiling, M., Hoshino, T. and Matsuhashi, R. (1999) "Contributions of Rice Produc-

---

14) 表4.7には，DOE/NASAリファレンスシステム以外のSPSについて，大橋他 (2000, 2001) による環境産業連関計算をもちいたCO_2負荷の値を表示している．とくに，SPS 2000のCO_2負荷は，火力発電を上回る値を示しており，それは，SPS 2000ではSPSが低軌道上にあるため稼働率が低いことと，実験型のシステムであることが主要な原因である．

tion to Japanese Greenhouse Gas Emissions Applying Life Cycle Assessment as a Methodology," *KEO Discussion Paper*, no. G-38.

Department of Energy (DOE) and National Aeronautics and Space Administration (NASA), U. S. (1979) *Satellite Power System-Concept Development and Evaluation*, DOE/ER-0023.

———— and National Aeronautics and Space Administration(NASA), U. S. (1980a) *Satellite Power System (SPS)-FY79 Program Summary*, DOE/ER-0037.

———— and National Aeronautics and Space Administration (NASA), U. S. (1980 b) *Preliminary Material Assessment for the Satellite Power System (SPS)*, DOE/ER-0038.

Frantz, C. C. and Cambel, A. B. (1981) "Net Energy Analysis of Space Power Satellites," *Energy*, vol. 6, pp. 485-501.

Fujikawa, K. (1995) "An Application of Input-Output Analysis for China's Environmental Problems,"『大阪経大論集』vol. 45 no. 6, pp. 183-196.

Fujiwara, K., Hayami, H., Ikeda, A., Suga, M., Wong, Y. C. and Yoshioka, K. (1995) "Recommending the Use of Blast Furnace Cement to Reduce CO_2 Emission," *KEO Occasional Paper*, E. no. 21.

Glaser, P. E. (1968) "Power from the sun," *Science*, vol. 162, pp. 857-861.

Hayami, H., Ikeda, A., Suga, M. and Yoshioka, K. (1993) "Estimation of Air Pollutions and Evaluating CO_2 Emissions from Production Activities," *Journal of Applied Input-Output Analysis*, vol. 1 no. 2, pp. 29-45.

————, Kiji, T. and Wong, Y. C. (1995 a) "An Input-Output Analysis on Japan-China Environmental Problem (1)," *KEO Discussion Paper*, no. 39.

————, Ikeda, A., Suga, M., Wong, Y. C. and Yoshioka, K. (1995 b) "The CO_2 Emission Score Table for the Compilation of Household Accounts," *KEO Occasional Paper*, E. no. 18.

————, Wong, Y. C. and Yoshioka, K. (1995 c) "Application of the Input-Output Approach in Environmental Analysis in LCA," *KEO Occasional Paper*, E. no. 19.

————, Ikeda, A., Suga, M., Wong, Y. C. and Yoshioka, K. (1995 d) "A Simulation Analysis of the Environmental Effects of Energy Saving Housing," *KEO Occasional Paper*, E. no. 20.

———— and Yoshioka, K. (1996) "Interdependency of Economic Activity and CO_2 Emission," Watanuki, K. and Yoshioka, K. (eds.) *Global Environment and Human Activity*, Maruzen Planet Co., Ltd., pp. 97-143.

———— and Kiji, T. (1997) "An Input-Output Analysis on Japan-China Environmental Problem," *Journal of Applied Input-Output Analysis*, vol. 4, pp. 23-47.

Kuroda, M. and Shimpo, K. (1993) "Reducing CO_2 Emissions and Long Run Growth of the Japanese Economy," *Journal of Applied Input-Output Analysis*, vol. 1 no. 2, pp. 1-28.

———— and Wong, Y. C. (1995) "An Input-Output Analysis on Japan-China Environmental Problem (2)," *KEO Discussion Paper*, no. 40.

Leontief, W. W. (1970) "Environmental Repercussions and the Economic Structure," *Review of Economics and Statistics*, vol. 52 no. 3, pp. 262-271, also reprinted in Leontief (1986), pp. 241-260.

―――― and Ford, D. (1972) "Air Pollution and the Economic Structure," Brody, A. and Carter, A. P. (eds.) *Input-Output Techniques*, North-Holland P. C., pp. 9-30., also reprinted in Leontief (1986), pp. 273-293.

―――― (1973) "National Income, Economic Structure, and Environmental Externalities," Moss, M. (ed.) *The Measurement of Economic and Social Performance -Studies in Income and Wealth*, vol. 38, pp. 565-576, also reprinted in Leontief (1986), pp. 261-272.

―――― (1986) *Input-Output Economics*, Second Edition, Oxford U. P..

Matsuhashi, R., Ishitani, H., Hikita, K., Hayami, H. and Yoshioka, K. (1999 a) "Life Cycle Assessment of Gasoline Vehicles and Electric Vehicles," *KEO Discussion Paper*, no. G-45.

――――, Chang, W. and Ishitani, H. (1999 b) "A Study on Systems for a Clean Development Mechanism to Reduce CO_2 Emissions," *Environmental Economics and Policy Studies*, vol. 2 no. 4, pp. 289-303.

Nakamura, S. and Kondo, Y. (2002) "Waste Input-Output Model," *KEO Discussion Paper*, no. G-153.

Nishimura, K., Hondo, H. and Uchiyama, Y. (1996) "Deviation of Energy-Embodiment Functions to Estimate the Embodied Energy from the Material Content," *Energy*, vol. 21 no. 12, pp. 1247-1256.

――――, Hondo, H. and Uchiyama, Y. (1997) "Estimating the Embodied Carbon Emissions from the Material Content," *Energy Conversion and Management*, vol. 38, pp. S 589-S 594.

Science Applications International Corporation, Futron Corporation and National Aeronautics and Space Administration (NASA), U. S. (1997) *Space Solar Power*, Report Number SAIC-97/1005, Contract NAS 3-26565, Task Order 9.

Yoshida, Y., Ishitani, H. and Matsuhashi, R. (2000) "Modelling Energy System using Three-Dimensional Input-Output Analysis," *International Journal of Global Energy Issues*, vol. 13 nos. 1-3, pp. 86-101.

Yoshioka, K., Hayami, H. and Wong, Y. C. (1995 a) "An Input-Output Analysis on Japan-China Environmental Problem (3)," *KEO Discussion Paper*, no. 41.

――――, Hayami, H., Ikeda, A., Fujiwara, K. Suga, M. and Wong, Y. C. (1995 b) "Interdependency of Economic Activity and CO_2 Emission," *KEO Discussion Paper*, no. 42.

――――, Uchiyama, Y., Suga, M., Hondo, H. and Wong, Y. C. (1996) "An Application of the Input-Output Approach in Environmental Analysis," *KEO Discussion Paper*, no. 46.

Yoshioka, M., Ishitani, H. and Matsuhashi, R. (1998) "Study of a Methodology for Life Cycle Assessment Using a Related Process Model," *International Journal of Global Energy Issues*, vol. 11 nos. 1-4, pp. 104-110.

青木卓志 (2000)「富山県におけるエネルギー消費と産業構造の産業連関分析」『社会環境研究』金沢大学大学院社会環境科学研究科, no. 5, pp. 103-111.

赤井誠・野村昇・山下巌 (1993)「エネルギー収支分析に基く再生可能エネルギー利用技術の評価」『日本機械学会論文集 (B編)』vol. 59 no. 565, pp. 81-88.

浅岡顕彦 (1983 a)「環境汚染の計量分析」『北見大学論集』no. 9, pp. 49-93.

─── (1983 b)「環境汚染防止活動のシミュレーション分析」『北見大学論集』no. 10, pp. 121-171.

朝倉啓一郎・早見均・溝下雅子・中村政男・中野諭・篠崎美貴・鷲津明由・吉岡完治 (2001)『環境分析用産業連関表』慶應義塾大学出版会.

尹性二・松橋隆治・石谷久・吉田好邦・姜喜政 (1998)「韓国における産業部門別二酸化炭素排出量の算出及び削減に関する研究」『エネルギー・資源』vol. 19 no. 5, pp. 67-72.

伊香賀俊治・外岡豊 (2000 a)「事務所ビルの設備のライフサイクル環境負荷原単位」『日本建築学会計画系論文集』no. 529, pp. 117-123.

───・村上周三・加藤信介・白石靖幸 (2000 b)「我が国の建築関連CO_2排出量の2050年までの予測」『日本建築学会計画系論文集』no. 535, pp. 53-58.

池田明由 (1991)「環境と経済システムの相互関係に関する実証的研究」『東海大学教養学部紀要』no. 22, pp. 145-166.

───・菅幹雄 (1994)「固定発生源による大気汚染物質排出量の推計」*KEO Discussion Paper*, no. 37.

───・石川雅紀・菅幹雄・藤井美文・吉岡完治 (1995)「環境分析用産業連関表の応用(7)」『産業連関』vol. 6 no. 2, pp. 39-61.

───・菅幹雄・早見均・吉岡完治 (1996)「環境分析用産業連関表の応用(8)」『産業連関』vol. 6 no. 4, pp. 40-57.

石川雅紀・藤井美文・高橋邦雄・中野諭・吉岡完治 (1998)「リサイクルを含む場合の環境負荷の産業連関表による分析方法」*KEO Discussion Paper*, no. G-18.

石田孝造・桜本光・竹中直子 (2002)「東アジア諸国における経済と環境の国際間相互依存分析」, ワーキンググループⅠ (2002), pp. 105-144.

伊藤浩吉・室田泰弘・筑紫祐二 (1993)「炭素税導入のわが国経済へのインパクト」『イノベーション&I-Oテクニーク』vol. 4 no. 2, pp. 47-58.

伊藤博・朝倉啓一郎 (2001)「宇宙太陽発電の産業への波及効果」『講演要旨集』第4回宇宙太陽発電システム (SPS) シンポジウム, pp. 11-15.

稲田義久・藤川清史・室田弘壽・足立直己 (1997)「中国の経済成長とエネルギー・環境問題の分析」『経済分析』経済企画庁経済研究所, no. 154, pp. 1-77.

稲村肇・モンクット-ピアンタナクルチャイ・武山泰 (2002)「高速道路と新幹線のライフサイクル炭素排出量の比較研究」『運輸政策研究』vol. 4 no. 4, pp. 11-22.

植田和弘・長谷部勇一・鷲田豊明・寺西俊一・宮崎誠司・家田忠 (1994)「産業連関表を

用いた化石燃料消費効率の要因分析」『経済分析』経済企画庁経済研究所, no. 134, pp. 3-70.
碓井健寛 (2000 a)「産業廃棄物の産業連関分析」『六甲台論集経済学編』vol. 47 no. 2, pp. 52-70.
─── (2000 b)「CVM による埋立処分場の評価額を含めた産業連関分析」『六甲台論集経済学編』vol. 47 no. 3, pp. 63-72.
内田晴久・菅幹雄 (1997)「水素エネルギーシステム評価のための産業連関表によるシミュレーション」『東海大学教養学部紀要』no. 28, pp. 283-288.
内山洋司・山本博巳 (1991)「発電プラントのエネルギー収支分析」『電力中央研究所報告』no. Y 90015.
───・山本博巳 (1992)「発電プラントの温暖化影響分析」『電力中央研究所報告』no. Y 91005.
─── (1993 a)「トータルシステムから見た発電プラントの CO_2/コスト分析」『エネルギー経済』vol. 19 no. 4, pp. 27-35.
─── (1993 b)「発電プラントの温暖化影響評価」『電力経済研究』no. 32, pp. 3-16.
─── (1995)「発電システムのライフサイクル分析」『電力中央研究所報告』no. Y 94009.
─── (1996)「LCA 手法」『エネルギー・資源』vol. 17 no. 6, pp. 19-24.
───・西村一彦・本藤祐樹 (1998)「産業連関表を利用した製品の LCA 手法」『電力中央研究所報告』no. Y 97015.
───・西村一彦・本藤祐樹 (1999)「ハイブリッド LCA 手法による洗濯機の環境負荷」『電力経済研究』no. 41, pp. 1-14.
宇宙開発事業団 (1999)『宇宙太陽発電システムの調査・検討（平成 10 年度委託業務成果報告書）』三菱総合研究所.
宇宙科学研究所・太陽発電衛星ワーキンググループ (1993)『SPS 2000 概念計画書』.
漆崎昇・水野稔・下田吉之・酒井寛二 (2001)「産業連関表を利用した建築業の環境負荷推定」『日本建築学会計画系論文集』no. 549, pp. 75-82.
LCA 実務入門編集委員会編 (1998)『LCA 実務入門』丸善.
袁志海 (1995)「産業連関分析による日・中 1 次エネルギー強度の試算と比較」『研究年報経済学』東北大学経済学部, vol. 57 no. 2, pp. 67-83.
大橋永樹・松橋隆治・石谷久・吉田好邦・疋田浩一 (2000)「SPS 2000 のライフサイクルアセスメント」*KEO Discussion Paper*, no. G-114.
───・松橋隆治・石谷久・吉田好邦・疋田浩一・吉岡完治 (2001)「宇宙太陽発電衛星の CO_2 負荷―レファレンスシステムとニューコンセプト―」*KEO Discussion Paper*, no. G-127.
大平号声 (1980)「公害の産業連関分析」『経済統計研究』vol. 7 no. 4, pp. 1-19.
大平純彦・庄田安豊・木村富美子 (1998)「産業廃棄物の産業連関分析」『産業連関』vol. 8 no. 2, pp. 52-63.
───・庄田安豊・木村富美子 (1999)「生産誘発に伴う産業廃棄物量」『産業連関』vol. 8 no. 4, pp. 22-31.

岡建雄（1985 a）「産業連関表による建築物の評価(1)」『大林組技術研究所報』no. 30, pp. 10-14.
──── (1985 b)「産業連関表による建築物の評価(2)」『大林組技術研究所報』no. 31, pp. 146-150.
──── (1986)「産業連関表による建築物の評価(1)」『日本建築学会計画系論文報告集』no. 359, pp. 17-23.
──── (2001)「エネルギー消費量，CO_2 排出量，コストの LCA 計算法」『建築設備』建築設備研究会, vol. 52 no. 1, pp. 34-42.
岡村智仁・石谷久・松橋隆治・吉田好邦・疋田浩一 (2000)「ライフスタイルに関する LCA 分析」*KEO Discussion Paper*, no. G-94.
科学技術庁資源調査会 (1982)『エネルギー収支から見た自然エネルギー利用技術の評価手法に関する調査報告』科技庁資源調査会報告, no. 88.
化学工学会第1種研究会：CO_2 と地球環境問題研究会（代表：小宮山宏）(1995)『太陽光発電技術の評価II』.
加河茂美・稲村肇・Gerilla, G. P. (2002)「エネルギー需要構造の内部分解分析」『土木学会論文集』no. 695, pp. 17-29.
柏原斌紀 (1993)「産業連関表による我が国の省エネルギー分析」『電子技術総合研究所彙報』vol. 57 no. 7, pp. 695-716.
加藤和彦・山田興一・稲葉敦・島谷哲・田畑総一・河村真一・渋谷尚・岩瀬嘉男・角本輝充・小島紀徳・小宮山宏 (1994)「太陽光発電システムの経済性評価」『化学工学論文集』vol. 20 no. 2, pp. 261-267.
金子敬生 (1973)「環境汚染の産業連関モデル」江沢譲爾・金子敬生編『地域経済の計量分析』勁草書房, pp. 150-173.
茅陽一編著 (1980)『エネルギー・アナリシス』電力新報社.
川島啓・内山洋司・伊東慶四郎 (2000)「産業連関表を用いた我が国における民生用耐久消費財の生産に伴うエネルギー消費量と CO_2 排出量の時系列推計」『産業連関』vol. 9 no. 3, pp. 16-29.
木地孝之 (1996)「環境問題の産業連関分析」『経済統計研究』vol. 24 no. 1, pp. 1-25.
──── (2002 a)「東アジア諸国：環境・エネルギー問題分析用産業連関表の作成と利用」ワーキンググループ I (2002), pp. 25-46.
──── (2002 b)「アジア諸国の経済の特徴とエネルギー消費および CO_2，SO_2 の発生」ワーキンググループ I (2002), pp. 171-190.
木村富美子・大平純彦・庄田安豊 (1998)「産業連関表による産業廃棄物の分析」『総合都市研究』no. 67, pp. 65-78.
金琉慶・鷲津明由・佐々木健一 (2002)「EDEN による観測事実」ワーキンググループ I (2002), pp. 47-103.
工藤祐揮・石谷久・松橋隆治 (2000)「公共輸送機関のライフサイクル CO_2 排出特性の検証」*KEO Discussion Paper*, no. G-116.
久守藤男 (1994)「補助エネルギー推計方式」『農林業問題研究』no. 114, pp. 32-37.
──── (2000)『飽食経済のエネルギー分析』農山漁村文化協会.

黒田昌裕 (1992 a)「環境問題分析モデルについて」『経済統計研究』vol. 20 no. 2, pp. 49-117.
――――・新保一成 (1992 b)「CO$_2$ 排出量安定化と経済成長」*KEO Occasional Paper*, J. no. 27.
―――― (1994)「日中環境問題の産業連関分析(2)」『イノベーション＆I-O テクニック』vol. 5 no. 3, pp. 10-23.
――――・木地孝之・吉岡完治・早見均・和田義和 (1996)『中国のエネルギー消費と環境問題』通商産業研究所：研究シリーズ no. 27, 通商産業調査会.
――――・野村浩二 (1998 a)「日本経済の多部門一般均衡モデルの構築と環境保全政策シミュレーション(I)」*KEO Discussion Paper*, no. G-15.
――――・野村浩二 (1998 b)「日本経済の多部門一般均衡モデルの構築と環境保全政策シミュレーション(II)」*KEO Discussion Paper*, no. G-16.
――――・野村浩二 (1998 c)「環境政策の一般均衡分析」『三田商学研究』vol. 41 no. 4, pp. 27-54.
――――・野村浩二・大津武 (2000 a)「環太平洋地域における国際産業連関表」*KEO Discussion Paper*, no. G-83.
――――・野村浩二 (2000 b)「環太平洋地域における多部門一般均衡モデルの構築」*KEO Discussion Paper*, no. G-86.
――――・野村浩二 (2001)「地球温暖化とエネルギー政策」『三田学会雑誌』vol. 94 no. 1, pp. 85-104.
黄愛珍 (1998)「CGE モデルによる中国の大気汚染問題のシミュレーション分析」『統計学』no. 75, pp. 13-24.
呉錫畢 (1997)「日本におけるエネルギーの投入・産出分析」『商経論集』沖縄国際大学商経学部, vol. 25 no. 2, pp. 127-139.
神山かおる・松永隆司 (1987 a)「産業連関表を用いた食糧供給に必要なエネルギーの推計」『食総研報』no. 51, pp. 35-43.
――――・松永隆司 (1987 b)「エネルギー単価の計算」『食総研報』no. 51, pp. 79-94.
小林由典・雨宮久美子・加賀見英世・春木和仁 (2001)「産業連関データベースに基づく LCA 手法の性能評価分析」『電気学会論文誌 C』vol. 121 no. 12, pp. 1957-1962.
近藤美則・森口祐一・清水浩 (1994 a)「産業連関表による CO$_2$ 排出構造の経時的分析と分析における部門数別誤差の解析」『エネルギー・資源』vol. 15 no. 2, pp. 77-85.
――――・森口祐一・清水浩 (1994 b)「わが国の輸出入に伴う CO$_2$ 排出量の経時分析とその国際間 CO$_2$ 収支分析への応用」『エネルギー経済』vol. 20 no. 4, pp. 39-48.
――――・森口祐一・清水浩 (1995)「家計消費支出による CO$_2$ 排出構造の経時的分析」『エネルギー経済』vol. 21 no. 4, pp. 27-35.
――――・森口祐一・清水浩 (1996)「家計の消費支出から見た CO$_2$ 排出構造の経時的分析」『環境科学会誌』vol. 9 no. 2, pp. 231-240.
――――・森口祐一 (1997)『産業連関表による二酸化炭素排出原単位』環境庁国立環境研究所.
斎藤泰仙 (1992)「『昭和 48 年公害分析用産業連関表』について」『経済統計研究』vol.

20 no. 2, pp. 23-48.
酒井寛二・漆崎昇（1992）「建設業の資源消費量解析と環境負荷の推定」『環境情報科学』vol. 21 no. 2, pp. 130-135.
―――――（1995）『建築活動と地球環境』理工図書．
産業研究所環境問題分析グループ（1996）『環境分析用産業連関表』KEO モノグラフシリーズ no. 7, 慶應義塾大学産業研究所．
資源エネルギー長官官房企画調査課（各年）『総合エネルギー統計』通商産業研究社．
篠井保彦（1999）「炭素税導入の効果」『産業連関』vol. 8 no. 4, pp. 32-37.
篠崎美貴・趙晋平・吉岡完治（1994）「日中購売力平価の測定」KEO Occasional Paper, J. no. 34.
―――――・池田明由・吉岡完治（1995）「環境分析用産業連関表・森林セクターデータの解説」KEO Occasional Paper, J. no. 36.
―――――・和気洋子・吉岡完治（1997）「中国環境研究―日中貿易と環境負荷」KEO Discussion Paper, no. 47.
―――――・和気洋子・吉岡完治（1998）「日中環境問題の産業連関分析(4)」『産業連関』vol. 8 no. 3, pp. 40-49.
清水雅彦・木地孝之・菅幹雄（1997）「製造業における資源再利用（リサイクル）状況の統計整備」KEO Discussion Paper, no. G-1.
―――――・スズキ-サトウ-ヒロミ（2002）「多国広域経済圏における「経済と環境」の相互依存関係」ワーキンググループⅠ（2002), pp. 1-23.
周東（2000）「中国の経済成長と環境問題の産業連関分析」『広島大学経済学研究』vol. 17, pp. 211-241.
新保一成（1993）「炭素税による二酸化炭素排出量削減の経済効果」『イノベーション&I-Oテクニーク』vol. 4 no. 2, pp. 40-46.
―――――（2002a）「日本のCO_2排出抑制と東アジア経済」ワーキンググループⅤ（2002), pp. 3-39.
―――――（2002b）「EDEN 表の国際産業連関表への展開と国際産業連関表の精度向上に関する考察」ワーキンググループⅤ（2002), pp. 41-65.
菅幹雄（1992）「航空輸送産業の大気汚染物質排出量の推計」KEO Occasional Paper, J. no. 23.
―――――・石川雅紀（1995）「環境分析用産業連関表の応用(6)」『産業連関』vol. 6 no. 1, pp. 35-45.
―――――・吉岡完治（1996）「環境分析用産業連関表」『月刊 ECO INDUSTRY』vol. 1 no. 3, pp. 20-30.
―――――（1997）「家計消費によるエネルギー消費・CO_2排出の分析」『産業連関』vol. 7 no. 2, pp. 21-31.
―――――・内田晴久・鷲津明由（1998）「LNG 受入基地建設のCO_2負荷計算」KEO Discussion Paper, no. G-21.
杉本義行（1995）「炭素排出の産業連関分析」『千葉大学園芸学部学術報告』no. 49, pp. 213-221.

鈴木利治（2000）「産業連関表を用いた自動車のライフサイクルアセスメント」『経済研究年報』東洋大学グローバル・エコノミー研究センター，no. 25, pp. 7-30.
鈴木道哉・岡建雄・岡田圭史（1994）「産業連関表による建築物の評価(3)」『日本建築学会計画系論文集』no. 463, pp. 75-82.
─────・岡建雄・岡田圭史・矢野謙禎（1995）「産業連関表による建築物の評価(4)」『日本建築学会計画系論文集』no. 476, pp. 37-43.
鈴木基之・迫田章義・藤原健史・渡辺英雄・佐々木康之（1993）「産業連関に基づく総CO_2排出量算出モデルの構築」『化学工学論文集』vol. 19 no. 5, pp. 762-770.
総務庁（1994）『平成2年産業連関表』全国統計協会連合会．
田頭直人・鈴木勉・内山洋司（1996）「都市インフラストラクチャー構築の資源使用量と環境負荷」『電力中央研究所報告』no. Y 95011.
─────・内山洋司（1997）「都市インフラストラクチャー整備のライフサイクル分析」『電力中央研究所報告』no. Y 96005.
武田晃成・柴田理・横山謙司・横尾昇剛・岡建雄（2001）「産業連関表による炭素排出量原単位の分析」『空気調和・衛生工学会論文集』no. 81, pp. 81-89.
竹林芳久・岡建雄・紺矢哲夫（1992）「産業連関表による建築物の評価(2)」『日本建築学会計画系論文報告集』no. 431, pp. 31-38.
竹山典男（1999）「LCA（ライフサイクルアセスメント）とリサイクル」『電気設備学会誌』vol. 19 no. 9, pp. 13-16.
建元正弘（1972）「環境汚染の投入・産出分析」『大阪大学経済学』vol. 22 no. 1, pp. 21-45.
田村茂（1976）「公害分析用産業連関表の概要」『経済統計研究』vol. 3 no. 3, pp. 22-37.
趙晋平（1994）「エネルギー消費・供給の産業連関構造」『統計学』no. 66, pp. 21-31.
沈中元・柳沢明（2001）「CO_2産業連関表の作成及び炭素税の価格分析」『エネルギー経済』vol. 27 no. 2, pp. 82-86.
通産統計協会（1998）『製造業における資源再利用（リサイクル）状況の統計整備』機械振興協会・経済研究所．
通商産業省（1971）『公害分析用産業連関表について』．
通商産業省通商産業研究所（1994）『日中共通：エネルギー消費・大気汚染分析用産業連関表』通商産業調査会．
通商産業大臣官房統計調査部（1976）『昭和48年産業公害分析用産業連関表』．
電気設備の環境負荷低減の課題に関する調査研究委員会（2001）「電気設備の環境負荷低減の課題に関する調査研究」『電気設備学会誌』vol. 21 no. 11, pp. 3-13.
戸井朗人・片桐広貴・中村達生・佐藤純一（1997）「産業連関表を用いた製鉄プロセスの環境負荷分析」『鉄と鋼』vol. 83 no. 10, pp. 677-682.
滕鑑（1998）「中国の経済発展と環境問題を分析するための多部門計量モデル」*KEO Discussion Paper*, no. G-30.
堂野前等・柴田清・奥村直樹（1996）「産業連関法によるライフサイクルアセスメント」『新日鉄技報』no. 360, pp. 52-57.
中井真司・森口祐一（1999）「地域産業連関表を用いた二酸化炭素排出量の推計」『環境

技術』vol. 28 no. 2, pp. 132-136.
長岡晋作 (2001)「コニカ製品のLCA評価」*Konica Technical Report*, vol. 14, pp. 93-96.
中川江里子 (1999)「アジア・エネルギー分析用産業連関表の概要について」『経済統計研究』vol. 27 no. 4, pp. 55-75.
中島隆信・朝倉啓一郎・中野諭 (2002)「中国地域モデルの開発と環境シミュレーション」ワーキンググループV (2002), pp. 103-177.
長友信人 (1996)「太陽発電衛星によるクリーン・エネルギーの実現」松岡秀雄編著『地球環境の哲人II』ミリオン出版, pp. 243-278.
中野諭 (2000 a)「アクティヴィティ別CO_2排出量の推計」*KEO Discussion Paper*, no. 56.
――― (2000 b)「1995年環境分析産業連関表による生産誘発CO_2排出量の推計」*KEO Discussion Paper*, no. G-113.
―――・森茂樹・鷲津明由 (2002)「昭60―平2―7年接続環境分析用産業連関表」*KEO Discussion Paper*, no. G-157.
中村慎一郎 (1996)「廃棄物リサイクルの産業連関モデル」『早稲田政治経済学雑誌』no. 328, pp. 303-322.
――― (1999 a)「廃棄物循環の線形経済モデル」『三田学会雑誌』vol. 92 no. 2, pp. 86-107.
――― (1999 b)「廃棄物産業連関表：全国表の推定について」『早稲田政治経済学雑誌』no. 340, pp. 171-203.
――― (2000 a)「廃棄物処理と再資源化の産業連関分析」『廃棄物学会論文誌』vol. 11 no. 2, pp. 84-93.
――― (2000 b)「廃棄物の産業連関分析」『廃棄物学会論文誌』vol. 11 no. 4, pp. 289-300.
――― (2000 c)「動脈部門と静脈部門の相互連関」『都市清掃』vol. 53 no. 235, pp. 200-205.
――― (2001 a)「廃棄物循環再利用の経済・環境効果の産業連関分析」『早稲田政治経済学雑誌』no. 345, pp. 107-131.
――― (2001 b)「廃棄物産業連関の理論と応用」『三田学会雑誌』vol. 94 no. 1, pp. 5-22.
―――・近藤康之・平井康宏 (2001 c)「厨芥処理のLCA」『都市清掃』vol. 54 no. 241, pp. 186-191.
南齋規介・安座間信暁・東野達・森口祐一・笠原三紀夫 (2000 a)「産業連関表を用いたわが国における人為起源の粒子状物質排出量の推計と解析」『エアゾル研究』vol. 15 no. 4, pp. 45-55.
―――・公野元貴・東野達・笠原三紀夫・森口祐一 (2000 b)「電気自動車のインフラストラクチャーに関するライフサイクル分析」『エネルギー・資源』vol. 21 no. 3, pp. 75-82.
―――・東野達・笠原三紀夫 (2001)「産業連関表によるCO_2排出原単位の誤差とラ

イフサイクルインベントリ分析の信頼性評価」『エネルギー・資源』vol. 22 no. 5, pp. 32-38.
─────・森口祐一・東野達（2002）『産業連関表による環境負荷原単位データブック』国立環境研究所地球環境センター.
西裕志・松橋隆治・吉田好邦・石谷久（1999）「日本の製造業における排熱利用可能性の評価」*KEO Discussion Paper*, no. G-34.
西村一彦・本藤祐樹・内山洋司（1996）「産業連関表を用いた製品のエネルギー消費量の推定」『電力中央研究所報告』no. Y 95007.
─────・本藤祐樹・内山洋司（1998）「プロセスモデルによる製品製造時の包含負荷量の比較分析」『エネルギー・資源』vol. 19 no. 2, pp. 73-78.
日本機械工業連合会・日本航空宇宙工業会（1998）『宇宙発電衛星に関する調査研究報告書』.
─────・無人宇宙実験システム研究開発機構（2001）『宇宙太陽発電システムに関する調査研究報告書』.
日本建築学会（1999）『建物のLCA指針（案）』丸善.
日本航空宇宙工業会（2000）『宇宙発電衛星に関する調査研究報告書』.
NEDO（1992）『太陽光発電システム実用化技術開発・光熱ハイブリッド型太陽光発電システムの研究開発・宇宙発電システムに関する調査研究（平成3年度委託業務成果報告書）』三菱総合研究所.
───── （1994）『太陽光発電システム実用化技術開発・太陽光発電利用システム・周辺技術の研究開発・宇宙発電システムに関する調査研究（平成5年度委託業務成果報告書）』三菱総合研究所.
───── （1999 a）『国際エネルギー使用合理化等対策事業：平成10年度調査報告』（委託先：日本貿易振興会・アジア経済研究所）.
───── （1999 b）『国際エネルギー使用合理化等対策事業：平成10年度調査報告』（委託先：日本エネルギー経済研究所）.
野村昇・赤井誠・山下巌（1994）「産業連関表によるエネルギー原単位および消費構造の推定」『機械技術研究所所報』vol. 48 no. 2, pp. 34-51.
─────・赤井誠・稲葉敦・山田興一・小宮山宏（1995）「産業連関表を用いた太陽光発電システムのエネルギーペイバックタイムの見積り」『エネルギー・資源』vol. 16 no. 5, pp. 57-64.
─────・赤井誠（1997）「火力発電システムのライフサイクルにおける大気汚染物質放出量の推定」『機械技術研究所所報』vol. 51 no. 1, pp. 1-6.
─────・稲葉敦・外岡豊・赤井誠（1998）「発電システムのライフサイクルにおける窒素酸化物，硫黄酸化物排出量」『エネルギー・資源』vol. 19 no. 6, pp. 76-82.
長谷川雅志（1995）「資源ごみリサイクルの産業連関分析」『オイコノミカ』vol. 32 no. 1, pp. 53-68.
長谷部勇一（1994 a）「経済構造変化と環境の要因分析」『エコノミア』vol. 44 no. 4, pp. 36-65.
───── （1994 b）「日本経済の構造変化と環境負荷」『イノベーション&I-Oテクニー

ク』vol. 5 no. 3, pp. 53-67.
─── (1995)「中国経済の構造変化と環境負荷」『エコノミア』vol. 46 no. 3, pp. 52-64.
─── (1998)「神奈川県経済の特徴と環境負荷(1)」『エコノミア』vol. 48 no. 4, pp. 1-17.
濱砂敬郎・三戸潤一 (2002)「環境分析用地域産業連関表の構築に向けて」甲斐諭・濱砂敬郎編『国際経済のグローバル化と多様化 1』九州大学出版会, pp. 81-107.
林英明・岡建雄・小玉祐一郎 (1998)「1990年表によるエネルギー消費量と炭素排出量の原単位」『日本建築学会計画系論文集』no. 511, pp. 75-81.
林英機 (1995)「公害の産業連関分析」『新潟大学経済学年報』no. 20, pp. 61-84.
─── (2000)「公害の産業連関分析」『新潟大学経済論集』no. 69, pp. 23-45.
─── (2001)「公害の産業連関分析(2)」『新潟大学経済論集』no. 71, pp. 63-71.
早見均 (1992)「移動発生源による大気汚染物質量の推定」*KEO Occasional Paper*, J. no. 25.
───・木地孝之 (1994)「日中環境問題の産業連関分析(1)」『イノベーション&I-Oテクニーク』vol. 5 no. 2, pp. 13-27.
─── (2000 a)「国際技術協力によるCO_2排出削減の可能性について」『エネルギー・資源』vol. 21 no. 2, pp. 146-152.
───・中野諭・松橋隆治・正田浩一・吉岡完治 (2000 b)「環境分析用産業連関表 (1995年版)」*KEO Occasional Paper*, J. no. 38.
───・松橋隆治・正田浩一・溝下雅子・中野諭・吉岡完治 (2001)「未来技術のCO_2削減評価」*KEO Discussion Paper*, no. G-121.
正田浩一・石谷久・松橋隆治・吉田芳邦 (1998 a)「プロセス連関分析によるガスコジェネシステムのライフサイクルアセスメント」*KEO Discussion Paper*, no. G-13.
───・石谷久・松橋隆治・吉田好邦 (1998 b)「プロセス連関分析による電力・都市ガスシステムのライフサイクルアセスメント」『電気学会論文誌C』vol. 118 no. 9, pp. 1270-1277.
───・石谷久・松橋隆治・吉田好邦・吉岡完治 (1999)「LCAのためのデータベースツールの開発」*KEO Discussion Paper*, no. G-52.
───・石谷久・松橋隆治・吉田好邦・大橋永樹 (2000)「ライフサイクルアセスメントに基づく環境評価システムの開発」*KEO Discussion Paper*, no. G-115.
───・清水浩・工藤祐揮 (2002)「電気自動車KAZのLCA」ワーキンググループII (2002), 下巻, pp. 105-133.
廣部祐司・内山洋司 (1999)「産業廃棄物リサイクルによる環境負荷の低減効果分析」『エネルギー・資源』vol. 20 no. 5, pp. 68-75.
藤川清史 (1996)「中国の環境問題と産業連関分析」『経営経済』大阪経済大学中小企業・経営研究所, no. 32, pp. 26-55.
藤川学 (2000)「フィリピン経済の構造変化と現境負荷」『横浜国際社会科学研究』vol. 5 no. 2, pp. 25-43.
本藤祐樹・西村一彦・内山洋司 (1996)「産業連関分析による財・サービス生産時のエネ

ルギー消費量と CO_2 排出量」『電力中央研究所報告』no.Y 95013.
―――・内山洋司（1997）「超々臨界圧微粉炭火力の導入による CO_2 削減効果」『電力経済研究』no. 38, pp. 47-55.
―――・外岡豊・内山洋司（1998）「産業連関表を用いた我が国の生産活動に伴う環境負荷の実態分析」『電力中央研究所報告』no. Y 97017.
―――・内山洋司・外岡豊（1999 a）「産業連関表による実態を反映した環境分析」『エネルギー・資源』vol. 20 no. 1, pp. 93-99.
―――・内山洋司・外岡豊（1999 b）「化石燃料の国内消費に伴い海外で誘発される環境影響物質」『エネルギー・資源』vol. 20 no. 6, pp. 76-83.
―――・内山洋司（1999 c）「産業連関表を用いた実用的なインベントリー分析手法の確立」『日本エネルギー学会誌』vol. 78 no. 10, pp. 861-868.
―――（2000 a）「エネルギー消費に伴う環境負荷の推計における各種統計の利用」『電力中央研究所研究調査資料』no. Y 99912.
―――・内山洋司・森泉由恵（2000 b）「ライフサイクル CO_2 排出量による発電技術の評価」『電力中央研究所報告』no. Y 99009.
―――・酒井信介・丹野史郎（2001 a）「産業連関表を用いて推計された CO_2 排出原単位の感度分析」『エネルギー・資源』vol. 22 no. 4, pp. 322-328.
―――（2001 b）「ライフサイクル CO_2 排出量による原子力発電技術の評価」『電力中央研究所報告』no. Y 01006.
―――・森泉由恵・外岡豊（2002）「1995 年産業連関表を用いたエネルギーおよび温室効果ガス原単位の推計」『電力中央研究所報告』no. Y 01009.
松橋隆治・石谷久・古垣一成（1993）「鉄屑のリサイクルを考慮に入れた鉄鋼業の省エネルギー可能性評価」『エネルギー・資源』vol. 14 no. 6, pp. 68-73
―――・菅幹雄・吉岡完治・疋田浩一・吉田芳邦・石谷久（1998 a）「自動車のライフサイクルアセスメント」*KEO Discussion Paper*, no. G-8.
―――（1998 b）「技術評価のためのライフサイクルアセスメント手法の基本的枠組みとその問題点」*KEO Discussion Paper*, no. G-19.
―――（1998 c）「技術評価のためのライフサイクルアセスメント手法の基本的枠組みとその問題点その 2」*KEO Discussion Paper*, no. G-37.
―――・石谷久・菅幹雄・吉岡完治（1998 d）「ガソリン自動車と電気自動車のライフサイクルアセスメント」『日本エネルギー学会誌』vol. 77 no. 12, pp. 1184-1192.
―――・石谷久（1998 e）「CO_2 削減のための共同実施における戦略およびその改善方策の研究」『電気学会論文誌 C』vol. 118 no. 10, pp. 1432-1437.
―――・星野達夫・M. Breiling・吉岡完治（1999 a）「米作のライフサイクルアセスメント」*KEO Discussion Paper*, no. G-39.
―――・張未・吉田好邦・石谷久（1999 b）「LCA の概念を利用した技術移転の評価手法と，その CDM への応用」*KEO Discussion Paper*, no. G-53.
―――・疋田浩一（1999 c）「動学ライフサイクルアセスメントの概念とその発電システムへの適用」*KEO Discussion Paper*, no. G-59.
―――・吉岡理文・疋田浩一（2000）「ライフサイクルアセスメントの枠組みと配分問

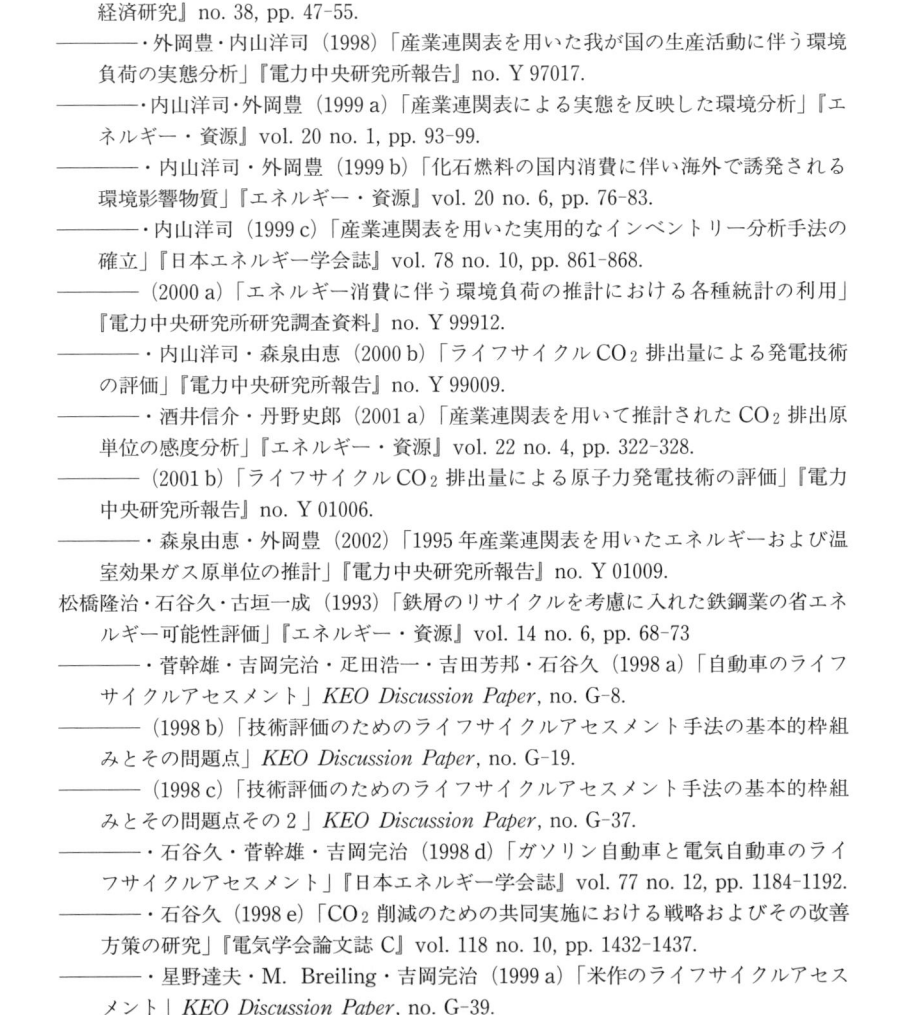

題に関する一考察」*KEO Discussion Paper*, no. G-105.

溝下雅子・中野諭・吉岡完治 (1998)「環境分析用産業連関表応用：ITS の CO_2 負荷計算」*KEO Discussion Paper*, no. 52.

無人宇宙実験システム研究開発機構 (2002)『宇宙太陽発電システム実用化技術研究・宇宙太陽発電システム (SSPS) 実用化技術検討委員会：中間報告書』.

孟若燕・和気洋子 (1998)「鉄鋼業における日中技術移転の環境負荷分析」*KEO Discussion Paper*, no. G-23.

森口祐一・近藤美則・清水浩 (1993 a)「わが国における部門別・起源別 CO_2 排出量の推計」『エネルギー・資源』vol. 14 no. 1, pp. 32-41.

──────・近藤美則・清水浩・石谷久 (1993 b)「自動車による CO_2 排出のライフサイクル分析」『エネルギー経済』vol. 19 no. 4, pp. 36-45.

──────・近藤美則 (1998)「資源輸入に伴う環境負荷の定量化と負荷の配分方法が LCI に与える影響の分析」『日本エネルギー学会誌』vol. 77 no. 11, pp. 1062-1069.

矢島昭・内田光穂 (1991)「CO_2 抑制策の経済・エネルギー需給に及ぼす影響」『イノベーション＆I-O テクニーク』vol. 2 no. 4, pp. 43-49.

矢野将文・石谷久・松橋隆治・吉田好邦・疋田浩一 (2000)「産業連関分析の拡張による廃棄物処理システム導入可能性の研究」*KEO Discussion Paper*, no. G-104.

横山謙司・柴田理・横尾昇剛・岡建雄 (2000)「1995 年表によるエネルギー消費量と炭素排出量の原単位」『日本建築学会計画系論文集』no. 531, pp. 75-80.

吉岡完治・施礼河 (1988)「日中対応産業連関表の作成」*KEO Occasional Paper*, J. no. 6.

──────・早見均・池田明由 (1991)「環境分析のための産業連関表」『イノベーション＆ I-O テクニーク』vol. 2 no. 3, pp. 14-24.

──────(1992 a)「環境分析産業連関表の応用」『経済統計研究』vol. 20 no. 3, pp. 1-21.

──────・外岡豊・早見均・池田明由・菅幹雄 (1992 b)「環境分析のための産業連関表の作成」*KEO Occasional Paper*, J. no. 26.

──────・早見均・池田明由・菅幹雄 (1992 c)「環境分析用産業連関表の応用」『イノベーション＆I-O テクニーク』vol. 3 no. 4, pp. 31-47.

──────・早見均・池田明由・菅幹雄 (1993 a)「省エネ住宅の環境負荷に対するシミュレーション分析」*KEO Occasional Paper*, J. no. 32.

──────・早見均・池田明由・菅幹雄 (1993 b)「環境分析用産業連関表の応用(2)」『イノベーション＆I-O テクニーク』vol. 4 no. 1, pp. 37-57.

──────・早見均・池田明由・菅幹雄 (1993 c)「環境分析用産業連関表の応用(3)」『イノベーション＆I-O テクニーク』vol. 4 no. 2, pp. 26-39.

──────・早見均・池田明由・藤原浩一・菅幹雄 (1993 d)「環境分析用産業連関表の応用(4)」『イノベーション＆I-O テクニーク』vol. 4 nos. 3・4, pp. 21-28.

──────・内山洋司・菅幹雄・本藤祐樹 (1994 a)「環境分析用産業連関表の応用(5)」『イノベーション＆I-O テクニーク』vol. 5 no. 1, pp. 31-56.

──────・早見均 (1994 b)「環境分析用産業連関表の LCA への適用」『日本の科学と技

術』vol. 35 no. 273, pp. 38-43.
―――・早見均 (1995 a)「日中環境問題の産業連関分析(3)」『イノベーション&I-O テクニーク』vol. 5 no. 4, pp. 19-28.
―――・早見均 (1995 b)「産業連関表を用いた環境影響分析」『日本機械学会誌』vol. 98 no. 917, pp. 313-316.
―――・菅幹雄 (1997)「環境分析用産業連関表の活用」『経済分析』経済企画庁経済研究所, no. 154, pp. 79-127.
―――・菅幹雄・野村浩二・朝倉啓一郎 (1998 a)「宇宙太陽発電衛星の CO_2 負荷」*KEO Discussion Paper*, no. G-2.
―――・菅幹雄・野村浩二・朝倉啓一郎 (1998 b)「宇宙太陽発電衛星の CO_2 負荷――若干のシミュレーション」*KEO Discussion Paper*, no. G-14.
―――・菅幹雄・野村浩二・朝倉啓一郎 (1998 c)「環境分析用産業連関表の応用(9)」『イノベーション&I-O テクニーク』vol. 8 no. 2, pp. 28-44.
―――・中島隆信 (1998 d)「産業におけるエネルギー消費構造の分析――『工業統計』と『石油等消費構造統計』のマッチングによる観察結果の整理」『平成8・9年度科学研究費補助金:重点領域研究(2)研究成果報告書』.
―――・中島隆信・藤原浩一 (1999 a)「産業におけるエネルギー消費構造の分析――全国消費実態調査に基づく環境家計簿分析」『平成10年度科学研究費補助金:特定領域研究(A)(2)研究成果報告書』.
―――・菅幹雄・野村浩二・朝倉啓一郎 (1999 b)「SPS の CO_2 負荷」『講演要旨集』第1回宇宙太陽発電システム (SPS) シンポジウム, pp. 29-38.
吉岡理文・石谷久・松橋隆治 (1996)「線形計画法を用いた LCA 手法の検討」『シミュレーション』vol. 15 no. 1, pp. 72-78.
吉田公夫・横尾昇剛・岡建雄 (1999)「1990 年表による大気汚染量,工場排水負荷,産業廃棄物の原単位」『日本建築学会計画系論文集』no. 520, pp. 91-97.
―――・高橋章・横尾昇剛・高久香織・岡建雄 (2001)「石炭火力発電所建物建設に伴う環境負荷及びフライアッシュセメント利用による環境負荷低減効果の評価」『日本建築学会計画系論文集』no. 544, pp. 79-84.
吉田泰治 (1993)「産業連関表によるエネルギー投入の推計」『農業総合研究』vol. 47 no. 3, pp. 65-103.
吉田好邦・石谷久・松橋隆治 (1998 a)「結合生産を表現するための三次元産業連関分析とその枠組み」『エネルギー・資源』vol. 19 no. 5, pp. 73-79.
―――・石谷久・松橋隆治 (1998 b)「鉄屑リサイクルシステムへの三次元産業連関分析の応用」『エネルギー・資源』vol. 19 no. 6, pp. 69-75.
―――・石谷久・松橋隆治 (1998 c)「LCA 的な概念による地域活動に伴う CO_2 総排出量の構造分析」『日本エネルギー学会誌』vol. 77 no. 11, pp. 1054-1061.
―――・石谷久・松橋隆治 (1999)「LCA 的な概念による地域活動に伴う CO_2 総排出量の構造分析」*KEO Discussion Paper*, no. G-29.
―――・石谷久・松橋隆治・大熊裕之 (2000)「産業部門におけるエネルギー消費量の不確かさを考慮した LCA」*KEO Discussion Paper*, no. G-92.

李潔（1994）「I-O 表による中・日環境問題の分析」『立命館経済学』vol. 43 no. 2, pp. 144-157.

ワーキンググループ（Working Groupe）I（2002）『アジアの経済発展と環境保全：EDEN［環境分析用産業連関表］の作成と応用』慶應義塾大学産業研究所.

ワーキンググループ（Working Groupe）II（2002）『アジアの経済発展と環境保全：未来技術のCO_2負荷』上・下，慶應義塾大学産業研究所.

ワーキンググループ（Working Groupe）V（2002）『アジアの経済発展と環境保全：中国・東アジアの経済発展・環境・技術に関するモデル分析』慶應義塾大学産業研究所.

鷲津明由（1999 a）「家計調査に基づく環境家計簿分析」*KEO Discussion Paper*, no. G-56.

——— （1999 b）「家計の消費構造とCO_2排出に関する時系列分析」*KEO Discussion Paper*, no. G-57.

———・溝下雅子（2000）「環境家計簿作成のためのCO_2排出点数表」*KEO Discussion Paper*, no. G-110.

———・溝下雅子（2001）「CO_2排出点数表の作成と環境家計簿の実践」*KEO Discussion Paper*, no. G-131.

———・山本悠介（2002）「CO_2波及からみたアジア地域の相互依存関係」ワーキンググループI（2002），pp. 145-170.

第5章

産業連関モデルのクローズド化と
多部門環境・経済モデル*

1. はじめに

　本章は，産業連関計算のクローズド化の展開と第4章で示した環境分析の展開を結びつけ，多部門クローズド産業連関モデルとして，環境・経済モデルを構築する。環境・経済モデルの対象国は，アジア地域の経済・環境状況に大きな影響を与える中国である。

　中国は，改革開放路線の下で，社会主義体制下における経済の市場化を進めてきた。したがって，中国モデルを構成する財・サービスの価格を政府の管理する外生的な変数として取り扱うことは，困難であろう。また，農村部に余剰労働力が存在することや農村部から沿岸部・都市部へ労働力が移動している現状を見ると，古典派的な価格メカニズムのみによって，失業が解消されるのではなく，需要が供給を刺激するケインズ型モデルによるアプローチも妥当性を持つと思われる。そして，中国は，人口規模，自然環境および

---

*　本章は，日本学術振興会未来開拓学術研究推進事業「アジア地域の環境保全：アジア地域における経済および環境の相互依存と環境保全に関する学際的研究（研究プロジェクト番号：97I00601，代表：慶應義塾大学・産業研究所教授：吉岡完治）」のワーキンググループ4のサブグループ：中国データベース班（代表：慶應義塾大学・商学部教授：中島隆信）において，筆者が関係した研究成果（朝倉・中島・鷲津（1998），朝倉・中野・鷲津・中島（2000），中島・朝倉・鷲津・中野・鬼頭・大平（2000），中島・吉岡・朝倉・中野・鷲津（2001），中島・朝倉・中野（2002））について，プロジェクト代表より取りまとめの許可をいただき，作成した。文中の誤りは，筆者の責任である。なお，本章では，本プロジェクトを「未来開拓プロジェクト」と略称する。

経済社会状況が地域によって大きく異なることから，中国の地域性を取り入れる必要も生じてくる。

一方，中国の具体的な環境改善のために，脱硫技術の導入や植林および土壌改善事業等が行われてきた。したがって，われわれの構築する環境・経済モデルに工学的情報を挿入し，学際的な環境改善シミュレーションも視野に入れてみたい。

本章では，はじめに，中国の環境・経済モデルの基本構成を示し，つぎに，モデルの基本フレームに対応する地域別のデータベースの基本構成を説明する。そして，最後に，環境改善シミュレーションとして，普及型の脱硫技術に着目し，経済・環境改善効果をシミュレートする[1]。

2. 中国環境・経済モデルの概要

中国の環境・経済モデルは，辻村・黒田（1974），小尾他（1992）および吉岡・新保（1990）等にもとづいて作成された吉岡・溝下（1998a）を基礎においており，財・サービスの需要管理政策が有効に作動する短期ケインジアン・モデルである。本節は，オープン型産業連関モデルのクローズド化という観点から，経済変量のフローとそれに接合された環境変量の決定方式について概説する。モデルの基本構成は図5.1に示しており，図中の番号は，付表5.1～付表5.4の方程式，変数名と変数の数に対応している。

われわれのモデルは，供給量＝部門別生産額 x_j の設定から始まる。部門別生産額が与えられると，省別の分配係数 o_j^k をとおして，省別部門別の生産額 x_j^k が決定される（式(5.5)）。そして，省別部門別の生産額 x_j^k から中間投入額を差し引き，省別部門別の付加価値 v_j^k を計算し，省別付加価値 v^k に集計する（式(5.6)→(5.7)）。省別付加価値額 v^k は，消費関数をとおして省別の家計消費額 C_e^k に変換され，5費目別消費需要関数によって，省別5費目別消費需要額 c_e^k が決定される（式(5.8)→(5.9)→(5.10)）。最後に，費目-品目コンバータ $Conv_{ji}^e$ をとおして省別5費目別品目別消費需要額 c_{ji}^k が

---

[1] 1992年時点において，中国は，3つの直轄市，22個の省，および5つの自治区から構成されるが，本章では，とくに必要のない限り，地域単位を「省」として説明する。

決定され，それを集計することによって，家計消費需要 C_j として最終需要項目に設定される（式 (5.11)→(5.12)）。また，投資需要 **I** は，貨幣の需給バランス式（式(5.13)）から利子率 r が決定された後，投資関数によって決定され，コンバータ Conv_j^i をとおして，品目別の投資額 I_j として最終需要項目を構成する（式 (5.14)→(5.15)→(5.16)→(5.17)）。

家計消費需要と投資需要は，国産財 x_j と輸入財 im_j の誘発効果をもたらす。そこに，産業連関計算が挿入されることから，少し詳しく見てみる。

産業連関表で示される販路構成について，外生変数として取り扱われる政府支出 $\bar{G}$ と輸出 $\bar{EX}$ を含めて名目バランス式で表現すると，

$$P_{0i}\ [\sum a_{ij}x_j+C_i+I_i+\bar{G}_i] \ = \ P_i(x_i-\bar{EX}_i) \ + \ P_{Mi}IM_i \qquad (5.40)$$
（第 i 財国内総需要量 (Ψ_i)）　　（第 i 国産財の国内向供給量）　　（第 i 輸入財供給量）

となる。そして，輸入量の決定については，つぎの数量にかんする集計関数とそれと双対の価格関数を想定している。

〈集計関数〉

$$\Psi_i=\Psi_i(x_i-\bar{EX}_i,\ IM_i) \qquad (5.41)$$

〈双対の価格関数〉

$$P_{0i}=P_{0i}(P_i,\ P_{Mi}) \qquad (5.42)$$

本モデルでは，コブ・ダグラス型の価格関数を想定していることから，

$$\ln P_{0i}=[\alpha_i,(1-\alpha_i)]\begin{bmatrix}\ln P_i\\ \ln P_{Mi}\end{bmatrix} \qquad (5.43)$$

であり，名目輸入額のシェアは，一定である。

$$\begin{bmatrix}\dfrac{P_i(x_i-\bar{EX}_i)}{P_{0i}\Psi_i}\\[2mm] \dfrac{P_{Mi}IM_i}{P_{0i}\Psi_i}\end{bmatrix}=\begin{bmatrix}\alpha_i\\ 1-\alpha_i\end{bmatrix} \qquad (5.44)$$

したがって，式 (5.43) と (5.44) をもちいることによって，式 (5.40) は，国内供給量を示す式 (5.3) と輸入量を示す式 (5.4) に変形され，最終需要

の誘発効果量として，再び国内生産額 x_j が計測される．

一方，労働市場では，非農業部門の経済活動が刺激されることによって，労働力需要が増大すると，農業部門から無制限に労働移動が起こることを想定する．したがって，非農業部門の労働需要関数によって，労働力需要 L_j が決定されると，農業部門の労働力 L_1 は，マクロの労働力 $\bar{L}$ から非農業部門の労働力 $\sum_{j=2} L_j$ を差し引いた残差として決定される（式 (5.18)→(5.19)）．農業部門の賃金 w_1 は，農業生産額 x_1 から原材料と資本サービスを引き，農業部門労働者数で除した値とする（式(5.20)）．そして，非農業部門の賃金は，農業部門の賃金に一定の賃金格差率 a_j^w をかけ，決定される（式(5.21)）．

また，財・サービスの需要と供給に対応して，価格メカニズムが作動するブロックを挿入している．そこでは，財・サービスの短期供給関数として，短期限界費用 $\sum_i p_{oi} a_{ij} + \frac{\partial L_j}{\partial x_j} w_j$ を設定しており，需要が増加すれば需給バランスを満たすように物価が上昇する仕組みになっている（式 (5.2)）．一方，産業部門と家計部門で消費される財・サービスは，国産財 x_i と輸入財 im_i から構成される．すでに述べたように，国産財価格 p_i と輸入財価格 p_{Mi} をコブ・ダグラス関数によって集計し，コンポジット財価格 p_{oi} を計測している．そして，短期供給関数とコブ・ダグラス集計関数を連立させ，国内財価格とコンポジット財価格を同時決定している（式 (5.1) と (5.2)）．

CO_2 と SO_x は，財・サービスの生産活動のために投入されるエネルギー財の燃焼と家計部門の直接的なエネルギー財の燃焼によって排出される．それを把握するために，省別部門別生産額は，燃料投入量 E_{ju}^k に変換され，炭素含有率と硫黄含有率を利用して，CO_2 排出量と SO_x 排出量が計測される（式 (5.26)→(5.28) (5.34)）．家計部門からの CO_2 と SO_x 排出量についても，家計における光熱費が燃料投入量 EC_u^k に変換され，CO_2 排出量と SO_x 排出量が決定される（式 (5.27)→(5.29) (5.35)）．

モデルを解く方法は，はじめに，初期値として設定された部門別生産額（＝観測値）は，投資関数や消費関数をとおして計測される投資需要と家計消費需要を最終需要として，レオンチェフ逆行列を媒介とした部門別生産額と比較され，収束判定が行われる（図5.1の「収束判定1」）．両者が一定の

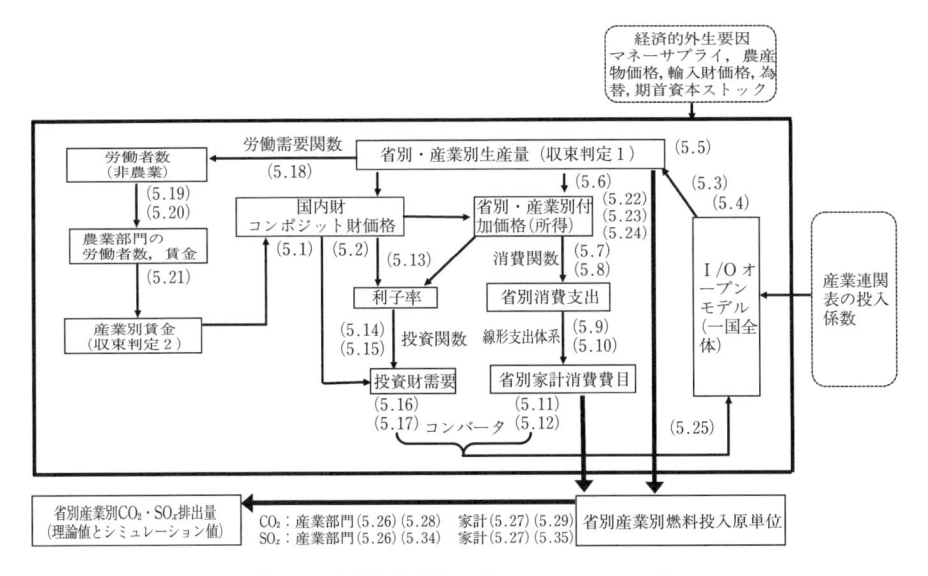

第5章 産業連関モデルのクローズド化と多部門環境・経済モデル   133

図 5.1 中国環境経済モデルのフローチャート

注:われわれの構築した環境・経済モデルのフローチャートである。図中の番号は、付表5.1と付表5.2の方程式番号を示す。

値の間に収束するならば、つぎに、産業別賃金にかんして再び収束判定を行う（図5.1の「収束判定2」）。部門別賃金が収束しない場合は、再び賃金を価格ブロックに挿入し、部門別生産額の収束判定を行い、最終的に産業別賃金で収束させる。収束方法は、ガウス・ザイデル法をもちいる。

図5.1と付表5.1から付表5.3に示される中国環境・経済モデルの特徴をまとめると、(1)産業部門の技術情報を反映する産業連関体系をモデルに組み込むことにより、工学技術的な実験情報をシミュレーションに取り入れることが可能なこと、(2)環境・経済モデルの中核となる中国産業連関表は、全国レベルであり、各産業部門の技術構造はすべての省で共通という仮定をおいているが、短期的には安定的と想定される分配係数を挿入することによって、産業構成の異なる各省の生産額、付加価値額、家計消費額および経済活動から排出される CO_2 と SO_x の量を推計可能なこと、(3)現行のオープン産業連関計算では、最終需要の変動は、財・サービスの波及効果量のみに影響を

与えるが，本モデルでは，需要の変動に対して，価格メカニズムが作動し，供給活動が無制限には行われないこと，そして，(4)現在の中国の労働市場の状況から，非農業部門の生産活動に対応する労働力需要がわずかでも上昇するならば，農業部門から労働移動が無制限に起こることである。

図5.1が示すように本モデルの基本型はシンプルにまとめられている。それだけに，さまざまな技術情報を取り込むことが可能であり，多彩なシミュレーションが可能なモデルといえよう。

最後に，本モデルの基本的な制約を統計情報との関連で指摘しておきたい[2]。

中国モデルの構築のために，1992年産業連関表を中心とした中国に関連する統計報告書を利用している。産業連関表は，最近時点を対象とした連関表が公表されているが，中国の統計報告書が MPS 体系から SNA 体系へと移行することによって，各省の産業構造と CO_2・SO_x 排出量の関連性を把握するために必要な省別生産額＝社会総産値の入手が困難になったために，1992年表を利用している。また，吉岡・溝下（1998 a）では，モデルの基本構成として，短期の想定需要関数の価格弾力性をもちいた不完全競争モデルや輸入需要関数についてトランスログ型の価格関数が採用されている。しかし，そういったパラメータの推定のために必要な経済統計を整理することが困難であったことから，完全競争市場の前提や輸入需要については，コブ・ダグラス型の価格関数を採用している。われわれのモデルにおいて，マクロレベルで決定された経済変数を省別に分割するという発想は，省別の詳細な統計系列を整備することが困難だからであって，モデル構築においては，時系列データとクロスセクションデータを利用しながら消費関数（α^c, β^c），投資関数（$\alpha^I, \beta^I, \gamma^I$）と貨幣の需給関数（$\alpha^{LM}, \beta^{LM}$）のパラメータを推定している[3]。しかし，価格系列にかんする統計情報は限られており，5費目別消費需要関数のパラメータ（α_i^c, β_i^c）は，黒田（1989）を利用している。労働需要関数のパラメータ（δ_j, β_j^L）は，産業連関表と中国統計年鑑をもちいた計算値である。また，環境・経済モデルから理論値を計測する時に，カリ

2）章末の総計資料の一覧を参照せよ。

ブレーションしており，理論値と観測値が一致するように解いている[4]。

3. 地域統計データベースの構成

前節で示した環境・経済モデルの1つの特徴は，一国全体で決定される経済変数が地域変数に変換され，地域別の経済活動と CO_2 と SO_x 排出量が計測されることである。そのためには，地域別の経済・環境データベースを作成し，マクロ変数と地域変数を接合する安定的な経済係数と環境係数を作成することが必要である。本節では，はじめに，省別の生産額を作成する方法，家計消費ベクトルを省別費目別品目別に構成する方法および省別部門別 $CO_2 \cdot SO_x$ 排出量を計算する手順を示し，基本係数として，生産額の省別分配係数 o_y^k，費目-品目係数（コンバータ）$Conv_{jl}^c$ およびエネルギー投入原単位（$coec_{ju}^k$ と $coec_u^k$）の作成方法を述べる。そして，経済・環境係数を作成する過程で収集されデータベース化された統計情報をもちいて，環境・経済

---

3) 推定パラメータは，つぎのとおりである。

消費関数（式(5.8)）　　　$C_e^k = 85.808 - 188.454 DM1 + 310.511 DM2 + 0.366 v^k$
　　　　　　　　　　　　　　　　(4.230)　　(−2.768)　　　　(4.477)　　　　(20.004)
　　　　　　　　　　　　　　　　　　　　　　　　　　　　　　　　　　　　　$\overline{R}^2 = 0.943$

貨幣の需給方程式（式(5.13)）　$\ln(\overline{M}/Y) = 11.651 - 1.333 r$
　　　　　　　　　　　　　　　　　　(3.043)　 (−3.993)
　　　　　　　　　　　　　　　　　　　　　　　　　$\overline{R}^2 = 0.314$　　$D.W. = 0.427$

投資関数（式(5.15)）　　　$\ln I = -9.013 \quad + 1.803 \ln \overline{Y}_{real-1} - 2.750 \left(r - \dfrac{\Delta p_{oI}}{\Delta p_{oI}} \right)$
　　　　　　　　　　　　　　　(−11.114)　　(22.286)　　　　　　(−2.702)
　　　　　　　　　　　　　　　　　　　　　　　　　　$\overline{R}^2 = 0.966$　　$D.W. = 0.544$

カッコ内は t 値。$DM1$ は北京ダミー，$DM2$ は，四川ダミー。

4) 家計消費について，全国の5費目値と家計消費ベクトルは，理論値においても観測値においても変化しない。しかし，5費目別の消費需要関数を利用していることから，省の内部の5費目値は変化し，環境負荷に関連する光熱費が変化する。したがって，家計消費からの CO_2 と SO_x 排出量は理論値と観測値で異なる。図5.12と図5.13の $CO_2 \cdot SO_x$ 負荷＝観測値と表5.6の $CO_2 \cdot SO_x$ 負荷＝理論値が異なる値を示すのはそのためである。また，各省の産業部門からの CO_2 と SO_x 排出量は変化しないが，家計消費からの排出量が変化することによって，各省のトータルの CO_2 と SO_x も理論値と観測値では異なることに注意されたい。

モデルに地域情報を組み込む重要性を確認する[5]。なお,本節の変数名と数は,付表5.1～付表5.4を参照されたい。

3.1 地域統計データベースの構成

はじめに,生産額を省別に構成する方法について説明する。

省別の部門別生産額を $\mathbf{X}^{\text{Region}}$ とすると,

$$\mathbf{X}^{\text{Region}} = (x_i^k) = \begin{pmatrix} x_1^1 & \cdots & x_1^m \\ \vdots & x_i^k & \vdots \\ x_n^1 & \cdots & x_n^m \end{pmatrix}$$

$\mathbf{X}^{\text{Region}}$ ： 省別の部門別生産額
x_i^k ： 第 k 省の第 i 品目の生産額
  ($i=1,\cdots,43$ 部門,$k=1,\cdots,30$ 省)

と表せる。推計の基本的な条件として,$\sum_{i=1}^{n} x_i^k$ は,第 k 省の総生産額に等しく,$\sum_{k=1}^{m} x_i^k$ は,産業連関表の第 i 部門の生産額 x_i に等しくなることが必要である。$\mathbf{X}^{\text{Region}}$ を作成するために,『中国統計年鑑』の社会総産値を利用する。社会総産値は,概念的にも産業連関表の生産額に対応しており(小島(麗)(1989) pp.190-194),表5.1で示すように,第1次産業と第2次産業は,産業連関表の生産額と『中国統計年鑑』の総産値の値がほぼ同一である。

$\mathbf{X}^{\text{Region}}$ の推計において,産業連関表の部門分類と統計年鑑の部門分類が異なる場合は,産業連関表を部門統合し,その統合額を基準として統計年鑑の値を調整する[6]。また,図5.2に示すように,社会総産値は「物的生産部門」(IOコード:01101-28000)のみに対応していることから,「非物的生産部門」の生産額を補完するために『第3次産業センサス』を利用する。

つぎに,産業部門ごとに推計作業を示す。

(1) 第1次産業 (IOコード:01101-01500)

1992年「各地区農村社会総産値」(『統計年鑑』)と「各地区部門別農業総

---

5) 本節で利用した統計の概念や定義は,小島(麗)(1989),綜研・中国国家統計局(1997),中国国家統計局『中国統計年鑑』の章末の「主要統計指標の解説」を参照した。

6) IOコードと $\mathbf{X}^{\text{Region}}$ の部門分類の対応は,付表5.4を参照せよ。

第5章 産業連関モデルのクローズド化と多部門環境・経済モデル

表5.1 生産額と部門数の比較

部門構成		産業連関表 値（10億元）	部門数	中国統計年鑑（92年値） 値（10億元）	部門数
農業	物財	908	6	909	1
工業	物財	3,721(3,707)*	84	3,707	38
建設業	物財	520	1	520	1
貨物輸送	物財	199	6	181	1
商業	物財	635	4	269	1
その他サービス	非物財	863	17	欠	1
総計		6,846	118	5,586	43

注：産業連関表と中国統計年鑑より作成。工業部門の括弧内の値*は、屑副産物を除いた値。なお、中国産業連関表の6部門分類表では、「その他サービス」に含まれる「旅客輸送」を「貨物輸送」にたしあわせ、「運輸通信」としているが、ここでは、物的・非物的の区分に基づいて、「その他サービス」に含めたままにしている。

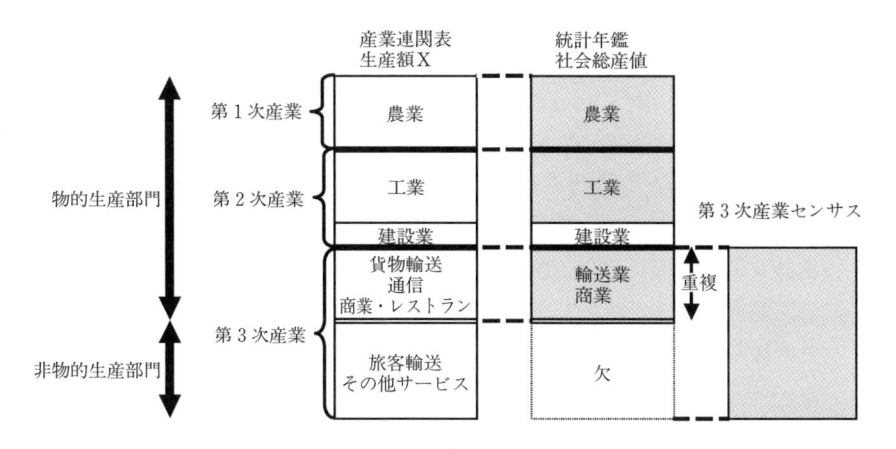

図5.2 産業部門構成の比較

注：中国の統計資料を利用して、産業連関表の部門分類と統計年鑑の部門分類の整合性を示した図である。

産値」（『農村統計年鑑』）の省構成比に産業連関表の農業関連部門の生産額をかけた。

(2) 第2次産業（IOコード：02100-25000）

(a) 工業

工業関連部門の社会総産値は、「独立核算工業企業」と「非独立核算

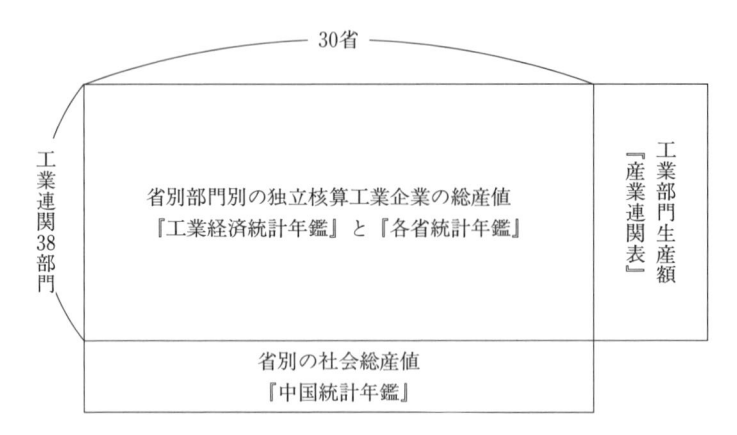

```
                    ┌─── 30省 ───┐
          ┌─────────┬──────────────────────────────────────┬──────────┐
工         │         │                                      │工 『産    │
業         │         │   省別部門別の独立核算工業企業の総産値      │業 業    │
連         │         │   『工業経済統計年鑑』と『各省統計年鑑』      │部 連    │
関         │         │                                      │門 関    │
38        │         │                                      │生 表』   │
部         │         ├──────────────────────────────────────┤産        │
門         │         │        省別の社会総産値                   │額        │
          │         │        『中国統計年鑑』                    │          │
          └─────────┴──────────────────────────────────────┴──────────┘
```

図 5.3 省別部門別の生産額の推計(工業連関部門)

注:行和=『産業連関表』の工業部門の生産額、列和=『統計年鑑』の省別社会総産値、および初期値=『工業経済統計年鑑』と各省の『統計年鑑』の独立核算工業企業の総産値を配置し、KEO-RASにより、省別部門別の社会総産値=生産額を推計する。

工業企業」の総産値を加えた値に対応しており、省別の工業総産値は、『中国統計年鑑』から得られるが、省別部門別の総産値は得られない。したがって、今回は、第1次的な接近法としてKEO-RASを使用して推計する。そのために、図5.3に示すように、1992年の産業連関表の部門別生産額、省別の工業総産値(『統計年鑑』)および独立核算工業企業の総産値(『工業経済統計年鑑』)を配置する。また、『工業経済統計年鑑』には、「非鉄鉱石鉱業」と「非鉄金属」が存在しないので、『省別統計年鑑』のレベルに降りてデータを得る。そして、行和=工業部門生産額と列和=省別生産額を制約条件として、KEO-RASをかけることによって非独立核算工業企業の省別部門別の総産値を補完し、省別部門別の生産額を計測している。

(b) 建設

1992年の省別の社会総産値は得られなかったことから、『1993年中国統計年鑑』に掲載されている1991年の省別総産値の構成比率に産業連関表の建設部門の生産額をかけて計測した。

(3) 第3次産業(IOコード:26101-33000)

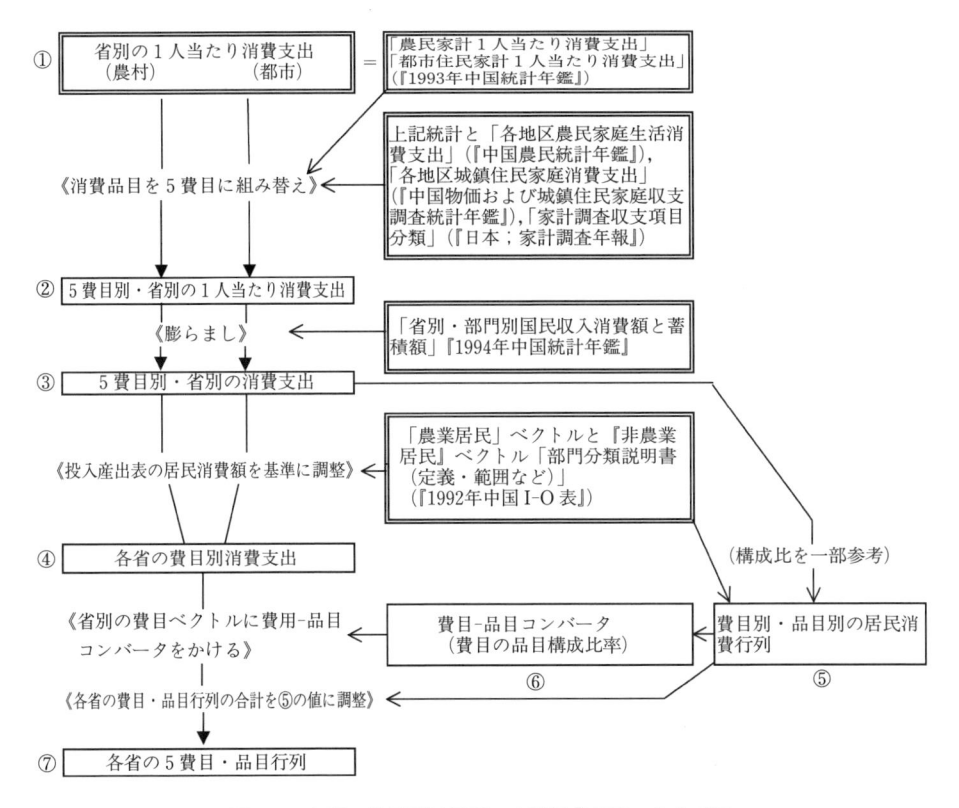

第 5 章　産業連関モデルのクローズド化と多部門環境・経済モデル

```
① 省別の1人当たり消費支出     ←=  「農民家計1人当たり消費支出」
   （農村）　　（都市）              「都市住民家計1人当たり消費支出」
                                    （『1993年中国統計年鑑』）

                            ←    上記統計と「各地区農民家庭生活消
《消費品目を5費目に組み替え》       費支出」（『中国農民統計年鑑』），
                                  「各地区城鎮住民家庭消費支出」
                                  （『中国物価および城鎮住民家庭収支
                                  調査統計年鑑』），「家計調査収支項目
                                  分類」（『日本；家計調査年報』）

② 5費目別・省別の1人当たり消費支出
   《膨らまし》              ←    「省別・部門別国民収入消費額と蓄
③ 5費目別・省別の消費支出            積額」『1994年中国統計年鑑』

                                  「農業居民」ベクトルと『非農業
《投入産出表の居民消費額を基準に調整》← 居民』ベクトル「部門分類説明書
                                  （定義・範囲など）」
④ 各省の費目別消費支出              （『1992年中国I-O表』）

                                                  （構成比を一部参考）
《省別の費目ベクトルに費用-品目     費目-品目コンバータ      費目別・品目別の居民消
 コンバータをかける》          ←   （費目の品目構成比率）    費行列
                                        ⑥                    ⑤
《各省の費目・品目行列の合計を⑤の値に調整》←

⑦ 各省の5費目・品目行列
```

図 5.4 省別の費目別品目別の家計消費行列の作成手順

注：一重の枠囲みは，計算値であり，二重の枠囲みは，利用した統計である。《》で示した計測手順を経て，⑦の各省の5費目別品目別の家計消費行列が作成される。

(a)　貨物輸送と商業

　　1991年の貨物輸送と商業の社会総産値は『1993統計年鑑』に掲載されているが，1992年の省別の値は入手できなかった。本来ならば，省別の総産値の構成および商業マージンと輸送マージンを考慮して推計すべきではあるが，今回は，1991年の貨物輸送と商業の総産値の省構成比に産業連関表の生産額をかけて計算している。

(b)　その他のサービス産業

　　図5.2で示したように，社会総産値は，物的生産部門のみに対応して

おり，『第3次産業センサス（第1回）』によって補完・調整する。そのために，『第3次産業センサス（第1回）』の省別の総産値から(3)の(a)で推計した貨物輸送と商業の省別の総産値を引き，その省構成比に産業連関表の「その他のサービス産業」の生産額を掛けた。

つぎに，各省の費目別品目別の家計消費行列を作成する方法を説明する[7]。基本的な推計手順は，図5.4に示している。

(4) 『中国統計年鑑』，『中国農村統計年鑑』および『中国物価および城鎮住民家庭収支調査統計年鑑』を利用して，農村と都市の1人当たりの消費支出額を5費目別・省別の1人当たり消費支出額に組み替えた後，5費目別・省別の消費支出額を計測する（図5.4の①→②→③）。

(5) 統計年鑑から作成した(4)の省別の費目別消費額の総計が産業連関表の家計消費総額と合致するように調整する（④）。

(6) (5)で作成された5費目別の消費額を考慮しながら，産業連関表の家計消費ベクトルを，ある財が複数の費目に格付けされる場合を考慮しつつ，5費目（食費，住居・日用品費，光熱水道費，被服履き物費，雑費）に区分し，費目別・品目別の家計消費行列（全国）$\mathbf{C}_{\text{item}}$を作成する（⑤）[8]。

$$\mathbf{C}_{\text{item}} = (c_{il}) = \begin{pmatrix} c_{11} & \cdots & c_{1s} \\ \vdots & c_{il} & \vdots \\ c_{n1} & \cdots & c_{ns} \end{pmatrix}$$

$\mathbf{C}_{\text{item}}$ ： 費目別・品目別家計消費行列（全国）．

c_{il} ： 家計消費の第l費目に格付けされる第i財の値
   （$i=1,\cdots,43$部門，$l=1,\cdots,5$費目）．

(7) (5)で作成した各省の各費目から商品構成を計算するために，費目品

---

[7] 各省の5費目別・品目別の家計消費行列を作成するにあたって，滕鑑氏（慶應義塾大学産業研究所特別研究員）より，貴重なコメントを頂いた。謝意を申し上げます。

[8] 産業連関表の家計消費品目を5費目に格付けする作業は，詳細な品目分類が必要なため，産業連関表の118部門で行っており，$\mathbf{C}_{\text{item}}$は，格付け作業が終了した後，付表5.4にそって統合した行列である。

目コンバータ $\mathbf{Conv}^c$ を,

$$conv^c_{il} = c_{il}/\sum_{i=1}^{n} c_{il}$$
$$(i=1,\cdots,n; n=43\,\text{部門},$$
$$l=1,\cdots,s; s=5\,\text{費目})$$

によって計算する。それは,

$$\mathbf{Conv}^c = (conv^c_{il}) = \begin{pmatrix} conv^c_{11} & \cdots & conv^c_{1s} \\ \vdots & conv^c_{il} & \vdots \\ conv^c_{n1} & \cdots & conv^c_{ns} \end{pmatrix}$$

と表せる(⑥)。

(8) そして,

$$\mathbf{C}^k_{\text{item}} = \mathbf{Conv}^c \widehat{\mathbf{c}^k_{\text{item}}}$$

$\mathbf{C}^k_{\text{item}}$: 第 k 省の費目・品目行列.
$\mathbf{c}^k_{\text{item}}$: 第 k 省の5費目別ベクトル, $\mathbf{c}^k_{\text{item}} = (c^k_1,\cdots,c^k_5)$
$\widehat{\mathbf{c}^k_{\text{item}}}$: $\mathbf{c}^k_{\text{item}}$ の要素を対角化した行列.

を計算することによって,第 k 省の費目別品目別の家計消費行列 $\mathbf{C}^k_{\text{item}}$

$$\mathbf{C}^k_{\text{item}} = (c^k_{il}) = \begin{pmatrix} c^k_{11} & \cdots & c^k_{1s} \\ \vdots & c^k_{il} & \vdots \\ c^k_{n1} & \cdots & c^k_{ns} \end{pmatrix}$$

を得る[9]。

(9) 最後に,$\sum_{k=1}^{m} \mathbf{C}^k_{\text{item}} = \mathbf{C}_{\text{item}}$ となるように,各省の費目別・品目別の家計消費行列 $\mathbf{C}^k_{\text{item}}$ を調整する(⑦)[10]。

ちなみに,産業連関表から作成した費目別品目別の消費行列の費目構成(図5.4の⑤)と統計年鑑から作成した費目構成(図5.4の④の全国

---

[9] 費目の品目構成は,すべての省で同一であることを仮定している。
[10] 推計過程の基本的な問題点として,産業連関表の家計消費は「農民消費」と「非農民消費」から構成されるが,それに対応する統計値を入手できなかった。したがって,「農民」と「都市住民」の値を利用して推計を開始しており,図5.4の①では,それを「農村」と「都市」と表記している(「農民」と「非農民」の区分と中国の戸籍制度の関係については,小島(麗)(1989) pp.300-302を参照)。さらに,「農民」の1人当たり支出額の構成が都市部と比較して粗いことも基本的な問題点である。

表 5.2 産業連関表と統計年鑑の費目構成

	食費	住居・日用品	光熱水道	被服履き物	雑費	計
統 計 年 鑑	55 %	14 %	4 %	11 %	16 %	100 %
産 業 連 関 表	59 %	14 %	2 %	5 %	19 %	100 %

注：統計年鑑と産業連関表より作成。

計）を比較すると，表5.2となり，被服履き物と光熱・水道に開きがあるが，食費，住居・日用品および雑費は，かなり接近した値を示している。最終的には，各省の費目別品目別の家計消費行列の全国合計値を産業連関表の費目別品目別消費額に合致させているために，各省の費目構成比は異なるが，すべての省において，食費と雑費の比率が上昇し，光熱水道費と被服履き物費の比率が低下することになる。

最後に，省別部門別のCO_2・SO_x排出量を計測する方法について述べる。CO_2とSO_xを排出するエネルギー財は，石炭，コークス，原油，燃料油，ガソリン，灯油，ディーゼル油および天然ガスである。また，付表5.4は，環境部門分類と経済部門分類の対応を示しており，環境部門分類は，データの入手可能性を考慮して，経済部門分類を部門統合することによって構成される。

省別部門別のCO_2・SO_x排出量の計測作業は，中国全体にかんする産業連関表を再構成する必要があり，図5.5は，そのために考案した産業連関表の表章形式を示している。

(10) 『中国統計年鑑』，省別の『統計年鑑』およびX^{Region}の部門別構成比等を利用して，省別部門別のエネルギー財の投入量を計測する（図5.5の物量表）。

(11) 『日中環境産業連関表』（通産省他（1995））と『EDEN中国産業連関表』[11]の原料-燃料比率をもちいて，燃料用に投入されたエネルギー財の物量を算定する（図5.5の燃料表）。

---

11) 『未来開拓プロジェクト』ワーキンググループⅠ（2002）によって作成された。

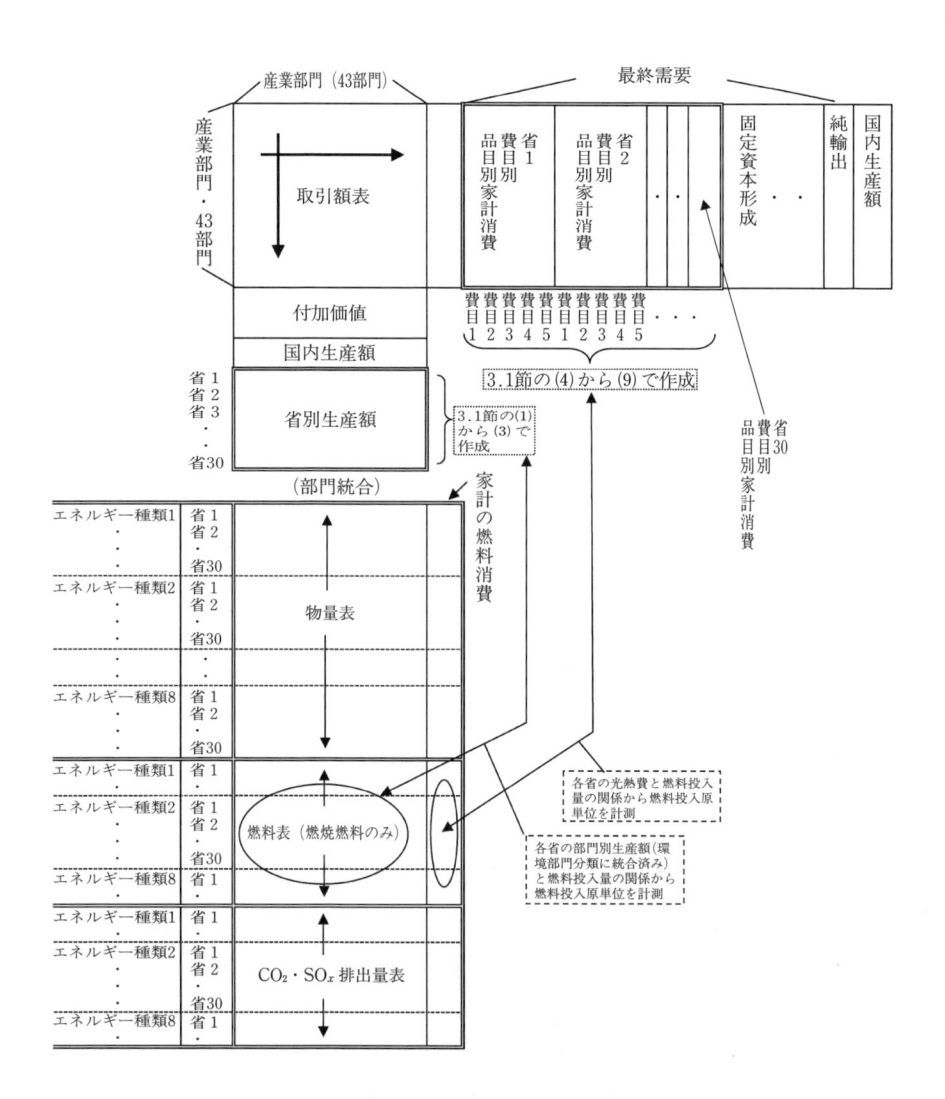

第5章　産業連関モデルのクローズド化と多部門環境・経済モデル　　　　*143*

図 5.5　省別部門別の $CO_2・SO_x$ 排出量の計測方法

注：全国産業連関表をベースに，8種類のエネルギー種類ごとに，省別部門別に物量表，燃料表および $CO_2・SO_x$ 排出量を計測する。なお，エネルギー種類別の省別部門別燃料表と省別部門別生産額および省別5費目別家計消費額との関係から，燃料投入原単位が計測される。

(12) 燃料として投入されたエネルギー財ごとに，つぎのように炭素含有量と硫黄含有量を計測する。

(a) 石炭の炭素含有量は，標準炭で無水石炭に含まれる含有量として計測する。

(b) 石炭の硫黄含有量は，『アジアのエネルギー利用と地球環境』（科学技術庁科学技術政策研究所（1992））より省別に異なる硫黄含有率を燃料表にかける。

(c) 石炭以外のコークス，原油，燃料油，ガソリン，灯油，ディーゼル油および天然ガスの炭素含有量と硫黄含有量は，『日中環境産業連関表』（通産省他（1995））の炭素と硫黄の含有率を燃料表にかける。

(13) 炭素含有量に（44/12）を掛け CO_2 排出量を計測する。また，硫黄含有量に（64/32）を掛け SO_x を計測する。

最後に，(1)から(13)を経て完成した省別データベースを利用して，生産額の省別分配係数，費目－品目コンバータおよびエネルギー投入原単位の作成方法について述べる。

中国環境・経済モデルでは，部門別に決定されたマクロ生産額を省別部門別生産額へ変換するために，分配係数行列（o_i^k）を必要とする。分配係数行列は，(1)～(3)によって計測した $\mathbf{X}^{\text{Region}}$ を利用して，$o_i^k = x_i^k / \sum_{k=1}^{m} x_i^k$ として作成される。

また，省別5費目別消費需要額を家計消費ベクトルに結びつけるために，(7)で作成した費目－品目コンバータ $conv_{il}^c$ を利用して，省別5費目別品目別消費需要額を決定する。

一方，省別部門別の CO_2 排出量と SO_x 排出量を計測するためには，生産額と燃料投入量を結びつけなければならない。そのために，(1)～(3)で計測された省別部門別生産額 x_j^k を部門統合し，環境分析用の省別部門別生産額 $envx_j^k$ を作成し，生産額1単位あたりの燃料投入量（燃料投入原単位）を $coe_{ju}^k = E_{ju}^k / envx_j^k$ として計測する。また，家計の燃料消費については，(4)から(9)で計測された省別費目別品目別消費量 c_{il}^k について，$l = 3$：光熱費をとりあげ，省別の光熱費を $\sum_{i=1}^{n} c_{i3}^k$ として作成する。そして，家計の1

単位あたりの燃料投入量（燃料投入原単位）を $coec_u^k=EC_u^k/\sum_{i=1}^{n}c_{i3}^k$ として計測する。省別部門別および家計消費の CO_2 と SO_x 排出量を計測するためには，(12)で整理した炭素含有率（$ci_{j'u}^k, cc_u^k$）と硫黄含有率（$so_{j'u}^k, soc_u^k$）をもちいる。

3.2 中国の地域性 ── オーバービュー ──

つぎに，計測した省別の生産額について，少し紹介する。図5.6は，省別の総生産額を示しており，第1位が広東省であり，第2位が江蘇省，以下，山東省，浙江省，遼寧省，四川省，上海市の順に大きな値を示している。また，貴州省，海南省，寧夏回族自治区，青海省の値が小さく，中国沿岸部と内陸部に大きな格差が見られる[12]。図5.7は，1人あたりの生産額であり[13]，上海市，北京市および天津市といった直轄市と広東省，江蘇省，遼寧省が高く，やはり沿岸部が高い値を示している。

図5.8は，産業連関表の6部門分類[14]に沿って各省の生産額を統合し，その構成比を示しており，表5.3は，さらに3分類に合計し，各産業の比率が高い地域と低い地域を示している。省別に見ると，海南省や広西壮族自治区は，第2次産業の構成比率が小さく，第1次産業と第3次産業の構成比率が大きいことが特徴的である。第2次産業比率が高い地域は，江蘇省，上海市，天津市，浙江省，遼寧省といった沿岸部である。また，『統計年鑑』から得られる1992年の社会総産値は，第1次産業；16％，第2次産業；76％，第3次産業；8％であり，第2次産業部門が圧倒的に大きな比重を占めているが，今回新たに推計した非物的生産部門の生産額を含めると，第1次産業；13％，第2次産業；62％，第3次産業；25％となる。

最後に，工業関連部門のなかで，CO_2 排出量と SO_x 排出量に関連する電力，鉄鋼業，化学工業および窯業・土石と主要なエネルギー源である石炭の生産額を表5.4によってみると，各部門とも沿岸地域での生産額が大きく，

---

12) 西蔵自治区の統計情報には欠損値があるために考察から除く。
13) 中国の省別人口は，『1996年中国人口統計年鑑』の1992年値を利用した。
14) 表5.1の注を参照。

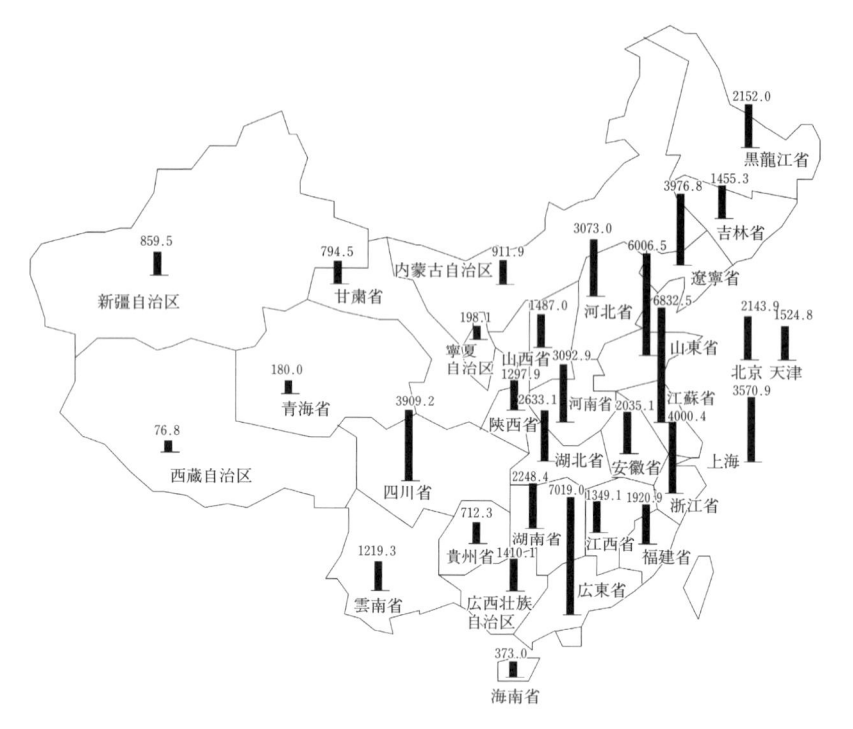

図 5.6 1992 年生産額（億元）
注：3.1 節で作成した環境・経済データベースを利用して作成。

石炭では，山西省と山東省，電力では，山東省と広東省，鉄鋼業では，遼寧省と上海市，化学工業では江蘇省と山東省，そして，窯業・土石では，江蘇省と広東省が高い値を示す。また，電力業，化学工業と窯業・土石は，上位5省で中国全体の約4割の生産額を占め，鉄鋼業と石炭鉱業は，上位5省で約5割を超える生産額を占めることが特徴的である。

つぎに，省別の CO_2 と SO_x の排出量について計測結果を確認しておこう。はじめに，省別の CO_2 排出量（図5.9）を見ると，最も CO_2 負荷が高い省は，遼寧省であり，2.4億トンの CO_2 を排出している。そして，黒龍江省（2.3億トン），山東省（2.3億トン），河北省（2.3億トン），江蘇省（2.1億トン）の順に高い値を示しており，経済活動の活発な沿岸部や寒冷地帯である北東部地域が大きな値を示している。また，寧夏回族自治区

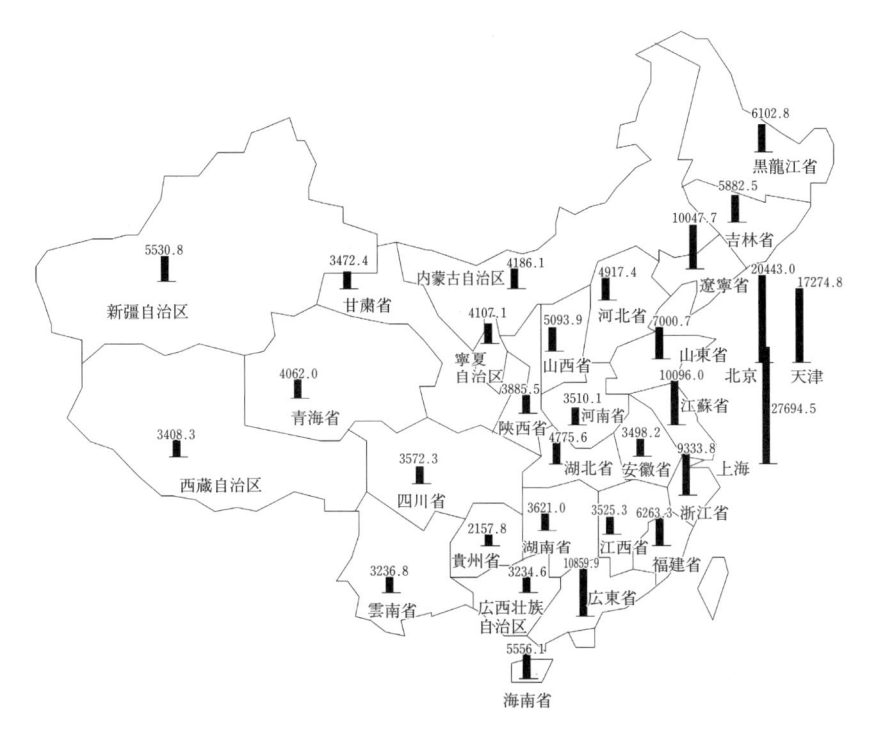

第5章　産業連関モデルのクローズド化と多部門環境・経済モデル　　*147*

図 5.7　1992 年 1 人あたり生産額（元）
注：図 5.6 の注を参照。

(3,760 万トン)，福建省 (3,673 万トン)，青海省 (881 万トン)，海南省 (480 万トン) が CO_2 排出量の小さい省であり，遼寧省と海南省では，約 50 倍の格差がある。

図 5.10 は省別の SO_x 排出量を示しており，山東省 (290 万トン)，四川省 (269 万トン)，江蘇省 (249 万トン)，河北省 (152 万トン) および陝西省 (131 万トン) が上位 5 省であり，北京市 (31 万トン)，福建省 (30 万トン)，天津市 (29 万トン)，青海省 (4 万トン)，海南省 (3 万トン) が下位 5 省であって，最大格差は，97 倍である。また，図 5.9 で示した CO_2 排出量と比較すると，CO_2 負荷と SO_x 負荷の地域分布には大きな差異が存在している。それは，消費される石炭に含まれる炭素含有量は，データの制約から，各省で同一の値をもちいざるを得ないが，硫黄含有量は，省別に異なる値を

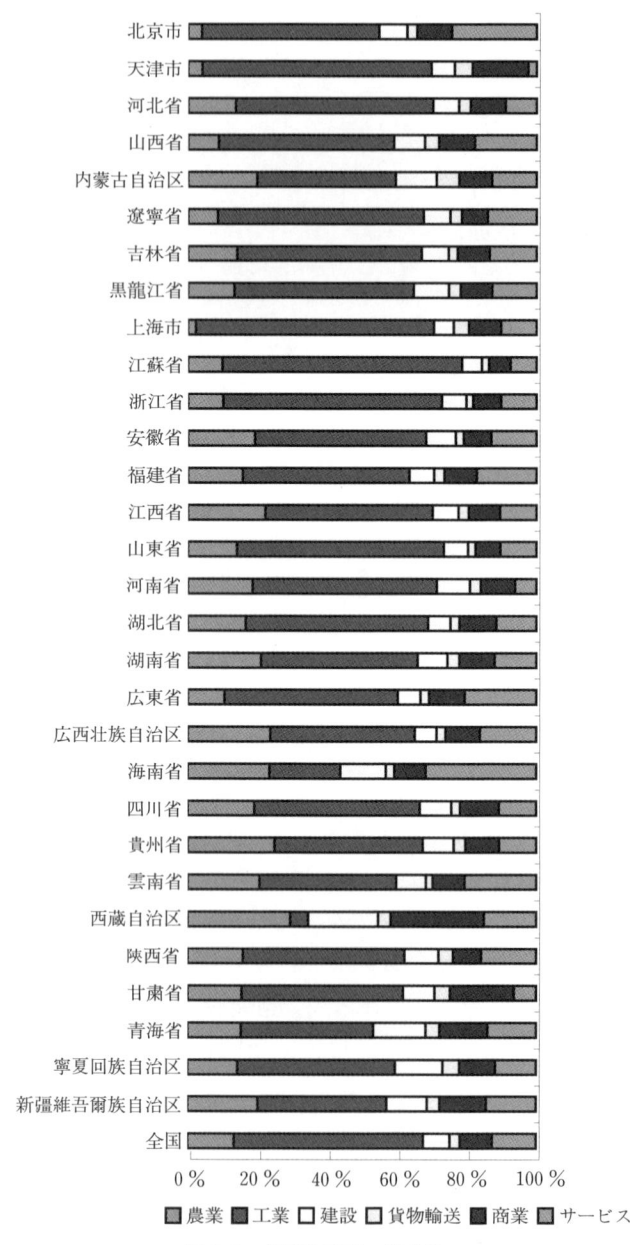

図 5.8 省別生産額の構成比

注：図 5.6 の注を参照。

凡例：■農業 ■工業 □建設 □貨物輸送 ■商業 ■サービス

表 5.3 省別の産業構成比

	第1次産業	第2次産業	第3次産業
上位5地区	西蔵自治区 29％ 貴州省 25％ 広西壮族自治区 24％ 海南省 23％ 江西省 22％	江蘇省 74％ 上海市 74％ 天津市 72％ 浙江省 70％ 遼寧省 67％	西蔵自治区 45％ 海南省 43％ 北京市 37％ 広東省 33％ 山西省 32％
下位5地区	山西省 9％ 遼寧省 9％ 天津市 4％ 北京市 4％ 上海市 2％	新疆維吾爾族自治区 49％ 雲南省 48％ 広西壮族自治区 48％ 海南省 33％ 西蔵自治区 25％	河北省 22％ 浙江省 20％ 山東省 20％ 河南省 19％ 江蘇省 16％
産業連関表（全国平均値）	13％	62％	25％

注：図 5.6 の注を参照。

表 5.4 主要部門の生産額

	石炭鉱業	電力業	鉄鋼業	化学工業	窯業・土石
第1位	山西省 17.9％	山東省 9.8％	遼寧省 13.7％	江蘇省 14.3％	江蘇省 9.1％
第2位	山東省 13.3％	広東省 9.6％	上海市 13.4％	山東省 7.6％	広東省 8.4％
第3位	河南省 8.9％	江蘇省 9.0％	江蘇省 8.4％	広東省 6.6％	山東省 7.9％
第4位	黒龍江省 8.2％	遼寧省 7.1％	四川省 7.4％	上海市 6.6％	浙江省 5.5％
第5位	江蘇省 7.7％	河北省 7.0％	河北省 7.1％	遼寧省 6.3％	遼寧省 5.3％
全国計（億元）	726	1,178	2,314	2,539	2,536

注：図 5.6 の注を参照。

利用しているからである（科学技術庁科学技術政策研究所（1992））。図 5.11 は，石炭に含まれる硫黄の含有率を消費ベースで表現している。そこでは，四川省，雲南省そして貴州省において消費される石炭の硫黄含有率が高いことが明らかであり，3つの省にかんして CO_2 負荷（図 5.9）と SO_x 負荷（図 5.10）の全国順位を比較してみると，四川省は，CO_2 負荷：8位→ SO_x 負荷：2位，雲南省は，CO_2 負荷：21位→ SO_x 負荷：9位，そして，貴州省は，CO_2 負荷：20位→ SO_x 負荷：6位となり，SO_x 排出量の全国順位が高くなることが分かる。

また，図 5.12 によって，部門別に CO_2 の排出構成を見ると，第1位は

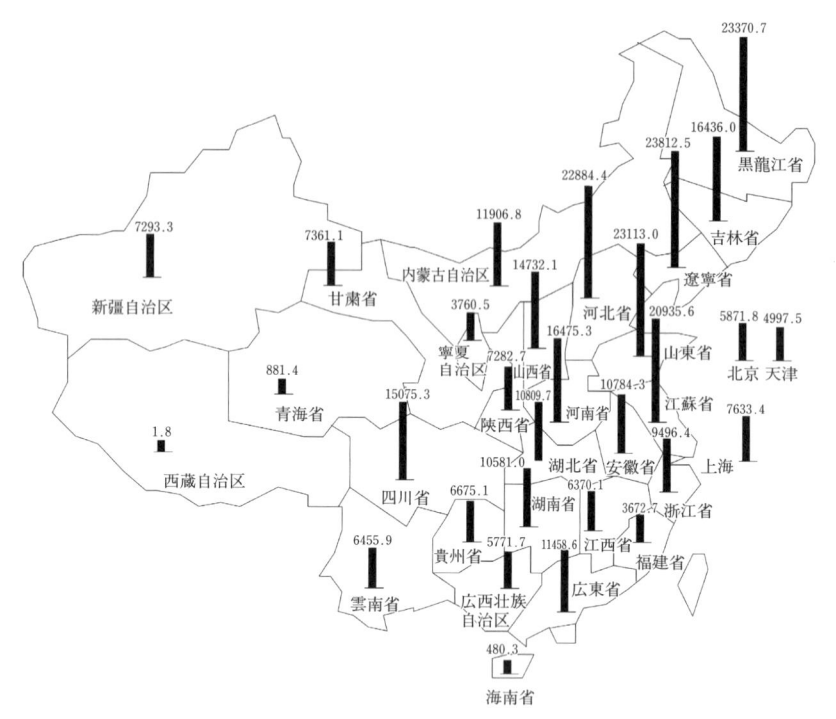

図 5.9　1992年：CO_2排出量（万トン）
注：図5.6の注を参照。

電力部門；8.6億トン，第2位は鉄鋼業；4.1億トン，第3位は生活消費；4.0億トン，第4位は窯業・土石；3.2億トンであり，電力部門のCO_2排出が全体の約3割を占める。産業部門のCO_2負荷は，27.6億トンと計測される。そして，燃料種類別に見ると，石炭起源のCO_2は，全体の8割程度を占め，他の燃料種からのCO_2排出量を大きく上回っていることがわかる。

部門別のSO_x排出量を見ると（図5.13），CO_2排出量と同様に，電力部門がもっとも高く（868万トン），第2位は窯業・土石，第3位は生活消費，第4位は鉄鋼業となっている。さらに排出起源を確認しておくと，やはり石炭起源のSO_x排出量がもっとも高く，全体の9割を超えるシェアを占めている。

図5.14と図5.15は，生産額1単位あたりのCO_2とSO_x排出量を示し

図 5.10　1992 年：SO_x 排出量（万トン）
注：図 5.6 の注を参照。

ており，$CO_2 \cdot SO_x$ の排出量（図 5.9 と図 5.10）や生産額（図 5.7）とは異なり，排出量のレベルでは，中位や下位に位置する寧夏回族自治区，貴州省や内蒙古自治区といった省が上位を占める。それは，沿岸の工業先進地域と比較すると，経済規模や $CO_2 \cdot SO_x$ 排出量は相対的に小さいとはいえ，産業部門全体の平均で見ると，エネルギー効率が低い生産設備が配置されていることが類推される。

最後に，図 5.16 と図 5.17 は，1 人あたりの CO_2 負荷と SO_x 負荷を示している。1 人あたり排出量は，1 人あたり生産額（図 5.7）と生産 1 単位あたり排出量（図 5.14，図 5.15）の合成と考えられることから，図 5.14 と図 5.15 で高い値を示した内陸地域や図 5.7 で高い値を示した沿岸地域の特別区が高い値を示している[15]。

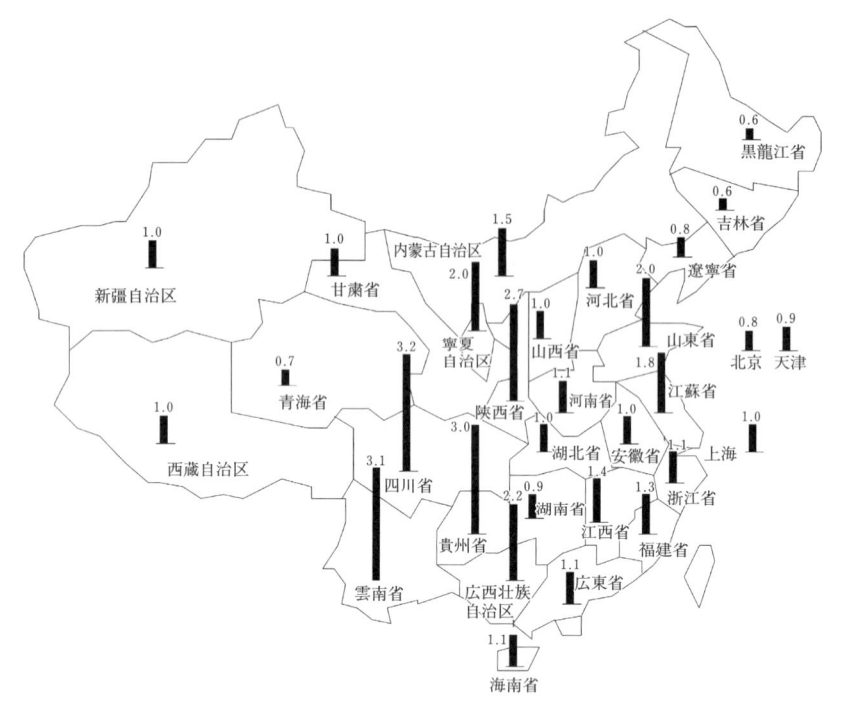

図 5.11　石炭の硫黄含有率（％；消費ベース）
注：図 5.6 の注を参照。

4．環境シミュレーション-バイオブリケット

「未来開拓プロジェクト」では，環境改善の具体的な実験として，石炭の代替財である「バイオブリケット」を遼寧省瀋陽市と四川省成都市に導入した。バイオブリケットとは，図 5.18 に示すように，高圧力の下で，石炭，バイオマスおよび脱硫剤を混合することによって製造される豆炭の一種であり，石炭の代替財に相当する。「未来開拓プロジェクト」の瀋陽市と成都市

---

15) ただし，図 5.16 と図 5.17 の値は，産業部門と家計消費からの排出量の合計値を人口で割った値であり，1 人あたり生産額（図 5.7）と生産額 1 単位あたり排出量（図 5.14 と図 5.15）をかけ合わせても図 5.16 と図 5.17 に一致しない。

第5章　産業連関モデルのクローズド化と多部門環境・経済モデル　　153

部門	排出量（万トン）
農業	11646.4
石炭鉱業・洗炭	1991.4
石油と天然ガス採掘	7668.7
その他鉱業	2496.6
食品・飲料・たばこ	9341.0
繊維	5857.2
紙・紙製品	4123.3
電力・蒸気・熱水生産供給	86354.2
石油精製	3615
コークス・ガス・石炭関連製品	611
化学工業	20102
医薬品	1449
化学繊維	2457
窯業・土石	31550
鉄鋼業	40562
非鉄金属	3306
機械・電気電子機械	9115
その他製造業	7568
建設	2705
交通・郵便・通信業	11600
商業	3012
サービス	8968
生活消費	40284

凡例：■石炭　■コークス　□原油　□燃料油　■ガソリン　■ディーゼル　■灯油　□天然ガス

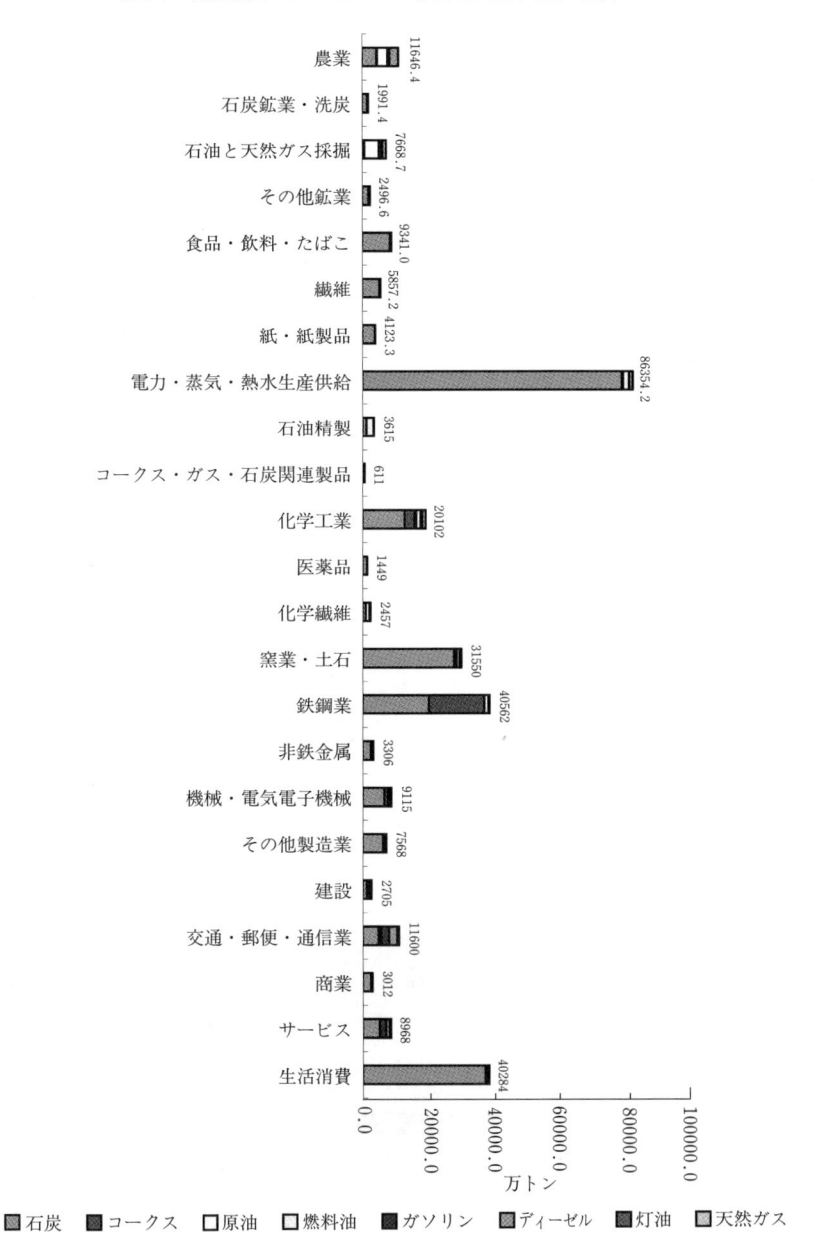

図 5.12　1992 年　中国部門別 CO_2 排出量
注：図 5.6 の注を参照。

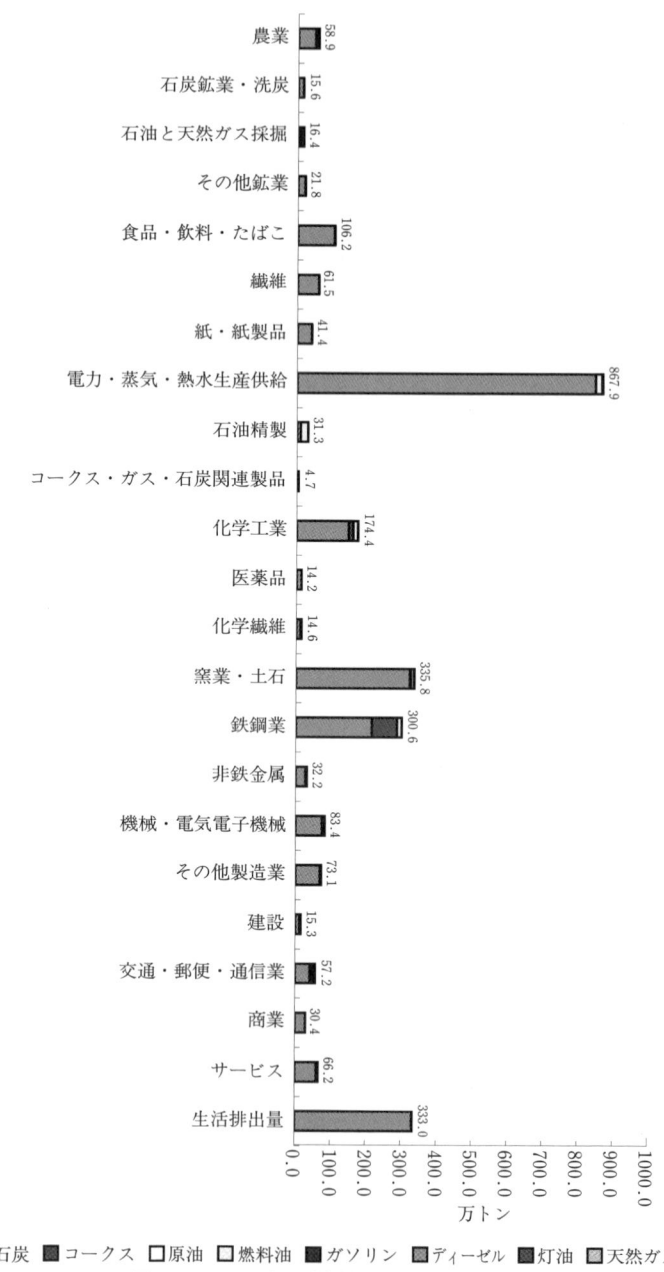

154

部門	排出量（万トン）
農業	58.9
石炭鉱業・洗炭	15.6
石油と天然ガス採掘	16.4
その他鉱業	21.8
食品・飲料・たばこ	106.2
繊維	61.5
紙・紙製品	41.4
電力・蒸気・熱水生産供給	867.9
石油精製	31.3
コークス・ガス・石炭関連製品	4.7
化学工業	174.4
医薬品	14.2
化学繊維	14.6
窯業・土石	335.8
鉄鋼業	300.6
非鉄金属	32.2
機械・電気電子機械	83.4
その他製造業	73.1
建設	15.3
交通・郵便・通信業	57.2
商業	30.4
サービス	66.2
生活排出量	333.0

■石炭　■コークス　□原油　□燃料油　■ガソリン　■ディーゼル　■灯油　■天然ガス

図 5.13　1992 年　中国部門別 SO_x 排出量
注：図 5.6 の注を参照。

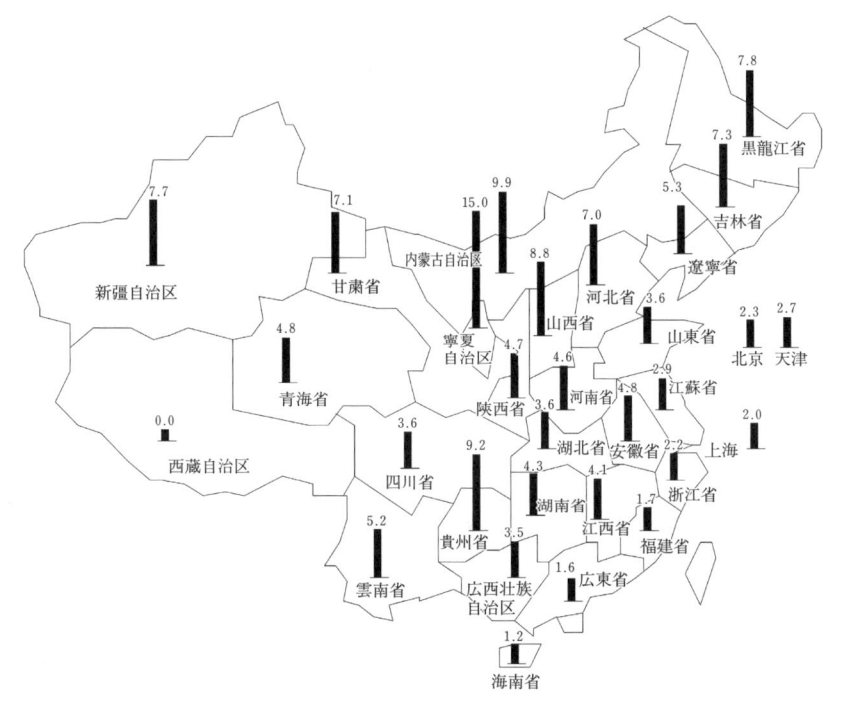

第5章 産業連関モデルのクローズド化と多部門環境・経済モデル　　*155*

図 5.14　1992年：単位あたり CO_2 排出量（万トン/億元）
注：図 5.6 の注を参照。

のバイオブリケット研究グループから，バイオブリケットの製造実験によって得られる原材料構成や，いろいろなタイプのバイオブリケットの作成事例とそれに対応した脱硫効果（SO_x 削減効果）が報告されているが（小島(朋)(2000), 山田(2001))，本節では，成都市に設置されたバイオブリケットの導入実験から得られる素材構成，燃焼特性，環境負荷低減効果およびコストにかんする情報（成都市バイオブリケット研究グループ(2000), 橋本他(2001)）を環境・経済モデルに結合し，バイオブリケット導入による経済効果と CO_2・SO_x の削減効果をシミュレートする。

　はじめに，バイオブリケットが石炭と代替することによって生じる経済効果と環境効果を概説する。経済効果は，(i)バイオブリケットの製造によって，石炭需要の減少，バイオマス，脱硫財および電力需要の増加といった中

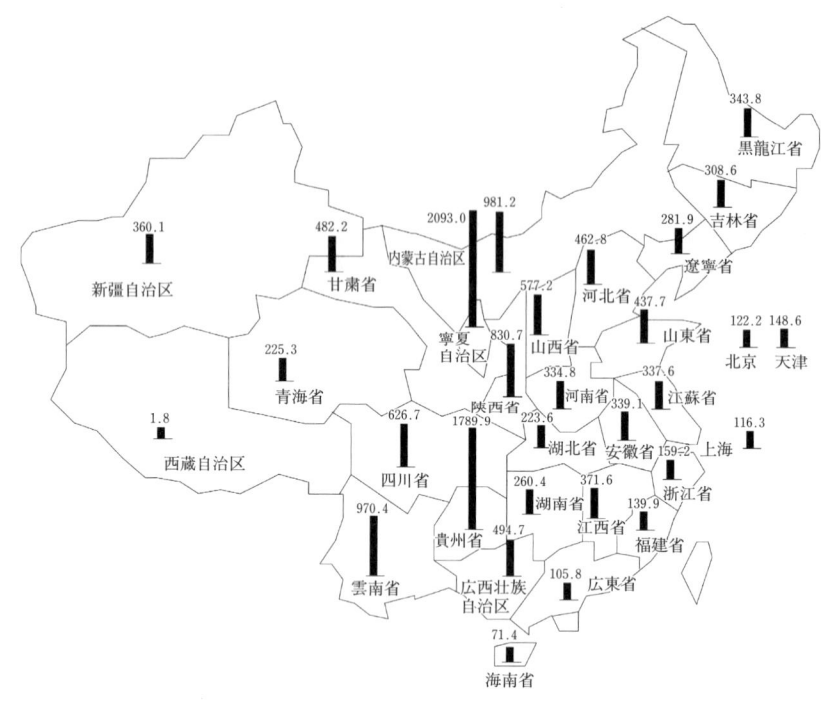

図 5.15 1992 年：単位あたり SO_x 排出量（トン/億元）
注：図 5.6 の注を参照。

間投入量が変化する効果，(ii)バイオブリケット製造マシンに対する投資需要によって，有効需要が拡大する効果，および(iii)バイオブリケット製造マシンの導入によって，レンタルコストと運転コストが発生するコストプッシュ効果である。また，環境効果は，(iv)バイオブリケットと石炭を同一のエネルギー効果で換算すると，石炭の投入量が減少し，CO_2 の排出量が抑制される効果と，(v)脱硫剤によって SO_x の排出量が抑制される効果である。

つぎに，(i)から(v)の経済効果と環境効果を計測するためのモデルの操作方法を説明する。なお，環境経済モデルの操作箇所は，図 5.20 のなかに操作(i)～操作(v)と記載している。

図 5.19 は，(i)にかんする操作方法を示している。バイオブリケットの導入が可能な産業部門は，バイオブリケットの発熱量等の技術的な制約によっ

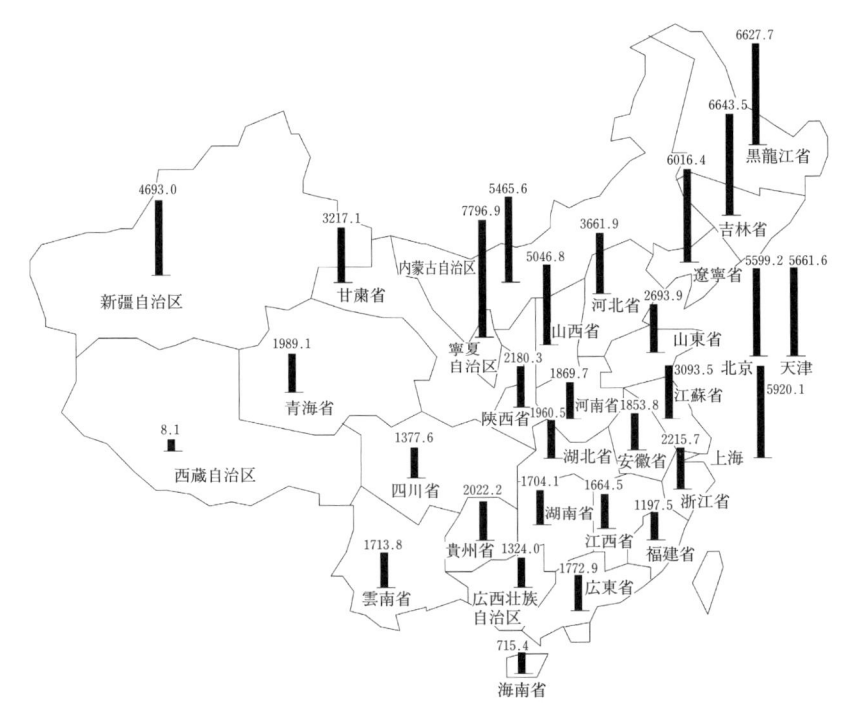

第5章　産業連関モデルのクローズド化と多部門環境・経済モデル　　*157*

図 5.16　1992年：1人あたり CO_2 排出量（kg/人）
注：図5.6の注を参照。

て，利用可能な産業が限られることから，シミュレーションでは，電力，鉄鋼，石炭鉱業，コークス・石炭製品部門を除く産業部門がバイオブリケットを購入すると想定する。そして，バイオブリケットを購入する産業部門の投入原単位表＝投入係数表を表5.5に示すバイオブリケットの素材構成に対応させて，石炭，農業，電力および窯業・土石の投入原単位を操作する。説明のために，投入係数行列の石炭行を $a_{icoal,j}$ としておく。$a_{icoal,j}$ については，バイオブリケットを1トン製造するために，0.66トンの石炭が必要であることから，$a_{icoal,j}$ に0.66をかける。ただし，バイオブリケットは，石炭より発熱量は低いが，燃焼効率は高いことから，バイオブリケットを石炭と同等に機能させるために，燃料特性を調整すると，バイオブリケットを購入する産業部門の石炭投入係数行は，$a_{icoal,j} \times 0.66 \times (1.0/0.8) \times (1.0/1.29)$ と

図 5.17　1992 年：1 人あたり SO_x 排出量（kg/人）
注：図 5.6 の注を参照。

変換できる[16]。変換後の石炭投入係数行を $a_{ibio,j}$ としておこう。石炭以外の石灰粉（窯業・土石部門），木屑・稲ワラ（農業部門），電力および輸送部門については，バイオブリケット導入後の $a_{ibio,j}$ に対応して，表 5.5 に示すバイオブリケット 1 トンあたりの原材料金額比を掛け，その値を農業，窯業・土石，電力および輸送行に付加する。(i) の操作は，図 5.19 に示すように，投入係数表をバイオブリケットの素材構成と燃料特性に対応して修正することから，バイオブリケットの購入部門の短期限界費用を変動させることを意

---

16) 石炭とバイオブリケットの発熱量は，それぞれ，20,188 kJ/kg と 16,207 kJ/kg であり，石炭：バイオブリケット＝1.0：0.8 である。また，燃焼効率は，石炭：バイオブリケット＝1.0：1.29 である(橋本他(2001))。

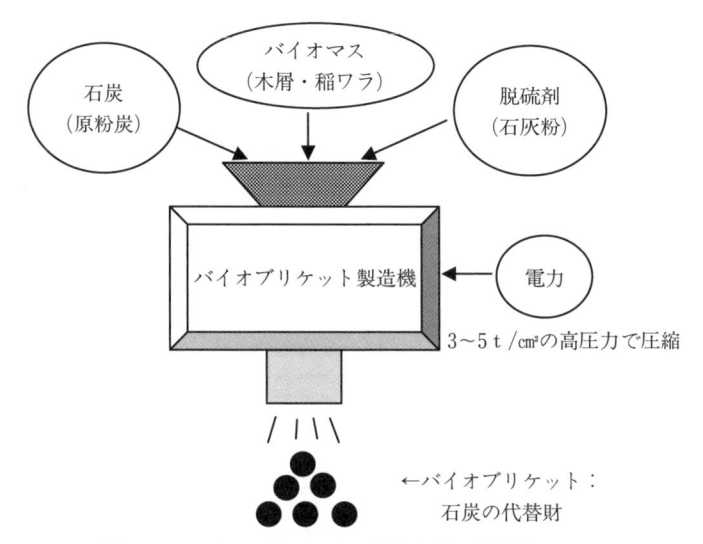

図 5.18 バイオブリケットの製造方法の概念図

注：成都市と瀋陽市におけるバイオブリケットの製造工場の見学および山田（2001）と小島（朋）（2000）より作成。バイオブリケットとバイオブリケット製造機の写真については，吉岡他（2001a）と橋本他（2001）を参照せよ。

味している。

(ii)のバイオブリケット製造マシンの投資額は，バイオブリケットの導入部門からバイオブリケット需要量が決定され，吉岡他（1998 b, 2001 b）において推定された製造マシンの費用関数を利用して，最適な製造マシンの生産能力（トン/時間）と製造台数を決定し，総費用を計算する。それがバイオブリケット製造マシンの投資額であり，機械製造部門の投資額に設定する。また，(iii)では，バイオブリケット製造マシンのコストを耐用年数（10年）とバイオブリケット生産額で割った平均費用をモデルの価格決定式（式(5.2)）に挿入し，バイオブリケットの投入部門の生産財価格を上昇させている。

(iv)の CO_2 に関連する燃料投入原単位は，図 5.5 で示したように，燃料別に CO_2 排出量を計測可能な燃料投入原単位係数を作成している。したがって，バイオブリケットの導入にかんしては，生産1単位あたりの石炭投入原単位に $0.66 \times (1.0/0.8) \times (1.0/1.29)$ をかける。(v)についても石炭投入原

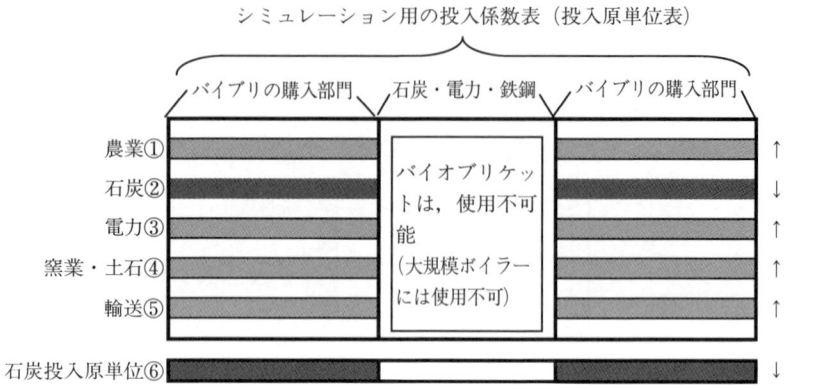

```
                シミュレーション用の投入係数表（投入原単位表）
       ┌──────────────────────────────────────┐
       │ バイブリの購入部門  石炭・電力・鉄鋼  バイブリの購入部門 │
農業①  ├──────────────────────────────────────┤  ↑
石炭②  ├─────────────┤              ├─────────────┤  ↓
電力③  ├─────────────┤ バイオブリケッ├─────────────┤  ↑
窯業・土石④├─────────────┤ トは,使用不可├─────────────┤  ↑
       │             │ 能          │             │
輸送⑤  ├─────────────┤（大規模ボイラー├─────────────┤  ↑
       │             │ には使用不可）│             │
石炭投入原単位⑥                                          ↓
```

① $+a_{ibio,j}\times$ （バイブリ1トンあたりのバイオマス価格）/（バイブリ1トンあたりの石炭価格）
② $\times 0.664\times(1.0/0.8)\times(1/1.29)=a_{ibio,j}$
③ $+a_{ibio,j}\times$ （バイブリ1トンあたりの電力価格）/（バイブリ1トンあたりの石炭価格）
④ $+a_{ibio,j}\times$ （バイブリ1トンあたりの石灰価格）/（バイブリ1トンあたりの石炭価格）
⑤ $+a_{ibio,j}\times$ （バイブリ1トンあたりの輸送価格）/（バイブリ1トンあたりの石炭価格）
⑥ $\times 0.664\times(1.0/0.8)\times(1/1.29)\cdots CO_2$
⑥ $\times(1.0/0.8)\times(1/1.29)\times(1-0.674)\cdots SO_x$
○発熱量　石炭：バイブリ＝1.0：0.80
○燃料効率　石炭：バイブリ＝1.0：1.29

図 5.19　バイオブリケットの導入による投入原単位の操作

注：本文中の操作(i)を図解している。①～⑤は，バイオブリケットの原材料に対応する投入係数行であり，⑥は，燃料投入原単位のなかの石炭投入原単位を取り上げている。シミュレーションにおいては，式に示すように，表5.5の素材構成と燃料特性を考慮して，投入係数と石炭投入原単位を操作する。なお，図中のバイブリとは，バイオブリケットの略称である。

単位を操作するが，成都市バイオブリケット研究グループ（2000）と橋本他（2001）において，バイオブリケットの脱硫率（67.4％）が報告されていることから，単位あたりの石炭投入原単位に $(1.0/0.8)\times(1.0/1.29)$ と $(1-0.674)$ をかける[17]。

それでは，バイオブリケットの導入シミュレーションの結果を，図5.20によって見てみよう。

バイオブリケット導入による経済効果は，バイオブリケット製造マシンの投資需要が増加することから，需要増による生産拡大（名目GDP 2.3％，

---

[17] バイオブリケットの脱硫率には，石炭の投入量の低下効果が含まれている。

第5章　産業連関モデルのクローズド化と多部門環境・経済モデル

表 5.5　バイオブリケット1トンあたりの原材料

材料名称	数量	単位	単価(元)	金額(元)
原粉炭	664.0	kg	0.095	63.1
石灰粉	170.0	kg	0.15	25.5
木　屑	124.5	kg	0.15	18.7
稲ワラ	41.5	kg	0.05	2.1
電　力	30.0	kWh	0.57	17.1
運送料				10.0
合　計				136.4

注：成都市バイオブリケット研究グループ（2000）の表14（p.15）および橋本他（2001）の表5-14（p.105）より作成。シミュレーションにおいては，原粉炭は「石炭部門」，石灰粉は，「窯業・土石部門」，木屑と稲ワラは「農業部門」，電力は「電力部門」，および輸送料は，「交通・郵便・通信部門」に格付けている。

実質GDP 0.1%）とインフレ効果（2%）が計測される。インフレによる実質所得の減少分が技術導入のコストと考えられるが，本モデルでは，需要が増加し，生産活動が刺激されると，農業部門から労働移動が起こるために，物価上昇率がそれほど大きい値を示さないと考えられる。

つぎに，バイオブリケット導入の環境影響を表5.7についてみると，中国全体においては，CO_2排出量は，11.6%抑制され，バイオブリケットそのものの脱硫効果により，SO_x排出量は，26.6%削減される。産業部門別に見ると，バイオブリケットを購入するか否かで削減効果が大きく異なる。とくに，電力部門は，バイオブリケットを利用しないこととバイオブリケット製造のために電力需要が増加することから，CO_2排出量もSO_x排出量も上昇することがわかる。

また，地域別に環境効果を見ると（表5.7，図5.21と図5.22），CO_2の削減量が大きい地域は，江蘇省（3,088万トン），山東省（2,946万トン），河北省（2,390万トン）であり，以下，黒龍江省と河南省が高い値を示す（図5.21）。SO_x削減量については，山東省（820千トン），江蘇省（782千トン），四川省（716千トン）の削減量が大きく，以下，貴州省と雲南省が続

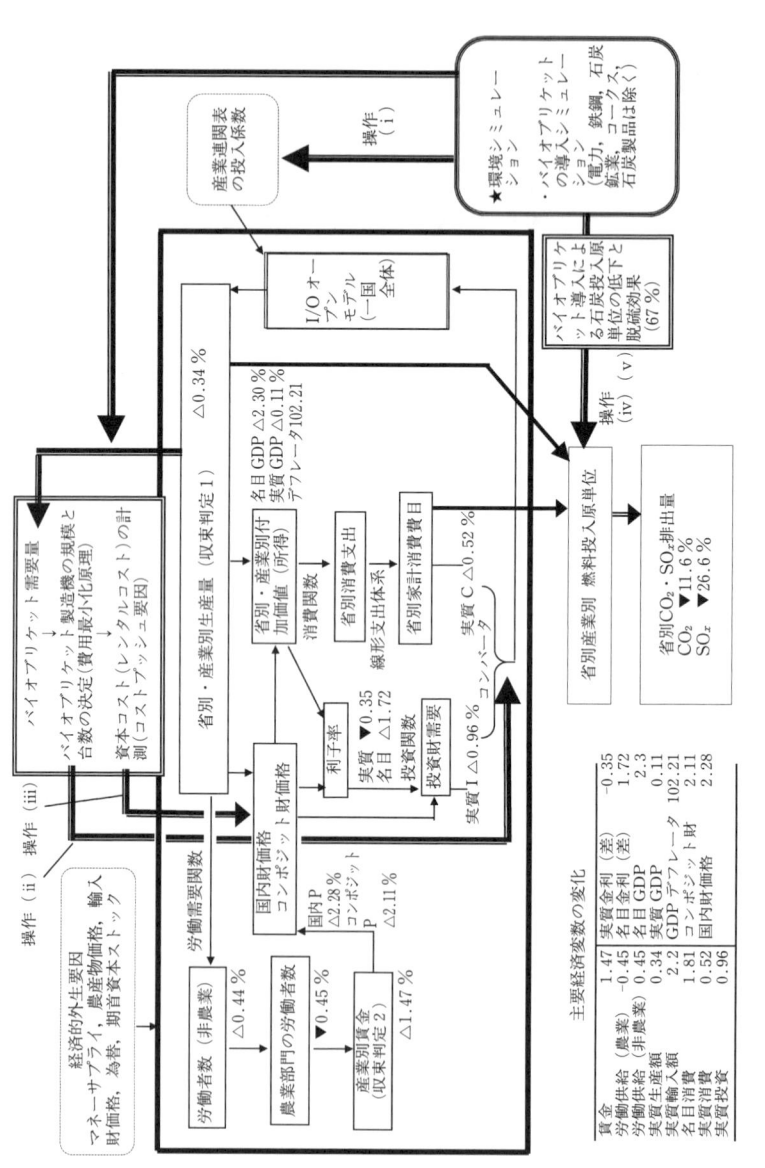

図 5.20 バイオブリケットの導入シミュレーション

注：われわれの構築した環境・経済モデルにとって、バイオブリケットの導入効果の計測結果を図示した。図中の経済変数の値は、利子率は差を示し、それ以外の値は、変化率を示す。CO_2 と SO_x の値は、削減率である。経済変数の変化については、左下に取りまとめているが、環境変数の変化については、表 5.9 を参照せよ。なお、△は低下、▽は上昇、▼は低下を意味している。

主要経済変数の変化

賃金供給（農業）	1.47	実質金利（差）	−0.35
労働供給（非農業）	−0.45	名目金利（差）	1.72
実質輸入額	0.34	名目GDP	2.3
実質輸入	2.2	GDPデフレータ	102.21
名目消費	1.81	コンポジットP	2.11
実質消費	0.52	国内財価格	2.28
実質投資	0.96		

第5章　産業連関モデルのクローズド化と多部門環境・経済モデル

表 5.6　環境・経済モデルの主要理論値

主要経済変数	理論値	単位
1人当たり賃金（農業）	1,909	元
労働供給（農業）	2.6	億人
労働供給（非農業）	2.6	億人
実質・名目生産額	68.5	千億元
名目・実質輸入額	5.2	千億元
名目・実質消費	12.5	千億元
名目・実質投資	8.3	千億元
名目・実質GDP	26.6	千億元
GDPデフレーター	8.64	%
コンポジット財・国内財価格	100	
	1.00	

主要環境変数	理論値	単位
CO_2 排出量（CO_2換算）産業計	27.6	億トン
家計計	4.0	億トン
総計	31.7	億トン
SO_x 排出量（SO_x換算）産業計	24.2	百万トン
家計計	3.6	百万トン
総計	27.9	百万トン

省	CO_2（万トン）	SO_x（千トン）
北京市	6,002.2	312.0
天津市	5,551.4	322.9
河北省	22,647.8	1,504.2
山西省	15,630.7	1,037.9
内蒙古自治区	11,916.4	1,210.8
遼寧省	23,457.1	1,256.4
吉林省	15,845.6	678.0
黒龍江省	20,526.9	916.6
上海市	7,884.7	456.4
江蘇省	21,463.8	2,559.5
浙江省	9,874.5	729.8
安徽省	10,502.4	742.0
福建省	3,597.1	294.8
江西省	6,100.9	562.1
山東省	23,422.0	2,913.7
河南省	16,369.6	1,188.5
湖北省	10,737.9	690.5
湖南省	10,392.4	630.2
広東省	11,448.7	748.1
広西壮族自治区	5,549.4	797.7
海南省	522.8	33.2
四川省	15,053.0	2,682.7
貴州省	6,661.1	1,294.5
雲南省	6,469.6	1,202.5
西蔵自治区	1.8	0.1
陝西省	7,360.8	1,325.9
甘粛省	7,472.0	518.7
青海省	902.1	42.8
寧夏回族自治区	5,832.9	837.3
新疆維吾爾族自治区	7,369.9	363.7
総計（中国全体）	316,567.9	27,853.5

産業部門	CO_2（万トン）	SO_x（千トン）
農業	11,646.4	588.7
石炭鉱業・洗炭	1,991.4	155.9
石油と天然ガス採掘	7,668.6	164.3
その他鉱業	2,496.6	218.0
食品・飲料・たばこ	9,341.0	1,061.8
繊維	5,857.2	614.7
紙・紙製品	4,123.3	414.4
電力・蒸気・熱水生産供給	86,354.2	8,678.5
石油精製	3,614.6	313.4
コークス・ガス・石炭関連製品	611.0	47.3
化学工業	20,102.2	1,744.4
医薬	1,448.6	142.5
化学繊維	2,457.3	146.3
窯業・土石	31,550.6	3,358.2
鉄鋼業	40,561.6	3,006.3
非鉄金属	3,305.7	321.8
機械・電気電子機械	9,114.8	834.3
その他製造業	7,567.8	730.9
建設	2,704.9	153.3
交通・郵便・通信業	11,599.6	572.1
商業	3,011.7	303.6
サービス	8,967.9	661.8
産業計	276,097.1	24,232.4
家計	40,470.8	3,621.2
総計（中国全体）	316,567.9	27,853.5

表 5.7 バイオブリケットの導入シミュレーションによる環境効果

省	削減量 CO₂ (万トン)	削減量 SOₓ (千トン)	削減率 (%) CO₂	削減率 (%) SOₓ
北京市	565.6	61.0	9.4	19.5
天津市	480.0	56.9	8.6	17.6
河北省	2,390.4	332.9	10.6	22.1
山西省	1,171.9	160.3	7.5	15.4
内蒙古自治区	1,062.6	216.9	8.9	17.9
遼寧省	1,801.4	191.1	7.7	15.2
吉林省	1,865.6	148.4	11.8	21.9
黒龍江省	2,042.6	180.4	10.0	19.7
上海市	474.2	69.5	6.0	15.2
江蘇省	3,087.7	781.6	14.4	30.5
浙江省	1,518.7	232.7	15.4	31.9
安徽省	1,429.7	208.5	13.6	28.1
福建省	510.4	91.5	14.2	31.0
江西省	817.4	161.0	13.4	28.6
山東省	2,946.4	820.2	12.6	28.1
河南省	1,957.0	296.6	12.0	25.0
湖北省	1,032.5	146.0	9.6	21.1
湖南省	1,485.0	185.2	14.3	29.4
広東省	1,336.3	211.5	11.7	28.3
広西壮族自治区	776.1	244.1	14.0	30.6
海南省	108.6	16.7	20.8	50.3
四川省	1,594.3	715.5	10.6	26.7
貴州省	1,292.0	537.4	19.4	41.5
雲南省	997.8	437.2	15.4	36.4
西蔵自治区	0.7	0.1	36.2	67.7
陝西省	922.4	354.3	12.5	26.7
甘粛省	914.6	124.5	12.2	24.0
青海省	245.0	-	27.2	56.3
寧夏回族自治区	1,073.6	285.5	18.4	34.1
新彊維吾爾族自治区	740.2	104.1	10.0	28.6
全体	36,640.6	7,395.6	11.6	26.6

産業部門	削減量 CO₂ (万トン)	削減量 SOₓ (千トン)	削減率 (%) CO₂	削減率 (%) SOₓ	最適サイズ (トン/時間)	バイオブリケットマシン 台数
農業	1,597.2	327.7	13.7	55.6	1.83	43
石炭鉱業・洗炭	231.2	18.1	11.6	11.6	-	-
石油と天然ガス採掘	243.6	33.6	3.2	20.4	-	10
その他鉱業	737.6	138.6	29.5	63.6	1.09	22
食品・飲料・たばこ	3,336.9	716.6	35.7	67.5	1.49	72
繊維	2,089.8	414.0	35.7	67.3	2.06	49
紙・紙製品	1,506.4	280.0	36.5	67.6	1.89	38
電力・蒸気・熱水生産供給	-2,331.4	-234.3	-2.7	-2.7	1.77	-
石油精製	437.5	67.3	12.1	21.5	-	-
コークス・ガス・石炭関連製品	-2.1	-0.2	-0.3	-0.3	1.31	16
化学工業	5,135.8	1,010.9	25.5	58.0	2.19	102
医薬品	517.4	94.9	35.7	66.6	1.36	17
化学繊維	367.2	75.6	14.9	51.6	1.23	13
窯業・土石	10,487.4	2,181.7	33.2	65.0	2.42	206
鉄鋼業	53.5	4.0	0.1	0.1	-	-
非鉄金属	973.1	193.7	29.4	60.2	1.59	27
機械・電気電子機械	2,600.3	517.3	28.5	62.0	1.97	58
その他製造業	2,446.6	476.6	32.3	65.2	1.95	55
建設	456.8	79.1	16.9	51.6	1.32	16
交通・郵便・通信業	1,745.0	283.9	15.0	49.6	1.85	45
商業	957.0	200.8	31.8	66.1	1.59	27
サービス	1,984.9	418.9	22.1	63.3	1.87	47
産業計	35,571.7	7,298.2	12.9	30.1		
家計	1,068.9	97.4	2.6	2.7		
全体	36,640.6	7,395.6	11.6	26.6		

図 5.21 バイオブリケットの導入による CO_2 削減量（万トン）

く。他方，CO_2 と SO_x の削減率の高い省は，西蔵自治区，青海省，海南省，貴州省や雲南省であり，削減率の低い省は，上海市，遼寧省，山西省である。それは，表 5.4 で示したように，シミュレーションにおいて，バイオブリケットを導入しない石炭鉱業，鉄鋼部門および電力部門の生産高が高い省の削減率が低い値を示すことがわかる。

5. 小　括

本章は，産業連関計算のクローズド化の試みとして，中国の環境・経済モデルを構築し，経済変数と環境変数の基本フローを整理した。また，モデルの作成に必要であった地域別の環境・経済データベースを利用して，中国国内の経済格差や環境状況の相違を明らかにし，地域性を考慮したモデルを作

図 5.22 バイオブリケットの導入による SO_x 削減量（千トン）

成する必要性を確認している．そして，環境改善シミュレーションとして，バイオブリケットの導入シミュレーションを行った．シミュレーションでは，電力，鉄鋼，石炭鉱業およびコークス・石炭製品部門以外の産業部門が石炭の代わりにバイオブリケットを利用するというドラスティックなケースを想定しているとはいえ，環境改善効果とは対照的に，経済状況に与える影響は相対的に軽微であることが示された．本章の環境改善シミュレーションは，工学的情報と総合加工統計である産業連関表の技術情報を結びつける試みでもあり，環境問題に取り組む時の学際的なアプローチの具体例ともいえよう．今後，より総合的な環境改善効果を精確に評価するためには，個別の地域・産業ごとのミクロ的な環境・経済モデルを開発することや土壌改善効果や大規模脱硫技術の導入といった環境改善実験の結果をコスト情報も含めてデータベース化し，シミュレーションのメニューとして整理していくことが必要

である。

　本章の環境・経済モデルは，今日的な多部門計量経済モデルの基本フレームを踏襲している。そこでは，産業連関表の産業部門分類にもとづいて経済・環境変数が整理され，通常のオープン産業連関計算では考察の対象外として取り扱われていた経済変数が，方程式体系によって内生化されたモデルである。ただし，地域環境・経済統計の基本的な制約と対応して，モデルのパラメータの設定方法と理論値の解き方からわかるように，本章のモデルはシミュレーション特化型のモデルであって，時系列およびクロスセクションの環境・経済データベースの作成と並行して，環境・経済モデルを再構築していくことも必要かと思われる。それは，今後の課題である。

付表 5.1　中国環境・経済モデル：方程式一覧

〈経済変数〉

コンポジット財価格	$\ln p_{oi} = [s_i, (1-s_i)] \begin{bmatrix} \ln p_i \\ \ln p_{\bar{M}i} \end{bmatrix}$	$i=1,\cdots,43$	(5.1)
短期供給数	$p_j = \sum_i p_{oi} a_{ij} + \dfrac{\partial L_j}{\partial x_j} w_j$	$j=2,\cdots,43$	(5.2)
国内供給量	$\mathbf{x} = [\mathbf{P} - \mathbf{P}_o(\mathbf{I}-\mathbf{\Delta})\mathbf{A}]^{-1}[\mathbf{I}-\mathbf{\Delta}]\mathbf{P}_o(\mathbf{C}+\mathbf{I}+\bar{\mathbf{G}}) + \mathbf{P}\cdot\mathbf{E}\bar{\mathbf{X}}$	43×1のベクトル	(5.3)
輸入誘発	$\mathbf{IM} = \mathbf{P}_M^{-1}\mathbf{\Delta}\mathbf{P}_o[\mathbf{A}\mathbf{x}+\mathbf{C}+\mathbf{I}+\bar{\mathbf{G}}]$	43×1のベクトル	(5.4)
マクロ部門別生産額の省別配分	$x_j^k = o_j^k \cdot x_j$	$k=1,\cdots,30$ $j=1,\cdots,43$	(5.5)
省別部門別付加価値額	$v_j^k = p_j x_j^k - \sum_i p_{oi} a_{ij} x_j^k$	$j=1,\cdots,43$	(5.6)
省別付加価値	$v^k = \sum_j v_j^k$	$k=1,\cdots,30$	(5.7)
マクロ消費関数	$C_e^k = \alpha^c + \beta^c v^k$	$k=1,\cdots,30$	(5.8)
コンポジット財価格の費目集計	$p_{oht} = \Pi_i Conv_{il}^h \cdot p_{oi}$	$l=1,\cdots,5$	(5.9)
5費目別消費需要関数	$p_{oht} \cdot c_l^k = \alpha_l^h \cdot p_{oht} + \beta_l^h (C_e^k - \sum_m p_{ohm} \cdot \alpha_m^h)$	$k=1,\cdots,30$ $l,m=1,\cdots,5$	(5.10)
費目の品目変換	$c_{jl}^k = Conv_{jl}^c \cdot p_{oht} \cdot c_l^k$	$l=1,\cdots,5$ $k=1,\cdots,30$ $j=1,\cdots,30$	(5.11)
消費需要の集計	$C_j = \sum_k \sum_l c_{jl}^k / p_{oj}$	$j=1,\cdots,43$	(5.12)
貨幣の需給方程式	$\ln(\bar{M}/Y) = \alpha^{LM} + \beta^{LM} r$		(5.13)
コンポジット財価格 集計：投資用	$p_{oI} = \Pi_i Conv_i^I \cdot p_{oi}$	$i=1,\cdots,43$	(5.14)
投資関数	$\ln I = \alpha^I + \beta^I \ln \bar{Y}_{real-1} + \gamma^I \left(r - \dfrac{\Delta p_{oI}}{p_{oI}}\right)$		(5.15)
品目別投資需要	$I_{nom,j} = Conv_j^I \cdot I \cdot p_{oI}$	$j=1,\cdots,43$	(5.16)
投資の実質化	$I_j = I_{nom,j} / p_{oj}$	$j=1,\cdots,43$	(5.17)
労働需要関数	$L_j = \delta_j^{-\frac{1}{\beta_j^L}} x_j^{\frac{1}{\beta_j^L}} \bar{K}_{j,-1}^{-\frac{1}{\beta_j^L}}$	$j=2,\cdots,43$	(5.18)
農業部門労働供給量数	$L_1 = \bar{L} - \sum_{j=2} L_j$		(5.19)
農業部門賃金	$w_1 = \dfrac{x_1 - \sum_i p_{oi} a_{i1} x_1 - p_{k1} \bar{K}_{1,-1}}{L_1}$		(5.20)
賃金格差式	$w_j = \alpha_j^w w_1$	$j=2,\cdots,43$	(5.21)
名目GDP	$Y = \sum_j \sum_k v_j^k$		(5.22)
実質GDP	$Y_{real} = \sum_j (p_j x_j / p_j - \sum_i p_{oi} a_{ij} x_j / p_{oi})$		(5.23)
GDPデフレータ	$GDPdef = Y / Y_{real}$		(5.24)

ただし
i, j は，産業部門$(i, j=1,\cdots,43)$
k は，中国地域（省）$(k=1,\cdots,30)$
l は，消費費目$(l=1,\cdots,5)$
$\Delta = \begin{bmatrix} (1-s_1) & & \\ & \ddots & \\ & & (1-s_n) \end{bmatrix}$

付表 5.1 （続）中国環境・経済モデル：方程式一覧

〈環境変数〉

マクロ部門別生産額の省別配分（環境分析用）	$envx_{j'}^k = aggre(x_{j'}^k)$	$j'=1,\cdots,22$ $k=1,\cdots,30$	(5.25)
省別部門別の燃料投入量	$E_{j'u}^k = coe_{j'u}^k \cdot envx_{j'}^k$	$k=1,\cdots,30$ $j'=1,\cdots,22$ $u=1,\cdots,8$	(5.26)
省別家計消費の燃料投入量	$EC_u^k = coec_u^k \cdot c_l^k$	$k=1,\cdots,30$ $u=1,\cdots,8$ $l=3$：光熱費	(5.27)
省別部門別燃料別CO_2排出量	$CO_{j'u}^k = (ci_{j'u}^k \cdot E_{j'u}^k) \cdot (44/12)$	$k=1,\cdots,30$ $j'=1,\cdots,22$ $u=1,\cdots,8$	(5.28)
省別燃料別家計CO_2排出量：直接燃焼	$COC_u^k = (cc_u^k \cdot EC_u^k) \cdot (44/12)$	$k=1,\cdots,30$ $u=1,\cdots,8$	(5.29)
部門別CO_2排出量	$CO_{j'} = \sum_k \sum_u CO_{j'u}^k$	$j'=1,\cdots,22$	(5.30)
家計消費のCO_2排出量（直接燃焼）	$COC = \sum_k \sum_u COC_u^k$		(5.31)
省別CO_2排出量	$CO^k = \sum_u \sum_{j'} CO_{j'u}^k + \sum_u COC_u^k$	$k=1,\cdots,30$	(5.32)
マクロCO_2排出量	$CO = \sum_k CO^k$		(5.33)
省別部門別燃料別SO_x排出量	$SO_{j'u}^k = ((1-d_{j'u}^k) \cdot so_{j'u}^k \cdot E_{j'u}^k) \cdot (64/32)$	$k=1,\cdots,30$ $j'=1,\cdots,22$ $u=1,\cdots,8$	(5.34)
省別燃料別家計SO_x排出量：直接燃焼	$SOC_u^k = ((1-dc_u^k) \cdot soc_u^k \cdot EC_u^k) \cdot (64/32)$	$k=1,\cdots,30$ $u=1,\cdots,8$	(5.35)
部門別SO_x排出量	$SO_{j'} = \sum_k \sum_u SO_{j'u}^k$	$j'=1,\cdots,22$	(5.36)
家計消費のSO_x排出量（直接燃焼）	$SOC = \sum_k \sum_u SOC_u^k$		(5.37)
省別SO_x排出量	$SO^k = \sum_u \sum_{j'} SO_{j'u}^k + \sum_u SOC_u^k$	$k=1,\cdots,30$	(5.38)
マクロSO_x排出量	$SO = \sum_k SO^k$		(5.39)

ただし
 j' は，産業部門($j'=1,\cdots,22$，環境分析用の産業部門)
 k は，中国地域（省）($k=1,\cdots,30$)
 u は，エネルギー種目($u=1,\cdots,8$)

付表 5.2　中国環境・経済モデル：内生変数一覧

〈経済変数〉

変数	範囲	説明
C_e^k	$k=1,\cdots,30$	省別名目消費支出額
C_j	$j=1,\cdots,43$	実質消費支出
c_l^k	$k=1,\cdots,30$　$l=1,\cdots,5$	省別費目別実質消費需要
c_{jl}^k	$j=1,\cdots,43$　$k=1,\cdots,30$　$l=1,\cdots,5$	省別費目別品目別名目消費需要
p_{oi}	$i=1,\cdots,43$	コンポジット財価格
p_{ohl}	$l=1,\cdots,5$	費目別コンポジット財価格
p_{oI}		コンポジット財価格（投資関数用に集計）
p_j	$j=2,\cdots,43$	国内財価格
IM	43×1のベクトル	輸入誘発
x_j	$j=1,\cdots,43$	部門別実質生産額
x_j^k	$j=1,\cdots,43$　$k=1,\cdots,30$	省別部門別実質生産額
v_j^k	$j=1,\cdots,43$　$k=1,\cdots,30$	省別部門別付加価値
v^k	$k=1,\cdots,30$	省別付加価値
v_j	$j=1,\cdots,43$	部門別付加価値
I	43×1のベクトル	実質固定資本形成
r		名目利子率
Y		名目 GDP
Y_{real}		実質 GDP
L_j	$j=2,\cdots,43$	非農労働需要量
L_1		労働供給（農業部門）
w_1		農業部門1人当たり平均賃金
w_j	$j=2,\cdots,43$	非農部門賃金率

〈環境変数〉

変数	範囲	説明
$envx_{j'}^k$	$k=1,\cdots,30$　$j'=1,\cdots,22$	省別部門別実質生産額（環境分析用）
$E_{j'u}^k$	$k=1,\cdots,30$　$j'=1,\cdots,22$　$u=1,\cdots,8$	省別部門別の燃料投入量
EC_u^k	$k=1,\cdots,30$　$u=1,\cdots,8$	省別家計消費の燃料投入量
$CO_{2j'u}^k$	$k=1,\cdots,30$　$j'=1,\cdots,22$　$u=1,\cdots,8$	省別部門別燃料別 CO_2 排出量
COC_{2u}^k	$k=1,\cdots,30$　$u=1,\cdots,8$	省別燃料別家計 CO_2 排出量（直接燃焼）
$CO_{2j'}$	$j'=1,\cdots,22$	部門別 CO_2 排出量
COC_2		家計消費の CO_2 排出量（直接燃焼）
CO_2^k	$k=1,\cdots,30$	省別 CO_2 排出量
CO_2		マクロ CO_2 排出量
$SO_{xj'u}^k$	$k=1,\cdots,30$　$j'=1,\cdots,22$　$u=1,\cdots,8$	省別部門別燃料別 SO_x 排出量
SOC_{xu}^k	$k=1,\cdots,30$　$u=1,\cdots,8$	省別燃料別家計 SO_x 排出量（直接燃焼）
$SO_{xj'}$	$j'=1,\cdots,22$	部門別 SO_x 排出量
SOC_x		家計消費の SO_x 排出量（直接燃焼）
SO_x^k	$k=1,\cdots,30$	省別 SO_x 排出量
SO_x		マクロ SO_x 排出量

付表 5.3　中国環境・経済モデル：外生変数とパラメータ一覧表

記号	範囲		説明
$\bar{G}$	43×1のベクトル		実質政府支出
$\bar{EX}$	43×1のベクトル		実質輸出額
a_{ij}	$i,j=1,\cdots,43$		投入係数（$\mathbf{A}$はベクトル表示）
$\bar{p}_{Mi}$	$i=1,\cdots,43$		輸入財価格
$\bar{p}_{o1}$			農産物価格（コンポジット財）
$\bar{p}_1$			農産物価格（国内財）
$\bar{p}_{k1}$			農業部門の資本のレンタル価格
$\bar{Y}_{real-1}$			前期実質 GDP（先決内生変数）
$\bar{L}$			総労働供給量
$\bar{K}_{j,-1}$	$j=1,\cdots,43$		期首設備（先決内生変数）
$\bar{M}$			マネーサプライ
s_i	$i=1,\cdots,43$		国内財・輸入財シェア
o_j^k	$k=1,\cdots,30$	$j=1,\cdots,43$	生産額の省別分配係数
$Conv_{il}^h$	$i=1,\cdots,43$	$l=1,\cdots,5$	コンポジット財価格の費目－品目コンバータ
$Conv_{jl}^c$	$i=1,\cdots,43$	$l=1,\cdots,5$	消費需要額の費目－品目コンバータ
$Conv_i^I$	$i=1,\cdots,43$		コンポジット財価格の品目集計コンバータ（投資用）
α^c,β^c			マクロ消費関数のパラメータ
α_l^h,β_l^h	$l=1,\cdots,5$		5 費目別消費需要関数のパラメータ
$\alpha^I,\beta^I,\gamma^I$			投資関数のパラメータ
α^{LM},β^{LM}			貨幣の需給方程式のパラメータ
δ_j	$j=1,\cdots,43$		労働需要関数のパラメータ
β_j^L	$j=2,\cdots,43$		労働分配率
α_j^w	$j=2,\cdots,43$		賃金格差係数
$coe_{j'u}^k$	$k=1,\cdots,30$　$u=1,\cdots,8$	$j'=1,\cdots,22$	産業の燃料投入原単位（省別部門別）
$coec_u^k$	$k=1,\cdots,30$	$u=1,\cdots,8$	家計の燃料投入原単位（省別）
$ci_{j'u}^k$	$k=1,\cdots,30$　$u=1,\cdots,8$	$j'=1,\cdots,22$	炭素含有率（省別部門別燃料別）
cc_u^k	$k=1,\cdots,30$	$u=1,\cdots,8$	炭素含有率（省別燃料別；家計消費）
$d_{j'u}^k$	$k=1,\cdots,30$　$u=1,\cdots,8$	$j'=1,\cdots,22$	脱硫率（省別部門別）
dc_u^k	$k=1,\cdots,30$	$u=1,\cdots,8$	脱硫率（省別：家計消費）
$so_{j'u}^k$	$k=1,\cdots,30$　$u=1,\cdots,8$	$j'=1,\cdots,22$	硫黄含有率（省別部門別燃料別）
soc_u^k	$k=1,\cdots,30$	$u=1,\cdots,8$	硫黄含有率（省別燃料別；家計消費）

付表 5.4　環境・経済モデルの基本分類

モデルの経済ブロック分類：$i, j = 1, \cdots, 43$		IO 対応コード	環境部門分類 $i, j = 1, \cdots, 22$	
1	農林水産業	01101～01500	1	農業
2	石炭鉱業・洗炭	02100, 02200	2	石炭鉱業・洗炭
3	石油と天然ガス採掘	03100, 03200	3	石油と天然ガス採掘
4	金属鉱業	04100	4	その他鉱業
5	非鉄金属鉱業	04200		
6	建築材料・他非金属鉱業	05100		
7	精鉄鉱業	05200		
8	木材・竹材の採伐・輸送	05300		
9	木生産・供給	05400		
10	食品加工	06101～06109	5	食品・飲料・たばこ
11	飲料	06201～06209		
12	たばこ	06300		
13	飼料	06400		
14	織物業	07001～07009	6	繊維
15	衣類	08100		
19	紙・紙製品	10100	7	紙・紙製品
22	電力・蒸気・熱水生産供給	11000	8	電力・蒸気・熱水生産供給
23	石油精製	12000	9	石油精製
24	コークス・ガス・石炭関連製品	13001, 13002	10	コークス・ガス・石炭関連製品
25	化学工業	14101～14109	11	化学工業
26	医薬品	14200	12	医薬品
27	化学繊維	14300	13	化学繊維
30	窯業・土石	15001～15009	14	窯業・土石
31	鉄鋼業	16100	15	鉄鋼業
32	非鉄金属	16200	16	非鉄金属
34	機械製造	18001～18009	17	機械・電気電子機械
35	輸送機械	19001～19009		
36	電気機器・機械	20001～20009		
37	電子通信機器	21001～21009		
38	非鋼・メーター・他の計測器具	22000		
16	革・毛皮	08200	18	その他製造業
17	木材加工・竹・わら製品	09100		
18	家具	09200		
20	印刷	10200		
21	文化・教育・スポーツ用品	10300		
28	ゴム製品	14401, 14402		
29	プラスチック	14501, 14502		
33	金属製品	17001, 17002		
39	その他の工業	23000～24200		
40	建設業	25000	19	建設
41	交通・郵便・通信業	26101～26200	20	交通・郵便・通信業
42	商業	27001～28000	21	商業
43	その他のサービス	29001～33000	22	サービス

地域分類 $k = 1, \cdots, 30$	
1	北京市
2	天津市
3	河北省
4	山西省
5	内蒙古自治区
6	遼寧省
7	吉林省
8	黒龍江省
9	上海市
10	江蘇省
11	浙江省
12	安徽省
13	福建省
14	江西省
15	山東省
16	河南省
17	湖北省
18	湖南省
19	広東省
20	広西壮族自治区
21	海南省
22	四川省
23	貴州省
24	雲南省
25	西蔵自治区
26	陝西省
27	甘粛省
28	青海省
29	寧夏回族自治区
30	新疆維吾爾族自治区

家計消費項目分類 $u = 1, \cdots, 5$	
1	食費
2	住居・水道
3	光熱水道
4	被服履き物
5	雑費

エネルギー品目分類 $u = 1, \cdots, 8$	
1	石炭
2	コークス
3	原油
4	燃料油
5	ガソリン
6	灯油
7	ディーゼル
8	天然ガス

参考文献
〈統計資料〉

The World Bank（各年）*World Development Indicators*.
科学技術庁科学技術政策研究所（1992）『アジアのエネルギー利用と地球環境』大蔵省印刷局.
綜研(株)・中国国家統計局（1997）『中国富力』NEC クリエイティブ.
総務庁統計局（1998）『家計調査年報（平成9年版）』日本統計協会.
中国国務院発展研究中心・中国経済年鑑編集委員会（1992-1997）『中国経済年鑑（1992-1997年版）』経済管理出版社（1994年以降は，中国経済年鑑出版社）.
中国国家統計局（1995）『中国投入産出表（1992年）』中国統計出版社.
───（1992-1997）『中国統計年鑑（1992-1997年版）』中国統計出版社.
───（1993）『各省別統計年鑑（1993年版），全30冊』中国統計出版社.
───（1993）『中国農村統計年鑑（1993年版）』中国統計出版社.
───（1993）『中国労働統計年鑑（1993年版）』中国統計出版社.
───（1993）『中国工業経済統計年鑑（1993年版）』中国統計出版社.
───（1996）『中国人口統計年鑑（1996年版）』中国統計出版社.
───（1994）『中国城鎮居民家庭収支調査資料（1994年版）』中国統計出版社.
───（1997）『中国物価及中国城鎮居民家庭収支調査資料（1997年版）』中国統計出版社.
中国第三産業普査公室（1995）『中国首次第三産業普査資料（1991-1992年版）（第1回第三次産業センサス）』中国統計出版社.
通産省通産研究所（1994）『日中共通分類：エネルギー消費・大気汚染分析用産業連関表』通商産業調査会出版部.
通産省・慶應義塾大学・中国環境問題産業連関分析研究会（1995）『日中共通分類：エネルギー消費・大気汚染分析用産業連関表』（改訂版）.

〈論文〉

Ezaki, M. and Lin, S. (2000) "Trade Liberalization and the Economy of China: A Dynamic CGE Analysis (1997-2010)" *APEC Discussion Paper Series*, no.29, APEC Study Center, Graduate School of International Development, Nagoya University & IDE-JETRO.
朝倉啓一郎・中島隆信・鷲津明由（1998）「中国地域データベースの作成と CO_2 排出量の概算」*KEO Discussion Paper*, no.G-27.
───・中野諭・鷲津明由・中島隆信（2000）「中国経済モデルによる環境シミュレーション」*KEO Discussion Paper*, no.G-117.
稲田義久・藤川清史・室田弘尋・足立直己（1997）「中国の経済成長とエネルギー・環境問題の分析」『経済分析』no.154. pp.1-17.
江崎光男（1977）『日本経済のモデル分析』創文社.
───・孫林（1998）「中国経済の成長会計分析（1981-95年）」『名古屋大学国際開発研究科紀要』no.10.

小尾恵一郎・吉岡完治・新保一成・樋口美雄・早見均・宮内環・中島隆信・辻村和佑・桜本光（1992）『労働時間短縮の経済効果』日本労働研究機構・調査研究報告書, no.23.

黒田昌裕（1989）『一般均衡の数量分析』モダンエコノミックス 19, 岩波書店.

─────・木地孝之・吉岡完治・早見均・和田義和（1996）『中国のエネルギー消費と環境問題』通商産業研究所：研究シリーズ 27, 通商産業調査会.

小島朋之編（2000）『中国の環境問題』慶應義塾大学出版会.

小島麗逸編（1989）『中国経済統計・経済法解説』アジア経済研究所.

成都市バイオブリケット研究グループ（2000）「1999 年度成都市バイオブリケット追跡調査報告書」*KEO Discussion Paper,* no.G-68.

辻村江太郎・黒田昌裕（1974）『日本経済の一般均衡分析』筑摩書房.

─────（1981）『計量経済学』岩波書店.

中島隆信・朝倉啓一郎・鷲津明由・中野諭・鬼頭浩文・大平純彦（2000）「中国地域モデルによる環境シミュレーション」*KEO Discussion Paper,* no.G-71.

─────・吉岡完治・朝倉啓一郎・中野諭・鷲津明由（2001）「バイオブリケット普及のシミュレーション」山田編（2001）, pp.113-132.

─────・朝倉啓一郎・中野諭（2002）「中国地域モデルの開発と環境シミュレーション」ワーキンググループ（Working Group）V『アジアの経済発展と環境保全：中国・東アジアの経済発展・環境・技術に関するモデル分析』慶應義塾大学産業研究所, pp. 103-177.

中野諭（2001）「中国多部門経済モデルによる環境シミュレーション」*KEO Discussion Paper,* no.G-139.

橋本芳一・楊治敏・関根嘉香（2001）「成都市におけるバイオブリケット実用化の試み」山田編（2001）, pp.85-112.

山田辰雄編（2001）『「豆炭」実験と中国の環境問題』慶應義塾大学出版会.

吉岡完治・新保一成（1990）「KEO 多部門モデル作成と「時短」の経済効果に関するシミュレーション」*KEO Occasional Paper,* J. no.15.

─────・溝下雅子（1998 a）「中国環境経済モデルの構想」*KEO Discussion Paper,* no.G-10.

─────・中島隆信・中野諭（1998 b）「環境機器の費用分析」*KEO Discussion Paper,* no.G-26.

─────・桜本光・朝倉啓一郎（2001 a）「バイオブリケット実験機の導入」山田編（2001）, pp.21-31.

─────・中島隆信・中野諭（2001 b）「バイオブリケット普及機の最適規模」山田編（2001）, pp.133-151.

ワーキンググループ（Working Group）I（2002）『アジアの経済発展と環境保全：EDEN［環境分析用産業連関表］の作成と応用』慶應義塾大学産業研究所.

補章

産業連関研究の今日的動向

1. はじめに

　産業連関研究は，1980年代に入って，新しい分析方法の開発や国際的国内的な産業連関表の作成・整備によって，一方では，先進国表の比較分析が行われ，他方では，具体的な実証分析が多様化する。本章は，補章として，わが国の1980年代後半以降の産業連関計算にかんする研究動向を，2. 国際的な産業連関表の構成様式と表章形式，3. 地域産業連関表の整備，4. 産業連関分析の具体的な適用，5. 産業連関データベースの作成と利用方法の拡張，6. 投入係数と波及効果分析に関連する理論的技術的な問題点，7. 産業連関モデルの動学化と多部門計量・CGEモデル，および8. 産業連関計算の社会的意義に分けて，その方向性を明らかにする。

　（註）環境分析用のために開発された産業連関計算の表章形式や CO_2 負荷等の排出原単位の計測にかかわる論点については，第4章で取りまとめており，本章では取り扱わない。

2. 国際的な産業連関表の構成様式と表章形式

　国際的な経済構造の転換・調整期を迎えて，標準産業連関表や国際産業連関表の作成が急速に展開し，それに触発された研究が多く見受けられるようになり，そこでは，各国経済の国際比較分析や相互依存関係分析の可能性が追求され，そのための産業連関表の国際標準化が課題として設定される。

　久保庭他（1985a）はEC標準産業連関表にかんして，また，良永（1987

b）はEC統計局型標準産業連関表にかんして，表の作成事情と基本構造（部門構成，間接税の取り扱い方法，価格評価方法と副産物の取り扱い方法等）および統一基準からの各国標準表の乖離点を概括する。そして，ECを一国とみなしたEC全体表も作成されるが，各国標準表の作成・送付が遅れるために，迅速な全体表の作成方法として，EURO推計法が開発されている（良永（1997a））。また，櫻井（1992a,b）は，非競争輸入型表に固定資本マトリックスを接合したOECD加盟国の標準表の基本構成と部門分類等を示している。

　さらに，EC統計局の方針にしたがって国内産業連関表を作成する統計局（イタリアやスペイン）もある一方，国際比較の観点から，日本とアメリカの産業連関表をEU型の標準産業連関表に組み替える作業（アメリカ表はU表とV表から再推計，日本表は基本分類から再構成）が泉（1992b,1993b），良永・泉（1990a,1994b），良永（1991a），Yoshinaga and Izumi（1994a）によって行われている。

　そういった，国際的な標準表の研究から振り返って，新しい観点から，各国の産業連関表の沿革，作成方法および表構成の特徴にかんする研究も行われている。産業連関表と国民経済計算の関係に目を向けると，わが国では，産業連関表が国民経済計算の推計において中心的な役割を演じているが（中西（貢）（1989b）），他の先進主要国では，U表とV表から産業連関表を作成する。久保庭他（1986a,b）は，第1に，商品×商品産業連関表における2次的生産物の取り扱い方法（トランスファー方式，マイナス投入方式とESA方式等）を産業過程の技術構造と最終需要の波及構造の観点から考察し，第2に，国連の基本的な推計手順を示し，とくにドイツとアメリカの推計方法にかんしては，具体的な産業連関表の推計，推計表と公表産業連関表の比較研究および推計方法が異なる産業連関表の数値の相違度を計測する。そして，多くの国が派生する投入係数の推計結果から，産業技術仮定を採用し，理論的に優れている商品技術仮定を適用していない事実を指摘している[1]。谷口（1999）は，イギリスにおけるGDPの三面等価の不成立問題を解決するために，「政府経済統計調査報告（＝ピックフォード報告）」にもとづいて，正確なGDPの推計のために産業連関表が利用された経過を紹介して

いる。

　また，ドイツ（久保庭他（1986a,b），濱砂・ノイバウアー（1995））は，連邦統計局に先立って，経済研究所（ドイツ経済研究所（DIW），IFO研究所とラインヴェストファーレン研究所（RWI））による表の作成・公表が開始されたこと，DIW表のような市場連関表が存在したこと，およびドイツにおける産業連関計算の特殊事情は，産業連関分析が経済計画の方法として受けとられ，市場経済システムの政策方法として適合しないと評価されていたことを指摘する。良永（1987a）は，ドイツ産業連関表の延長推計のためのMODOP法がRAS法と基本的に同一であることを明らかにし，MODOP法をもちいた推計表と公表産業連関表（RWI表とDIW表）の比較によって，MODOP法の適用範囲，同方法における直接的な数値の記入の意義および経済研究所表の精度の吟味を行う。そして，連邦統計局表と経済研究所表をもちいた産業連関分析の結果の相異の度合（影響力係数，感応度係数と最終需要項目別の生産誘発効果）を計測している。

　他方，産業連関表の価格表示法は，作成国の社会経済事情によって異なっている。良永（1990b,1992a）は，購入者価格表，生産者価格表と基本価格表および付加価値税（VAT）の処理方法（グロス処理と2つのネット処理（EC統計局方式とドイツ連邦統計局方式））を，取引構造と技術構造の反映性，投入係数の安定性と波及効果推定の精度について評価し，価格評価方法やVATの処理法の相違による投入係数の変化と分析結果の相違の程度を計測する。中西（貢）（1989b）は，ネット処理（EC統計局方式）とグロス処理の評価が良永とは異なっており，EC統計局がネット処理法を採用した根拠が，投入係数の安定性を確保するためではなく，表作成の歴史的事情（基本価格法の経験），国民経済計算との整合性，表作成の主要目的（＝EC経済の統合的表示・各国経済の比較研究）および企業会計と課税方式の制度的要因にあることを論述している。また，付加価値税に関連して，消費税の導

　1）日本のU表とV表に商品技術仮定を適用し，マイナスの投入係数が出現する状況については，渡辺（1991）がある。また，中西（貢）（1992a）に見られるように，商品技術仮定の有効性を述べる研究は多いが，それについては，本章ではこれ以上立ち入らない。

入前後より，日本表についても，課税方法にもとづいて，産業連関表上での取り扱い方法と収支バランスの関連性や投入係数の安定性等が吟味されている（大石（1989），清水（雅）（1989），木地（1992），黒田（1992 a））。

さらに，先進資本主義国だけでなく，経済の「市場化・自由化」が進む旧ソ連，ロシア，東欧と中国の産業連関表にも研究の視野が広げられる。木地（1997），久保庭・田畑（1999），久保庭（1985 b，1990 b，1992 a，1993，1994 a，b，1997 a，b，1998）と田畑（伸）（1992）は，旧ソ連とロシアの産業連関表に着目し，旧ソ連の産業連関表がMPS体系から93年SNA体系へと変遷していく過程を明らかにする。そして，1998年表から完全に公開された旧ソ連とロシアの産業連関表の基本構造を紹介し，1987年表の非公開部分の推計，公開された産業連関表を「正常化」する作業，RAS法による表の延長推計および産業連関表と国民経済バランス勘定の整合性の吟味等を行っている。ハンガリー表の構成については，久保庭・長谷川（1989 a）と稲川（1993）が明らかにしている。また，芳賀（1986）は，MPS体系にもとづく旧ソ連や東欧の産業連関表について，部門連関バランスとバランス分析の動向と，それにかんするわが国の研究についてとりまとめている。一方，中国の産業連関表について，浦田（昌）・徐（1990），岡本（2000），林（翔）（1988），趙（1991），日水（1991），許・李（1998）は，表の作成の経緯，国民経済計算体系がMPS方式からSNA方式へと移行する過程と，それに対応した産業連関表の表章形式の変化および中国国内の産業連関計算にかんする論争等を紹介する。趙（1992 a，b，1994 b）は，日中表の「統一型」産業連関表と産業部門別の雇用表を推計し，滕（1995 b，1997 a，b）と林（英）・滕（1995）は，非競争輸入型産業連関表の作成，実質化のために必要なデフレータ，および農業・食料品部門を詳細化した接続産業連関表の開発を行っている。

これまでの産業連関表は，1国全体を対象としていたが，通産省とアジア経済研究所は，各国間の相互依存関係を明らかにするために，米国，アジアとヨーロッパの各国表を統一的な産業部門分類によって日本表と接合し，国別部門別に輸出入行列を明示したアイサード型の国際産業連関表を作成・公表してきた。国際表の作成過程に関連して，イギリス，フランスおよび西ドイツの産業連関表について，表章形式，推計方法および価格評価法等をまと

とめた研究として，横橋（1991）がある。また，多国間表の価格評価として，平均為替レートを採用していることから，野村・宮川（1999）は，国際産業連関表の枠組みにもとづいて，日本と米国の相対価格比を計測し，Li et al.（1995），泉・李（1999），李（潔）（1995），李（潔）・泉（1996），李（潔）他（2000）と梁他（1998）は，日本―韓国および日本―中国の統一価格（PPP）表を作成している。

3．地域産業連関表の整備

わが国の都道府県の地域産業連関表は，平成2年を対象として，同一年の産業連関表が整備された（総務庁（1995），落合（1997））。それに対応して，大平他（1997）は，都道府県産業連関表を足し合わせて作成した全国表を総務庁が公表する日本表と通産局が公表する地域間表と比較し，生産額，付加価値額，移輸入バランスおよび誘発係数をチェックする。そして，地域産業連関表の作成上の問題点として，移輸入が需給バランスの残差として推計されていること，サービス部門の地域生産額の合計値が全国表の値と格差が大きいことを指摘する。とくに，移輸出入ベクトルの推計精度について，地域表が基本的には，(a)地域生産額と最終需要の設定，(b)全国表の投入構成を利用した投入・産出ベクトルの計算，(c)投入産出額の調整によって作成されることから，(a)と(b)の時点で表の値が確定してしまい，結果として，(c)の最終調整の段階で，産出ベクトルの調整のために，移輸出入が残差的に取り扱われることを指摘している。

一方，都道府県だけでなく政令指定都市においても産業連関表が作成・公表されるが，それ以外の都市として，旭川市表と釧路市表が作成されており，亀畑・小野寺（1991）は，エネルギー政策の転換問題や地域の産業・経済振興政策の効果分析のために作成された経緯を述べる。また，大地域の産業連関表と統計情報を利用して，より小地域の連関表を作成する事例として，本田・中澤（2000）による舞鶴市，土居（1992 a）による清水市，新山（2000）による釧路圏と吉田（1992）による静岡県賀茂郡松崎町があり，海外の小地域表の作成事例として，加賀爪（1992,1993）によるオーストラリアの米作地

域表，新谷 (2001) によるインドネシア西ジャワ州スカブミ県表がある。とくに，中澤 (2002) は，公表される市表の作成方法を整理し，舞鶴市の生産額と移輸出について，大地域の統計値の分割・按分比率をもちいた推計値を工業統計の組替え値と移輸出実態調査から積み上げた値と比較し，2つの方法の数量的な差異を明らかにしている。

地域表は，地域の行政区分にもとづいて作成されるが，作表の対象が小地域化すると，波及効果分析において，移出と移入を通じた他地域との経済的な交流を無視し得なくなる。したがって，地域間の部門別の相互依存関係を明らかにするために，これまで，地域間産業連関表が開発されてきた。地域間表は，地域内表において，移入・移出ベクトルとして表示される財・サービスの取引を地域別部門別に地域間交易行列として表示することが特徴である。しかし，そのために必要な統計情報は極めて限られており，通産省の地域間表（高橋（睦）(1996)）や大阪府の地域間表（伊藤（正）他 (1997 a,b)）の作成報告に見られるように，地域間の交易係数を利用して作表が進められる。そして，産業連関研究者によっても，交易係数を利用して，地域間表が作成されており，宍戸・アレクサンダー (1997)，仁平 (1998 a)，山田（光）(1996) と山田（光）・朝日 (1999) は，全国表から特定地域の競争移輸入表を引き，地域間交易係数を利用して移入・移出行列を計測し，地域間表を作成することによって，波及効果分析等を行っている。海外表については，仁平 (1998 b) と Nidaira (1998) によるインドネシア地域間表と秋山 (1997) によるタイ地域間表の作成研究がある。さらに，地域内表を分割して，より小地域間の産業連関表を作成する事例として，山田（光）(1995) がある。一方，地域間の移出入や物量レベルでの物流を捉えることを主眼とする研究も行われており，安他 (1998 a) は，大地域の投入係数と分配係数および小地域の産業部門別生産額から小地域間の移出移入を計測し，安他 (1998 b) は，物量ベースでの物流を把握するための手法的検討と具体的な分析を行う。また，稲村・須田 (1991) と稲村他 (1994) は，地域間産業連関表，全国表のV表，全国貨物純流動調査を利用して，物量ベースと金額ベースのSNA型地域間産業連関表の作成や地域間の物流予測モデルを提示している。

地域間産業連関計算では，自地域の経済活動が移入を通じて他地域の経済

活動を刺激し，それに対応して自地域の移出が引き起こされる関係を捉えることができる。そういった自地域へ戻って来る需要は，「跳ね返り需要」と呼ばれ，安田（2000）は，地域内表と地域間表の波及効果の流れの相違を図解し，波及効果の差額とその要因を示す。片田他（1994 a, b）は，2地域間産業連関モデルを両地域の投入係数，移入係数および輸入係数から構成する方法がチェネリー型の地域間表と対応することと跳ね返り需要による生産波及効果の計測方法を述べ，跳ね返り需要を含む場合と含まない場合の差を計測する。そして，片田（1995）と片田他（1996）は，ある1地域全体表とその地域を2分割した地域間表をもちいた波及効果量の差を「空間集計誤差」と呼び，誤差が発生しない交易係数と投入係数の条件を示し，具体的な検討を行う。ちなみに，全国表と地域表の投入係数と波及効果量の乖離を投入構成と付加価値率の要因から説明する研究として片田（1998）と片田他（1999）がある。

　研究者の分析目的に対応して，産業部門を統合・分割して表を再構成する研究は多いが，それとは異なる小地域表も作成されている。井田（1997, 2000）は，工業統計表を利用して，大阪府表，愛知県表および神奈川県表について，大企業と中小企業に区分した規模別産業連関表を作成し，比較分析を行う。インドネシアの企業規模別産業連関表を利用した研究として，金子（1989 b, 1990 a）がある。また，重力モデル等を利用して，表の地域区分を再構成する研究として，人見（2000）は，電力会社の電力供給の地域区分にもとづいて全国9地域間産業連関表から全国10地域間産業連関表を作成し，安藤（朝）・堺（1989）は，関東地域表から特定の都県のみを抽出した都市圏表を作成している。

　政府が公表する地域間表と地域表とは異なる表章形式によって作成される公式産業連関表がある。それが東京都表であって，本社機能をアクティビティとして設定していることが大きな特徴であり，サービス部門をより詳細化し，昼夜間の人口移動に伴う所得発生地と消費地の差や財・サービスの移輸出入をとらえるための地域間表として作成・公表されている（新井（1993），新井他（1992, 1994），石田（1988, 1990, 1991），石田他（1996），桜本（1991），清水（雅）（1990），高橋（正）（1991），丸山（1992））。

4．産業連関分析の具体的な適用

4.1　経済構造分析の展開

国内外での産業連関表の作成の広がりに対応して，産業連関計算も多様な展開を示す。

総務庁（1999）は，産業連関分析の方法を，「経済構造分析」と「狭義の産業連関分析」に区別する。そして，「経済構造分析」は，「生産者価格評価の取引基本表を中心として，わが国の経済構造を産業別国内生産の状況，中間投入と粗付加価値の状況，商品別の中間需要と最終需要の状況，輸出と輸入，家計消費，政府消費，国内総固定資本形成の状況等から読み取るほか，逆行列係数を利用して，当該年次における最終需要と生産の関係，最終需要と粗付加価値の関係及び最終需要と輸入の関係等が機能的に明らかにされる」と（総務庁（1999）p. 387）。「狭義の産業連関分析」は，特定の経済効果の計測や計量経済モデルを導入した経済予測・計画のフレームの策定である。本節では，産業連関表をもちいた構造分析の展開をまとめてみる。

はじめに，「経済構造分析」の具体例として，総務省（1999）の第4部「産業連関表の利用」の第8章「平成7年（1995年）産業連関表からみた日本経済の構造」をみると，①産業連関原表を利用して，マクロおよび産業部門別の生産額，輸出入額，中間投入額や最終需要と付加価値等にかんする規模および構成比の推移が示される。そして，②レオンチェフ逆行列を利用して，生産波及率，生産額，粗付加価値額および輸入額にかんする最終需要項目別誘発額，依存度および誘発係数が計測される。また，第4部の第10章「平成7年（1995年）産業連関表（資料）」と第1部の「平成7年（1995年）産業連関表の作成概要」の第3章「産業連関分析のための各種係数の内容と計算方法」に影響力係数と感応度係数が示されている。つぎに，地域間表と国際表の作成報告書をみると[2]，①については，地域間の経済変

2）通産省の地域間産業連関表や国際産業連関表を参照せよ（通商産業大臣官房（1997, 1999））。

量とその部門構成を比較し，特化係数，集中化係数および立地係数によって，地域情報が集約・比較される。②については，地域間表の特徴を生かして，例えば，ある地域の最終需要の誘発額，誘発係数および誘発依存度が自地域と他地域に区分して計測され，また，ある地域の単位あたりの最終需要が他地域の生産活動等に与える影響が示され，地域間・国際間の相互依存関係が描写される。そして，国際表では，技術的国際分業度指数とその要因分解等が示される。産業連関表の作成報告書に掲載される①と②の分析方法は，産業連関表の作成機関や産業連関研究者によって，表の紹介を兼ねて行われることから，ここでは，そういった産業連関研究には立ち入らないので，興味深い論点についてのみ触れておく[3]。

　①と②の基本的な産業連関計算は，国内外の産業連関表の作成・公表の広がりに対応して，大きく展開する。①は，ロシアと旧ソ連の経済全体を表章する指標として利用され，市場経済への移行過程における通貨と価格・財政問題を考察するために，間接税・補助金構造，輸出入構造の実態および鉱工業生産の過小評価を解明することが一つの焦点である（久保庭（1990 b, c, 1992 a, c, 1993, 1994 a, 1995 c, 1997 a, b））。木地（1990）と西村・坪内（1990）は，日米構造協議において日本の流通システムの複雑性が議論されたことに関連して，日本と米国の流通マージンの比較を行う。商業マージンについては，久保庭（2001）による日本，アメリカとロシアの比較研究がある。また，木地（1995 b, 1996 a, b）は，長期接続産業連関表を作成し，比較優位指標による国際競争力の高い産業と生産増加率および輸入増加率の関連性，成長産業の投入係数の変化の傾向，付帯表や工業統計表を利用した労働生産性や雇用の高度化現象を明らかにする。そして，細居（1997）と福田他（1996 a, b）は，全国の都道府県産業連関表の移輸出・移輸入構造（県際収支）に着目し

---

3) 総務庁（1992, 1995）と木地（1995 a）が示すように，海外表と国内表の作成が進展しており，それに対応して，①と②の分析方法にもとづく産業連関計算の結果や，特定の産業部門に単位あたり最終需要を与えて波及効果を計測する研究が多数報告されている。そういった研究について，本章では，紙面の都合により，詳しく立ち入ることはできないために，『総合解説編』と作成報告書における産業連関表の利用方法を確認している。

た比較研究を行う。

　他方，②は，国際的な比較研究において，「定型的」あるいは「基本的」と呼称される分析方法として展開しており，久保庭（1985b,1992c,1993,1994a,1997a,b,1998,1999）によるソ連，ロシアおよび東欧の産業連関計算やYoshinaga（1993），Yoshinaga and Izumi（1994a），泉・良永（1993b），良永（1987b,1990c,1991a,b,1994a,1997b）と良永・泉（1994b）によるヨーロッパ地域を中心とした産業連関計算において，②に加えて，労働量にかんする最終需要項目別誘発量，国内誘発率と国内波及率，最終需要の付加価値誘発額と生産誘発額の構成比，時点間の労働誘発構造にかんする要因分解分析，スカイライン分析とそのための輸出率，輸入率と自給自足率と，多様な応用研究に発展している。

　それでは，つぎに，代表的な利用・操作手法によって，研究動向を概観してみよう。

4.1.1　要因分解モデル

　生産額の変動を説明する要因分解法は，大きく2つに区分される。第1の方法は，Deviation from Proportional Growth：DPGと呼ばれ，基準時点の産業部門が比例的に成長した場合の生産額と現実の生産額の差を説明する方法であり，第2の方法は，時点間の生産額の格差そのものを要因分解する方法である。ここでは，櫻井（1992a）にならって，前者を「乖離モデル」，後者を「絶対変化モデル」と呼ぶことにする。

　乖離モデルは，二宮・藤川（1997）による中国，日本，韓国とアメリカ，陳・藤川（1992）による日本と米国，そして，Chen and Fujikawa（1992），陳・藤川（1987）と藤川（1996b）による日本，韓国と台湾の要因分解に適用される。また，国内地域の比較にも適用されており，藤川（1998a）は，全国9地域表を利用して，関東地域と他地域の比較分析を行う。

　絶対変化モデルは，王（1997a）による上海市，スティン（1989）によるタイ，山田（芳）（1997）によるマレーシア，長田（1995）と秋田（1997a）によるインドネシアおよび文（1999）による韓国の各表に適用されている。また，Akita（1992,1994,1996），秋田・鍋島（1992），秋田（1993,1994,1996）

と秋田・片岡（2000）は，わが国の地域（間）表や国際表を利用し，成長要因を分解する研究を行う。ヨーロッパ地域については，生産変額と就業者の要因分解等を良永（1990c,1994a,1996）が行っている。

乖離モデルにおいても，絶対変化モデルにおいても，論者によって分解式が異なるが，主要な分析目的として，発展途上国においては，輸入代替や輸出指向型の経済成長の効果が注目されている。また，分解式としては，交絡項を発生させないために，比較時点と基準時点の2時点を利用して，要因分解が展開されることが特徴的である[4]。ちなみに，第1と第2の要因分解法を適用して成長要因を探る研究として，韓（福）（1989）による韓国と富川（1996）による台湾がある。

4.1.2 スカイライン分析

スカイライン図表は，国内最終需要と輸出による波及効果，輸入によるマイナスの波及効果および国内生産額の部門別シェアの関係から作成される。その形態によって地域間・時点間の比較分析を行う研究として，桑森（1999）と文・武田（1994）による日本，米国とアジア・アセアン地域，滕（1995a）による中国，栗林・定村（1996）による中国国内地域，仁平（1998a）による日本，千葉市と千葉県，相馬他（1997）による北海道，伊藤（昭）・鍋島（1997）による北海道とスコットランドがある。また，ヨーロッパ地域の標準表や各国表等を利用した作成事例として，伊藤（昭）他（1995），良永（1987b,1991b,1994a,b）とYoshinaga（1988,1993）があり，東欧，旧ソ連，ロシアおよび旧ソ連の地域表とロシアの極東地域のスカイラインの作成は，久保庭・長谷部（1989b），Kuboniwa（1994），久保庭（1992c,1993,1994）が行っている。とくに，黒田（1990）は，日米の地域間・時点間の比較可能な価格指数を作成し，スカイラインを作成している。

4）総務省（1999）は，交絡項を含む絶対変化モデルを示しており，それについては，李（強）他（1996）による中国，韓（寛）・笠原（1992）による日本と韓国，山田（和）（1997）による九州，上田（1995,1997）と林（英）・戸松（1990）による新潟等の適用事例がある。

4.1.3　ユニットストラクチャー

尾崎（1980）が開発した1単位の財・サービスを生産するために必要な単位構造系（ユニットストラクチャー）にかんして，赤林（1991）は自動車部門等（日米表），高木（1995）は繊維部門（日本，アメリカ，アジア地域），Yoshinaga（1994b）は輸送機械等（日-米-EU表）について作成する。また，良永（1992b）は，「輸入マトリックス分割法」によって西独―仏―英国際産業連関表を作成し，輸送機械について計測している。国際表をもちいた計測研究は，輸出入構造を含めてユニットストラクチャーが計測されることが特徴的である。また，菊池・北川（1990）は，先端技術部門である光産業を別掲した光産業連関表を開発し，光通信システムについて作成し，近藤（正）（1989）は，マイクロエレクトロニクス（ME）部門を詳細化し，ME関連部門について作成している。

4.1.4　内部乗数＝外部乗数モデル

宮澤は，産業連関表の産業部門を2つのブロックに区分することによって，「内部乗数＝外部乗数モデル」を開発し，物財産業部門グループとサービス産業部門グループの相互作用を分析していた[5]。彼自身による内部乗数＝外部乗数モデルの今日的な関心は，医療，福祉および社会保障関連部門の解析であり，医療と福祉分野の分析用産業連関表を作成し，物財・サービス部門を区分することによって，公的サービスや医療・福祉関連部門をブロック内外の内部乗数や外部乗数等と比較し，その特徴づけを行う（宮澤（1986,1988,1991,1992a,b,2000））。宮澤と同じ表とモデルを利用して政府活動や医療活動を分析する事例として，塚原（1992,1996）がある。また，経済のソフト化，サービス化と情報化の分析に応用する事例として，塚原（1998），范（2000）と広松・大平（1990），要因分解法と結合する長澤（1990）がある。そして，中国経済において重要な地位を占める農業部門について，産業部門を農業部門グループと非農業部門グループに分けて適用する研究として，滕（1999）がある。

5）宮澤（1963）を参照せよ。

4.1.5 三角化

内部乗数・外部乗数モデルは，分析者の視点によって，部門ブロックが区分されるが，産業連関表の中間財取引行列や投入係数のデータ構成から，産業部門を三角化し，序列化する研究があり，Fukui (1986) と福井 (1985, 1987 a, 1990 b, 1991 a, b, 1992) は，三角化のアルゴリズムとプログラムを提示し，アジア国際産業連関表，日本と米国等の産業連関表に適用している。また，高増 (1994) は，タイ表の投入係数行列とレオンチェフ逆行列から「垂直的統合」行列を作成し，三角化している。

4.2 経済効果の計測

つぎに，総務庁 (1999) において，「狭義の産業連関分析」として位置づけられている最終需要の波及効果分析の展開についてみよう。

今日の波及効果分析は，地域表をもちいたイベントや公共事業等の波及効果を計測することが一つの特徴である。それを表6.1にまとめており，そこでは，家計消費需要を内生的に取り扱う2つのモデル操作が多用される[6]。

第1の方法は，波及効果分析の対象となる最終需要ベクトル：$\mathbf{f}$ を作成し，$\mathbf{f}$→（レオンチェフ逆行列）→1次波及効果量：$\mathbf{X}_1$→付加価値 $\mathbf{V}$→家計消費需要 $\mathbf{C}=\mathbf{f}$→（レオンチェフ逆行列）→2次波及効果量：$\mathbf{X}_2$→…のように，家計消費需要を迂回した波及効果量（$\mathbf{X}_2, \mathbf{X}_3, \cdots$）を $\mathbf{X}_1$ と合算することが特徴であり，計測モデルで示すと，

$$\mathbf{X}_1 = (\mathbf{I}-\mathbf{A})^{-1}\mathbf{f} \tag{6.1}$$

$$\mathbf{X}_{m+1} = (\mathbf{I}-\mathbf{A})^{-1}\mathbf{C}\mathbf{V}\mathbf{X}_m \quad (m \geq 1) \tag{6.2}$$

$$\mathbf{X}' = \sum_{m=1}^{k} \mathbf{X}_m \quad (k=1\cdots) \tag{6.3}$$

ただし，

$(\mathbf{I}-\mathbf{A})^{-1}$：レオンチェフ逆行列，$\mathbf{f}$：最終需要ベクトル，$m$：消費需要の迂回数．

---

[6] 地域産業連関分析の方法や研究事例を取りまとめた東北通商産業局編 (1992)，土居他 (1996) と市川 (1996) においても，消費を内生的に取り扱うことが一般化している。

表 6.1 波及効果の計測対象、利用表およびモデル

波及迂回回数	均衡産出高モデル m=1	消費迂回モデル m=2	消費迂回モデル m≥3	消費内生化モデル
地域表	小川(正)(1993):「長崎県、雲仙普賢岳」、松本(法)・塩原(1992):「福岡市・空港」	青木(1999):「大阪府・大学立地」、芦谷・地主(1999、2001):「震災地域・復旧活動」、梶野・吉田(1990):「北海道・域内生産額化」、神頭(2000):「長野県・観光」、米谷(1998):「奈良県・博覧会」、清水(友)・山田(1996):「東北地域・博覧会」、根木(1999):「北海道・天然ガス導入」、平塚市・公共投資等」、深浦(2000):「大分県・大学立地」、藤井(昭)(1999):「中国地域・設備休廃止」、明元(1993):「富山県・企業立地」、村田(1991):「山梨県・観光」、山家(1992):「東北地域・企業立地」	朝日(1996):「三重県・空洞化」、板倉(2000):「宮崎県・ダム」、小野(1999):「旭川市・イベント」、鍋島(1991):「北海道・公共投資」、成田(1994a):「東北表・海外投資」	石川(1998):「中部地域・空港」、近藤(功)・出村(1998):「北九州市・都市開発」、土井(1990a):「静岡県・大学立地」
地域間表		伊藤(正)他(1997c):「大阪府・空港等」、山田(光)(1998):「大阪府・空港」、朝日(2000):「三重県・空洞化」	山田(光)(1996):「三重県・博覧会」	鍋島(1995):「9地域間・北海道公共事業」

注: 地域産業連関表を利用した波及効果分析の事例と表とモデルの観点から整理した。なお、消費迂回モデルにおいて、消費の迂回回数を増やし、式(6.3)の $\mathbf{X}^r$ が収束するまで計測すると、一定の条件の下では、消費内生化モデルの波及効果と一致する場合があるが、それについても、「消費迂回モデル」に区分している。また、全国表に「消費迂回モデル」を適用する事例として、例えば、佐々他(1997)による医療費の分析がある。

$\mathbf{X}_m$：消費需要を m 回目に迂回したときの波及効果額．

$\mathbf{X}'$：迂回数を $m=k$ としたときの波及生産額の合計．

$\mathbf{C}$：消費係数行列，$\mathbf{V}$：所得係数行列．

となる．本節では，式 (6.1) から式 (6.3) で表現される計測モデルを「消費迂回モデル」と呼称する．

そして，第2の方法は，いわゆる「消費内生化モデル」（式 (6.4)）である．

$$\begin{pmatrix}\mathbf{X}\\\mathbf{Y}\end{pmatrix}=\begin{pmatrix}(\mathbf{I}-\mathbf{A}) & -\mathbf{C}\\-\mathbf{V} & \mathbf{I}\end{pmatrix}^{-1}\begin{pmatrix}\mathbf{f}_x\\\mathbf{f}_y\end{pmatrix} \qquad(6.4)$$

ただし，

$\mathbf{X}$：生産誘発額．$\mathbf{Y}$：所得誘発額．$\mathbf{A}$：投入係数行列．

$\mathbf{f}_x$：外生最終需要ベクトル．$\mathbf{f}_y$：外生所得ベクトル．

$\mathbf{C}$：消費係数行列．$\mathbf{V}$：所得係数行列．

産業連関モデルとして，均衡産出高モデル，「消費迂回モデル」と「消費内生化モデル」の波及効果量は異なることから，広瀬 (1999) は，理論的な差異を概説し，地域間表を利用した波及効果の差を示す．大井 (2000) は，沖縄表をもちいて沖縄公庫の設備投資の波及効果を均衡産出高モデルと「消費内生化モデル」によって比較する．また，荒川 (1993) は，宮澤 (1963) にもとづいた家計内生化モデルと今日的な多部門モデルを概説している．

つぎに，地域産業連関計算という観点を離れて，産業連関計算の分析目的によって，研究動向を見てみよう．

高齢化少子化社会の到来とそれに対応するための医療，福祉と社会保障等の拡充を経済的波及効果として捉え，その数量解析に産業連関計算を適用する研究が展開しており[7]，伊藤 (和)・高橋 (2000)，永峰 (1997, 1999)，堀川 (1999) と松田他 (1997) は「消費迂回モデル」，大守他 (1998)，宇野 (1995a, b, c, 1996) と中谷 (武) (1999) は「消費内生化モデル」をそれぞれ利用し

---

7) 例えば，厚生省 (1999) を参照せよ．

て，福祉型投資と従来型の公共事業投資の波及効果量を比較計測する[8,9]。これまでの産業連関計算は，最終需要項目別生産誘発係数に見られるように，建設投資型の最終需要ベクトルの構成の方が波及効果量が大きいことが類推できた。しかし，彼らの比較研究の結果によると，福祉関連の波及効果が公共事業等の波及効果と同等かそれ以上の効果として示されることが特徴的であり，それは，消費需要を内生的に取り扱う方法と関連している。それについて，かつて，消費内生化モデルを提示した宮澤 (2000) は，公共事業と福祉関連事業の波及効果量について，(a)X_1 と迂回生産効果 ($X_1+X_2+\cdots$)，(b)生産局面と雇用局面，および(c)全国表と地域表を区分して評価する必要性を述べる。それによって各論者の計測結果を概観すると，(a)の論点については，X_1 は，公共事業の方が高いが，福祉サービスは，付加価値率が高く，労働集約的であり，所得と消費を迂回することによって，公共事業と同等かそれを上回る生産波及効果や雇用創出効果として計測されている。(b)は，(a)と関連しており，X_1 から付加誘発額や雇用誘発量を計測した段階で，すでに福祉サービスの方が高い値を示している。(c)の論点は，財とサービスの移入と関連しており，中谷（武）(1999) は，純移入率を操作することによって，建設部門と医療・保険・社会保障の経済効果の比較を行っている。

---

8) ちなみに，モデル操作と分析表の関係は，表6.2となる。

表 6.2 福祉の波及効果分析

	消費迂回モデル	消費内生化モデル
全国表	塚原 (1996)，永峰 (1997)	大守他 (1998)，宇野 (1995 a,b,c,1996)，宮澤 (2000)
地域表	東京：伊藤（和）・高橋 (2000)，神奈川：永峰 (1999)，北陸：堀川 (1999)，北九州：松田他 (1997)	兵庫：中谷（武）(1999)

注：福祉の経済効果の計測研究について，利用表とモデルの観点から整理した。

9) 全国表と地域表を利用して福祉事業の優位性を主張する研究として，自治体問題研究所 (1998, 1999) がある。

ちなみに，塚原（1996）は，所得と家計消費をつなぐ消費係数として利用される平均消費性向は，理論的に必要とされる限界消費性向より一般的に高いことから，消費係数の値を変化させて公共事業と福祉事業の波及効果を比較しており，消費係数の低下によって，福祉事業の波及効果も低減していくことを指摘している。

産業連関計算によって，特定部門の他部門への影響を計測する方法は，最終需要を操作することが一般的である。しかし，特定の産業部門を方程式体系から除外し，外生化した産業部門の生産額が他部門に与える影響を計測するモデル操作が行われるケースがある。とくに，農業関連部門において，生産額そのものが管理され割り当てられる場合の変動影響分析に利用されており，ここでは，説明のために，同モデルを「生産額変動モデル」と呼んでおく。一例として，3部門表において，第1部門を外生化すると，つぎのようにあらわせる[10]。

$$\begin{pmatrix} \Delta x_2 \\ \Delta x_3 \end{pmatrix} = \begin{pmatrix} 1-a_{22} & -a_{23} \\ -a_{32} & 1-a_{23} \end{pmatrix}^{-1} \begin{pmatrix} a_{21}\Delta x_1 \\ a_{31}\Delta x_1 \end{pmatrix} \qquad (6.6)$$

「生産額変動モデル」を適用する研究として，吉田他（1997）は，47都道府県産業連関表を利用し，都道府県別の農林水産業と食品工業の実態を示し，農業・食料品関連部門の生産額変動を比較研究する。金田（2001）は，北海道内地域間表に均衡産出高モデルと「生産額変動モデル」を操作し，地域内での農産物加工業の発展による経済効果を計測する。また，要因分解法と接合した事例として，薬師寺・佐藤（1999）がある。その一方，「生産額変動モデル」と「消費内生化モデル」を結合させて波及効果分析を行う研究も行われており，Fujita（1989）は，北海道表について農業生産額の変動と農業補

---

10) 需給バランスで表記すると，

$$\begin{pmatrix} x_2 \\ x_3 \end{pmatrix} = \begin{pmatrix} 1-a_{22} & -a_{23} \\ -a_{32} & 1-a_{33} \end{pmatrix}^{-1} \begin{pmatrix} a_{21}x_1+f_2 \\ a_{31}x_1+f_3 \end{pmatrix} \qquad (6.5)$$

となる。なお，モデルそのものに着目するならば，いわゆる簡略計算法と対応している。

助金の拠出等による所得と雇用の影響を分析する。藤田（1990）は、コメ市場の輸入自由化の影響分析を行い、斎藤（勝）（1991a）は、さらに地域レベルで影響を計測する。他方、「生産額変動モデル」と「消費迂回モデル」を結合させる研究として、鈴木（充）（1990）は、北海道表について、外生部門として農業協同組合アクティビティを作成することによって、農協の生産活動の経済影響を計測し、倉知（1996a,b）は、鹿児島県表を利用した甘しょ生産の変動分析を行う。吉田（1987,1990a,1999）は、農業生産の変動効果を全国レベルから地域レベルへと詳細化している。

また、農業・食品関連部門については、その他にも多くの論者がとりあげており、均衡産出高モデルを利用して、李（海）他（2000）は、中国の産業連関表の純輸出を輸出と輸入に区分し、農業部門を詳細化し、農産物の輸入による生産額と付加価値等の減少効果を計測する。尾関・須貝（1999）と尾関（1998）は、ブラジルのU表とV表から連関表を作成し、大豆を穀物として輸出する場合と大豆製品に加工して輸出する場合の経済効果の比較研究を行う。そして、斎藤（勝）（1992）は、精米100万トンを日本と米国の価格で評価し、日米国際モデルを家計内生化モデルと接合し、日本の精米輸入と米国の精米輸出による生産額誘発額や付加価値誘発額を計測している。ちなみに、政府の策定する「農産物の需要と生産の長期見通し」の農産物の生産額や輸入額等を利用して、産業連関表の経済変数を決定する手法を、吉田（1990c,1991）が示している。

最後に、本節では触れなかった波及効果分析について、概観しておく。

全国表を利用した波及効果分析は、松浦・佐藤（1991）による財政投融資計画、矢野（生）（1994）によるリニアモーターカーの建設、今井（1987）による国際緊急救助隊、および今井・田中（1988）による防衛支出等がある。また、企業の海外進出による影響について、西津（1997）は、全国表を利用し、山田（光）（2001）は、日米表から日系企業ブロックを作成して分析する。また、端場・佐竹（1991）は、建設物の構造的な相違を反映して建設投資総額を最終需要ベクトル化する時に必要なコンバータを開発し、国光他（1999）は、地域別・公共事業種類別の用地・補償比率を考慮した単位あたり投資額を設定し、建設部門を詳細化した地域間表と地域表を作成することに

よって，地域間，都道府県間または都市部と地方部の生産誘発額と雇用誘発量を計測する。そして，中川（1999）と大平他（2000）は，産業連関表の作成されていない小地域への波及効果を計測する方法として，市町村民経済計算の付加価値シェアを利用した「地域シェア法」を提案し，北海道地域間表を利用した誘発効果の比較と観光消費や公共投資の地域効果等を計測する一方，伊藤（房）（1992）は，北海道の複数の地域表を利用することによって，地域間効果を追跡する。また，中川他（1998）は，全国47都道府県別産業連関表を利用して，公共投資の生産誘発依存度と地域外需用の生産誘発依存度の観点から都道府県の特徴を整理する。そして，中国の地域表を利用して，北京から青海省への技術移転効果を投入係数を操作することによって計測する研究として，栗林・定村（1996）がある。

4.3 均衡価格モデル分析

浅利・土居（1988），安藤（実）他（1988），土居（1988 a, 1990 c, d），土居・浅利（1988 b），土居他（1988 c, 1990 b），土居・三木（1988 d），中西（貢）(1989 a)，林（宏）・橋本（1987），藤川（1991, 1997 a）と新長（1992）は，方法に若干の相異はあるが，わが国における消費税の導入とその前段階で議論された売上税の導入影響について，産業部門ごとに課税額を推計し，均衡価格モデルから「理論的計測値」を求めることによって，物価上昇率や家計の負担額等を算定する。また，為替レートや石油ショック等によって，輸入財の価格が変動する影響分析について，泊（1991）は，非競争輸入型モデル，競争輸入型モデルと簡便推計モデルをもちいて，計測結果の相違を示す。非競争輸入モデルの適用事例として，吉田（1989, 2000）は，為替レートの変動と食料品の原材料価格変動による価格上昇効果を計測する。簡便モデルの適用事例は，出村他（1995）による酪農乳製品価格の上昇効果の影響分析がある。また，国際表をもちいた研究例として，桜本・時子山（1994）による米国における反ダンピング課税の導入による物価上昇分析がある。

そして，泉・藤川（1994），藤川（1996 a, 1999 c），藤川他（1993, 1998 b），藤川・泉（1994 a, b），藤川・ミラナ（1997 b），ミラナ他（1993）と李（潔）他（1998）は，日本，アメリカ，ドイツ，中国，韓国の価格格差および日本と

アメリカの国内の時点間の価格差を，要因分解法によって，賃金要因，労働生産性要因，資本生産性要因等に分解し，費用構造にかんする比較研究を行う[11]。

産業連関表をもちいた価格モデルは，中国，旧ソ連とロシアの経済分析に多用されており，中国表について，金澤（1993），中兼（1987），田畑（理）（1990），陳（1993）と李（潔）（1989, 1991）は，理論利潤に対応するいろいろな理論価格（価値価格，平均価値価格等）を計測し，現実の価格との差をモデル計算することによって，価格体系の「歪み」を指摘する。李（潔）（1992）は，エネルギー供給のボトルネックを価格調整によって解消した場合の製品価格の上昇率を計測する。そして，金澤（1994）は，中国の二重価格制を投入係数に反映し，産業連関表を再作成している。他方，Kuboniwa（1988）と久保庭（1988, 1990 b, 1992 c）は，旧ソ連とロシアの数理改革派の価格改革案において利用される価格モデルを紹介し，久保庭自身によっても，価格シミュレーション（補助金全廃のケースや燃料価格が自由化されたケース等）を行っている。ちなみに，スラッファー理論にもとづいて価格モデルを定式化し，実物表と金額表から計測される価格と比較する研究として，栗林（1999）がある。

5．産業連関データベースの作成と利用方法の拡張

これまで，基本的な産業連関計算のモデル操作を展開する研究をみてきたが，本節では，産業連関計算の基本的な計数値を利用した指標研究や，産業連関表そのものをデータベースとして利用する研究を取りまとめる。

国際（間）表の作成によって，国内財と輸入財の区分が明確になり，黒田・根岸（1993 b），佐野・玉村（1994），藤川（1999 b）と松村・藤川（1994）は，構造調整指数，国産化率や国際分業度指数等を作成し，比較研究を行う。国際貿易と関連してヘクシャー・オリーンの理論の実証研究からの反例とし

---

11) 生産額の要因分解と同様に，比較対象の双方を基準とした要因分解式の平均によって分析されている。

て，「レオンチェフ・パラドックス」があり，櫻井(1997,1999)は，その後の実証研究の動向を整理し，OECD産業連関表を利用して，G5諸国の検証を行い，新保(1990)は，日本とアメリカにかんして，資本と労働サービスの投入量について，異質性と時系列変化の要素を取り入れてアプローチする。

また，産業連関表に多変量解析を適用する研究として，江田(1990)は，クラスター分析によって，地域間の類似性を概観し，大平(1994)は，変動成分分析によって，投入係数の変化を「投入変動成分」と「産出変動成分」によって明らかにし，長澤(1988b)は，因子分析法によって，生産誘発係数と誘発依存度の凝縮を試み，製造業部門の構造変化の分析を行う。そして，葛谷(1996)は，投入係数と産出係数に多次元尺度法を適用することによって，産業部門をグループ化し，佐藤(1992)は，感応度係数と影響力係数に正準判別分析を適用することによって，第2次産業と第3次産業の相違を明らかにする。

経済成長の要因として，全要素生産性(Total Factor Productivity; TFP)を計測する研究は，作成データベースの詳細性精密性とアプローチの方法に差はあるが，Izumi et al. (1999), Jorgenson and Kuroda (1992), Kuroda and Shimpo (1992), Sakurai et al. (1997)，泉・李(1997)，李(潔)(1997)，黒田(1985,1986,1992c,d,1993a,1999a)，黒田他(1987b, 1989)と黒田・野村(1999b)が計測している。そして，TFPの計測研究は，黒田・野村(1997)によって，レオンチェフ動学逆行列とユニットストラクチャーに接合され，動学的ユニットTFPの開発が行われている。また，生産性の計測方法と関連して，藤川・ミラナ(1997b)は，いろいろな生産性指数の計測式を検討し，産業連関計算の間接効果を取り入れる枠組みと具体的な分析結果を示す。そういった生産性の計測や，後に触れる多部門計量モデルの構築のためには，時系列産業連関表をはじめとする労働と資本の詳細なデータベースが必要であり，新保(1991)による時系列産業連関表と野村(1994,1997a,b)による固定資本ストック行列の作成等は，黒田他(1996)においてデータベース化されている。ちなみに，SNA体系の枠組みにもとづいて，産業連関表を社会会計行列(Social Accounting Matrix; SAM)として表記する研究が牧野(1995,1997)によって行われており，小地域(茨城県

八郷町)については,小倉・山本(1996)がある。

一方,泉(1990 a,b,1992 a,1993 a)は,産業連関表の投入係数,減価償却費,固定資本行列および雇用表等をもちいて,労働価値計算にもとづいて,直接間接投下労働量をモデル計算し,剰余価値率,利潤率と有機的構成を計測し,価格ベースの計測結果と比較することによって,剰余価値率の国際的な比較へと研究を進める[12]。労働価値計算の基本算式は,国際的な不等価労働量交換の計測や労働生産性の計測(Nakajima and Izumi (1995),泉・中島(1995 b),中島(1997 b),山田(彌)(1991)),直接・間接投下労働量を職業別および物財・非物財生産労働に区分することによる経済構造のサービス化・ソフト化現象の研究(長澤(1992))および職業別の直接・間接投下労働量を算出し,商品に体化された生産要素(労働と資本)を計測する貿易パターンの国際比較分析(長澤(1995))にもちいられている。

他方,産業連関表に線形計画法を適用する研究として,丸谷(1992)は,ドイツの時点の異なる産業連関表を利用して,一定の生産活動を行うために必要な費用を最小化する部門を抽出し,守(1992)は,地域経済の振興政策として,サービス業の生産額と最終需要に目標値を設定し,全国レベルと地域レベルで達成する最適な最終需要を計測している。

6. 投入係数と波及効果分析に関連する理論的技術的な問題点

レオンチェフ逆行列は,波及過程を示す行列乗数 $((I-A)^{-1}f=(I+A+A^2+\cdots)f)$ として分解できる。それについて,芳賀(1988)は,波及連関を図解し,最終需要の生産・雇用創出効果を投入係数行列から判定する基準(=中間需要率)を考察する。シッド他(2000)は,日本,台湾,韓国とフィリピンの産業連関表をもちいて,波及効果量の一定の割合に到達する波及段階と波及段階を固定して,波及効果量の一定割合に到達する部門数を農業部門を中心に解析し,自給率の高低との関連性を明らかにする。鈴木(利

---

[12] 泉の研究について,山田(貢)(1986,1992)と岩崎(1989,1990 a,b)を交えた論争がある(泉(1991))。また,山田(貢)の論点は,芳賀(1993)によって取りまとめられている。

治）(2000) は，正方化されていない産業連関表から近似的に逆行列を計測する方法を考察している。

均衡産出高モデルでは，中間財が産出量の変動に比例して投入されることがモデル分析の前提である。小川（雅）(1987) は，産出量に比例的に反応しない固定的な中間財投入部分＝固定的費用の投入額を区分する理論的な可能性を示す。また，投入係数は，固定的な技術係数として仮定されているが，中谷（孝）(1992, 1993, 1995) は，産業連関計算にファジイ理論を適用し，ファジイ型投入係数の計測や均衡算出量を計測する。釜 (2001) は，投入係数にニューラルネットワークにもとづく投入関数を設定し，可変投入係数と固定投入係数をもちいた産業連関計算の比較を行う。

一方，第3章と関連する研究として，Ichihashi et al. (1995)，市橋 (1995 a, b) と市橋他 (1997) は，レオンチェフ逆行列によっては明示できない産業部門間の波及過程を「プロセスグラフ」によって図解・追跡し，三和銀行 (1998) と徳田 (1998) は，産業部門間の階層的なネットワーク図表を作成している。また，自動車部門を起点とする波及経路を追跡する研究として，菅 (1998) がある。そういった，波及過程は，産業連関表の表章形式とデータ構成とも関連しており，土居 (1992 b) は，経済のサービス化に対応して，物品賃貸業の取り扱い方法が，使用者主義から所有者主義に移行していることについて，波及経路と波及の「中断」過程が異なることを示し，福井 (1990 a) は，中間財として投入される機械について，その取引関係の実態を明らかにし，井口 (1988, 1992) は，『総合解説』で説明される生命保険業の生産額を家計消費支出に配分する原則と実際の数値の取り扱い方法が異なっていることや，企業保険の普及によって，原則そのものが経済実態にそぐわなくなっていることを指摘する。

他方，第2章と関連する研究として，産業部門の統合度によって相異する波及効果量の差＝「部門統合誤差」について，中西（貢）(1992 b, 1993) は，それを抑制するためのいろいろな実証分析に対応した基準と方法を示し，とくに，付加価値への誘発効果の分析では，産業連関表をブロック化する有効性を論じている。

投入係数の予測や小地域の産業連関表の作成には，RAS法が利用される。

RAS法について，長谷川（1992,1996）は，予測時の中間投入ベクトルや中間需要ベクトルに誤差を挿入し，RAS法の適用結果に与える影響を吟味する。大川他（1992）は，予測値と実績値の差の吟味や代替変化や加工度変化にもとづく産業部門の区分を示す。菊池他（1996）は，産業連関表の速報性を高める方法として，産業連関表の三角化ブロックの部門配列を利用する方法を示し，宍戸（1990b）は，全要素生産性と部門別の価格情報を利用することによって，投入係数と付加価値係数を予測するV-RASを開発する。そして，金子（1990b）は，投入係数の予測手法を整理し，予測精度の比較研究を行っている。また，RAS法は，過去の産業連関表の作性にも利用されており，新谷（1987b,1988,1989a,b,c,1990,1991a,b,1992a,b）は，明治期から昭和初期にいたる産業連関表を『長期経済統計』とRAS法にもとづいて推計し，養蚕業や製糸業の生産額の要因分解，スカイライン図の作成，三角化法の適用や養蚕業，製糸業，商業およびサービス業を分析対象とした産業連関研究を行う。過去表の推計と関連して，西川（2001）は，彼自身が1970年代以降行ってきた江戸期の長州表の作成について，初めて13部門レベルの表を公表している。

7．産業連関モデルの動学化と多部門計量・CGEモデル

第4節で見たように，今日の波及効果分析では，家計消費を内生化して波及効果量を計測する事例が特徴的であり，それは，経済循環の過程において，産業連関表上では，付加価値と最終需要の関連性が明記されないことから，モデルによって両者を接合させる研究である。そして，片田（1997a）と片田他（1997b）による公共投資の事業別誘発効果の時系列比較，塩野（1996）による茶産業の波及効果分析，および米澤（1993,1994）による朝鮮特需の影響分析では，投資需要を消費需要と同様に転換係数を利用して内生的に取り扱う研究も行われる。

その一方，投資を動態的に捉えるいわゆる動学モデルも展開しており，宮田・山村（1987）は，ターンパイク経路を「規範モデル」，動学モデル解の経路を「適用モデル」と呼び，両者の相違を数値計算する。韓（福）（1995）

は，韓国表を利用し，韓国の経済成長が不均衡発展の過程であることを示し，久保庭・長谷川（1992b）は，ハンガリー表を利用し，産業部門の動学解の構成と現実値の構成を比較する。そういった産業連関計算の動学モデルは，経済政策や経済計画において，線形計画法と結合し，長期計画モデルとして展開しており，筑井（1991）は，ターンパイクモデルの基本理論を概説し，長澤（1988a）は，「調整用アクティビティ」を導入することによってモデルの問題点を回避し，産出量の最大化を計画目標に置いたシミュレーション分析を行う。そして，河野（1991a-1994）は，地域間産業連関表の利用方法について，基本モデルから計画型の動学モデルへの展開を整理し，公共投資の最適な配分構成等を示している。

　第1章で見たように，産業連関表の基本構成は，内生的に取り扱われていた消費需要や投資需要が外生部門として整理されることによって，現行の産業連関計算が完成する。その一方，今日の産業連関研究は，これまで見たように，外生需要を内生化していくことによって進められており，それは，財・サービスの需給バランスに対応した価格メカニズムを挿入する大規模モデルの構築へと展開する。それが，多部門計量経済モデルや計算可能な一般均衡モデル（Computable General Equilibrium; CGE）であって，これまでに，辻村・黒田（1974），斎藤（光）（1973），電力中央研究所，NIRA等において，モデルの構築が進められており，今日においても，例えば，Ezaki and Sun（2000），孫・江崎（2000），黄（1999）による中国，江崎・Le（1997）によるベトナム等のモデル構築が進められ，多数のシミュレーションの結果が報告されている。そういった多部門モデルの構築と関連して，藤川（1999a）は，レオンチェフ型生産関数と新古典派生産関数における需給バランスの相違やオープンモデルと多部門モデルの生産量の変容等を示し，CGEモデルや多部門計量モデルの研究動向を整理している。

8．小　括——産業連関計算の社会的意義——

　芳賀（1987）は，軍拡政策から軍縮政策への転換の有効性にかんして，軍事支出の国際的な経済的影響を産業連関分析によって計測したレオンチェフ

とドゥシンの研究を考察し，モデル策定と操作方法の現実性と有効性を疑問視する。濱砂（1993a, b, 1994, 1996）と濱砂・ノイバウアー（1995）は，ドイツの経済構造報告の産業連関計算を考察の素材として，経済構造の変化を説明・記述するための投入産出分析法を経済構造問題との関連において評価し，それをケインズ理論的な機能分析から構造論的な分析方法へと転換する模索過程として位置づけている。岩崎（1987）は，わが国の経済計画における産業連関計算の役割について，計量経済モデルと産業連関モデルが初めて連結された連動モデルから多部門計量モデルへの展開を，計画モデルの「斉合性」の意味内容を注視することによって，産業連関計算の計画的役割を吟味する。さらに，第1章と関連して，現行の産業連関計算の形成過程を再把握しようとする研究も行われている（坂田（1987），濱砂（1992a, b））。

第1章では，クローズドシステムとオープンシステムの目的設定や分析方法の相異を明確にし，前者から後者に向けての目的・課題の変化が表章形式を変容させること，最後的には経済計画の策定方法として産業連関計算が組み込まれることによって，ケインズ型の産業連関計算のパラダイムが成立すること，そして，社会体制からの反作用によって，利用形態と社会的機能が変容していくことを述べた。戦後形成された既存経済学のパラダイムの転換期を迎えて，現行ケインズ型産業連関計算の制約が指摘されるとともに，展開様式の多様化と今日的な課題の生起によって，われわれは新しい産業連関計算の可能性を指向する必要性に直面している。それは今後の課題である。

参考文献

Adams, F. G., Gangnes, B. and Shishido, S. (1993) "Macroeconomic and Industry Level Implications of Alternative Macro, Trade, and Industry Policies," *Journal of Applied Input-Output Analysis*, vol. 1 no. 2, pp. 46-81.

Akita, T. (1992) "Sources of Regional Economic Growth in Japan," *Journal of Applied Input-Output Analysis*, vol. 1 no. 1, pp. 88-107.

——— (1994) "Interregional Interdependence and Regional Economic Growth in Japan," *International Regional Science Review*, vol. 16 no. 3, pp. 231-248.

——— (1996) "Interdependence and Growth," *Studies in Regional Science*, vol. 26 no. 1, pp. 169-179.

Chen, K. H. and Fujikawa, K. (1992) "A DPG (Deviation from Proportional Growth)

Analysis of the Japanese, Korean and Taiwanese Economies," *Journal of Applied Input-Output Analysis*, vol. 1 no. 1, pp. 71-87.
Ezaki, M. and Sun, L. (2000) "Trade Liberalization and the Economy of China," *Journal of Applied Input-Output Analysis*, vol. 6, pp. 37-78.
Fujikawa, K., Izumi, H. and Milana, C. (1995a) "A Comparison of Cost Structures in Japan and the U. S. Using Input-Output Tables," *Journal of Applied Input-Output Analysis*, vol. 2 no. 2, pp. 1-23.
―――, Izumi, H. and Milana, C. (1995b) "Multilateral Comparison of Cost Structures in the Input-Output Tables of Japan, the US and West Germany," *Economic Systems Research*, vol. 7 no. 3, pp. 321-342.
Fujimori, Y. (1992) "Wage-Profit Curves in a von Neumann-Leontief Model," *Journal of Applied Input-Output Analysis*, vol. 1 no. 1, pp. 43-54.
Fujita, N. (1989) "Input-Output analysis of Agricultural Production Quotas," *The Annals of Regional Science*, vol. 23, pp. 41-50.
Fukui, Y. (1986) "A More Powerful Method for Triangularizing Input-Output Matrices and the Similarity of Production Structures," *Econometrica*, vol. 54 no. 6, pp. 1425-1433.
Ichihashi, M., Ikeda, H. and Iiguni, Y. (1995) "A Means of Graphical Analysis for Input-Output Table," *Kochi University Review of Social Science*, no. 54, pp. 193-226.
Izumi, H., Li, J. and Kalmans, R. (1999) "An International Comparison of TFP Using I-O Tables in China, Japan and the United States"『阪南論集社会科学編』vol. 35 no. 2, pp. 15-28.
Jorgenson, D. W. and Kuroda, M. (1992) "Productivity and International Competitiveness in Japan and the United States, 1960-1985," *The Economic studies quarterly*, vol. 43 no. 4, pp. 313-325.
Kamehata, Y., Dasgupta, R. and Onodera, H. (1996) "The Importance of Public Investment in Relation to the Asahikawa-Douhoku Region of Hokkaido," *Journal of Applied Input-Output Analysis*, vol. 3, pp. 56-63.
Kuboniwa, M. (1988) "Prospects for Restructuring the Soviet Price and Finance System," *Hitotsubashi Journal of Economics*, vol. 29 no. 2, pp. 143-163.
―――(1993) "Output and Price Structure of the Russian Economy," *Economic Systems Research*, vol. 5 no. 2, pp. 149-171.
―――(1994) "The Structure of Russian Foreign Trade in Transition," *Hitotsubashi Journal of Economics*, vol. 35 no. 2, pp. 73-94.
―――(1999) "The New Russian Input-Output Tables," *The Journal of Econometric Study of Northeast Asia*, vol. 1 no. 2, pp. 3-20.
Kuriyama, T. and Oniki, H. (1992) "Contribution of New Information Technology to the Growth of the Japanese Economy for 1974-85," *Journal of Applied Input-Output Analysis*, vol. 1 no. 1, pp. 24-42.

Kuroda, M. and Shimpo, K. (1992) "Sources of Aggregate Economic Growth in Japan during the Period 1960-1985," *Journal of Applied Input-Output Analysis*, vol. 1 no. 1, pp. 55-70.

──── and Nomura, K. (1999) "Productivity Comparison and International Competitiveness," *Journal of Applied Input-Output Analysis*, vol. 5, pp. 1-38.

Li, J., Izumi, H. and Nakajima, A. (1995) "The Harmonization of Chinese and Japanese Input-Output Tables by Using PPP," *Journal of Applied Input-Output Analysis*, vol. 2 no. 2, pp. 54-79.

Nakajima, A. and Izumi, H. (1995) "Economic Development and Unequal Exchange among Nations," *Review of Radical Political Economics*, vol. 27 no. 3, pp. 86-94.

Nakamura, Y. (1994) "Changing Industrial Linkage in the West Pacific," *Journal of Applied Input-Output Analysis*, vol. 2 no. 1, pp. 1-15.

Neubauer, W. (1994) "Input-Output-Tables in Germany, "*Statistics*, no. 67, pp. 67-72 (濱砂敬郎訳 (1994)「ドイツの産業連関計算」『統計学』no. 67, pp. 59-66).

Nidaira, K. (1998) "An Inter Regional Input Output Analysis for Regional Development in Indonesia," *Studies in Regional Science*, vol. 28 no. 1, pp. 183-192.

Ota, H. (1994) "The 1985 Japan-US-EC-Asia Input-Output Table," *Journal of Applied Input-Output Analysis*, vol. 2 no. 1, pp. 54-78.

Saito, M. and Tokutsu, I. (2001) "An International Comparison of the Input-Output Structure," *Journal of Applied Input-Output Analysis*, vol. 7, pp. 35-60.

Sakurai, N., Papaconstantinou, G. and Ioannidis, E. (1997) "Impact of R&D and Technology Diffusion on Productivity Growth," *Economic Systems Research*, vol. 9 no. 1, pp. 81-109.

Shishido, S. and Nakamura, O. (1992) "Induced Technical Progress and Structural Adjustment," *Journal of Applied Input-Output Analysis*, vol. 1 no. 1, pp. 1-23.

Tokoyama, H. (1993) "An Analysis of Food Consumption Patterns Using Input-Output Tables," *Journal of Applied Input-Output Analysis*, vol. 1 no. 2, pp. 82-94.

Tokutsu, I. (1994) "Price-endogenized Input-Output Model," *Economic Systems Research*, vol. 6 no. 4, pp. 323-345.

Uchida, M., Hattori, T. and Sakurai, N. (1996) "The Economic Impact of a Nuclear Power Moratorium," *Journal of Applied Input-Output Analysis*, vol. 3, pp. 1-17.

Yamada, M. (1996) "An Interregional Input-Output Table of Mie Prefecture, Japan," *Journal of Applied Input-Output Analysis*, vol. 3, pp. 64-79.

Yoshinaga, K. (1988) "Note on the Foreign Trade Structure of Japan and the Federal Republic of Germany," *Hitotsubashi Journal of Economics*, vol. 29 no. 1, pp. 101-115.

──── (1993) "A Comparison of Input-Output Structure in 1985 of Japan, United States and EC Countries," *Kansai University Review of Economics and Business*, vol. 21 nos. 1·2, pp. 49-89.

―――― and Izumi, H. (1994a) "Recompilation of Japanese Input-Output-Table according to the European System of Integrated Economic Accounts (ESA)," *Kansai University Review of Economics and Business*, vol. 22 nos. 1・2, pp. 15-55.

―――― (1994b) "An Analysis of Trade Interdependency between Japan, U. S. and EC 3 Countries by 1985 Pentalateral International Input-Output Table," *Kansai University Review of Economics and Business*, vol. 22 nos. 1・2, pp. 57-97.

―――― (1995) "A Comparison of Input-Output Structure in the early 1990's between Japan and EU as a Whole," *Kansai University Review of Economics and Business*, vol. 23 nos. 1・2, pp. 1-40.

Yuge, Y. (1997) "Input-Output Marketing Analysis Table," *Journal of Applied Input-Output Analysis*, vol. 4, pp. 1-21.

青木博明 (1999)「平成5年大阪府産業連関表による大阪経済の概観と経済波及分析」『阪南論集社会科学編』vol. 34 no. 3, pp. 7-21.

赤林由雄 (1991)「日米経済の相互依存関係」『イノベーション & I-O テクニーク』vol. 2 no. 2, pp. 11-26.

秋田隆裕 (1989)「インドネシア経済の構造変化」『イノベーション & I-O テクニーク』vol. 1 no. 1, pp. 89-98.

――――・鍋島芳弘 (1992)「地域内産業連関表による北海道経済の成長要因分析」『イノベーション & I-O テクニーク』vol. 3 no. 2, pp. 48-58.

―――― (1993)「地域間産業連関表による地域経済成長の要因分析」『イノベーション & I-O テクニーク』vol. 4 nos. 3・4, pp. 49-58.

―――― (1994)「地域間相互依存と地域の成長」『イノベーション & I-O テクニーク』vol. 5 no. 2, pp. 49-59.

―――― (1996)「アジア太平洋地域の相互依存と成長」『産業連関』vol. 6 no. 3, pp. 10-20.

―――― (1997 a)「インドネシア経済の構造変化と成長：1971―1990」『産業連関』vol. 7 no. 2, pp. 13-20.

――――・川村和美 (1997 b)「中国地域産業連関表にみる東北三省対その他の地域の相互依存関係」『Erina Report』vol. 19, pp. 35-39.

――――・片岡光彦 (2000)「地域間相互依存と地域の成長 1965―1990」『産業連関』vol. 9 no. 4, pp. 27-42.

秋山裕 (1997)「地域間産業連関表によるタイの地方分散化政策の分析」『産業連関』vol. 7 no. 3, pp. 17-23.

朝日幸代 (1996)「製造業の海外投資が国内経済に与える影響」『地域経済研究』vol. 96, pp. 179-204.

朝元照雄 (1997)「台湾経済の産業連関分析」『産業経営研究所報』九州産業大学, no. 29, pp. 1-19.

浅利一郎・土居英二 (1988)「付加価値税導入と産業・家計・財政への影響の推計」『法経研究』静岡大学人文学部, vol. 37 no. 1, pp. 1-38.

芦谷恒憲・地主敏樹 (1999)「阪神・淡路大震災の経済的影響の推計のための産業連関

表」『産業連関』vol. 8 no. 4, pp. 6-14.
―――――・地主敏樹（2001）「震災と被災地産業構造の変化」『国民経済雑誌』vol. 183 no. 1, pp. 79-97.
新井益洋・石田孝造・桜本光・清水雅彦（1992）「巨大都市の経済構造分析（IV）」『イノベーション & I-O テクニーク』vol. 3 no. 4, pp. 60-72.
―――――（1993）「巨大都市の経済構造分析（V）」『イノベーション & I-O テクニーク』vol. 4 no. 2, pp. 59-66.
―――――・石田孝造・桜本光・清水雅彦（1994）「巨大都市東京の投入産出分析」『イノベーション & I-O テクニーク』vol. 5 no. 1, pp. 57-69.
荒川光正（1993）「産業連関分析と所得波及の統合モデルについて」『経済論集』愛知大学経済学会, no. 132, pp. 1-22.
安時亨・飯田克弘・森康男（1998 a）「産業連関表を用いた地域別発生・集中貨物量推定に関する研究」『交通科学』vol. 28 nos. 1・2, pp. 91-98.
―――――・井手将和・飯田克弘・森康男（1998 b）「重量ベース産業連関表の作成方法に関する研究」『高速道路と自動車』vol. 41 no. 5, pp. 24-31.
安藤朝夫・堺美智雄（1989）「産業連関表の都市圏への適用のためのノン・サーベイ改訂について」『土木学会論文集』no. 401/ IV-10, pp. 33-40.
安藤実・三木義一・浅利一郎・土居英二・金澤史男（1988）「税制改革で年収 700 万円未満は増税に」『エコノミスト』no. 2788, pp. 60-65.
家坂正光（1998）「サトウキビ部門の経済波及効果」『農業経営通信』no. 196, pp. 2-5.
井口富夫（1988）「産業連関表における生命保険業に関する疑問点」『文研論集』生命保険文化研究所 no. 85, pp. 101-122.
―――――（1992）「生命保険業と産業連関表」『大坂府立大学経済研究』vol. 37 nos. 1・2, pp. 47-56.
池田明由（1989）「国際産業連関分析における基礎的問題」『三田学会雑誌』vol. 82 no. 3, pp. 629-643.
―――――（1992）「技術変化の部門間波及に関する考察」『行動科学研究』vol. 39, pp. 125-141.
池田啓実（1994）「地域産業政策のための構造分析」『高知論叢』no. 49, pp. 63-85.
―――――・飯国芳明（1997）「産業連関分析における取引連鎖構造分析視角の検討」『高知論叢』no. 58, pp. 53-67.
石川良文（1998）「中部国際空港および関連プロジェクトの経済波及効果」『産業連関』vol. 8 no. 2, pp. 64-70.
石田孝造（1988）「産業連関アプローチによる東京都経済の分析」『経済学季報』立正大学経済学会, vol. 38 no. 1, pp. 99-124.
―――――（1990）「巨大都市の経済構造分析（I）」『イノベーション & I-O テクニーク』vol. 1 no. 2, pp. 72-78.
―――――（1991）「昭和 60 年東京都経済の投入・産出分析」『経済学季報』立正大学経済学会, vol. 40 no. 4, pp. 43-65.
―――――・清水雅彦・新井益洋・桜本光（1996）「巨大都市の経済構造分析（VI）」『産

業連関』vol. 7 no. 1, pp. 31-46.
泉弘志（1986）「産業連関表の利用」『統計学：社会科学としての統計学(2)』nos. 49・50, pp. 178-187.
─── (1990 a)「労働価値計算による剰余価値率・有機的構成・利潤率の推計」『経済』新日本出版，no. 309, pp. 181-197.
─── (1990 b)「労働価値計算にもとづく剰余価値率・利潤率の推計」『経済理論学会年報：労働価値説の現代的意義』vol. 27, pp. 131-145.
─── (1991)「労働価値計算に基づく剰余価値率推計について」『統計学』no. 61, pp. 43-48.
─── (1992 a)『剰余価値率の実証研究』法律文化社.
─── (1992 b)「EC 統計局型アメリカ合衆国産業連関表」『統計研究参考資料』no. 37.
─── (1993 a)「剰余価値率」伊藤陽一・岩井浩・福島利夫編著『労働統計の国際比較』梓出版社，pp. 179-194.
─── ・良永康平 (1993 b)「EC 諸国と比較可能な日本の産業連関表の作成」『大阪経大論集』vol. 44 no. 4, pp. 101-137.
─── ・藤川清史 (1994)「日米の費用構造較差と戦後日本の費用構造変化」『イノベーション & I-O テクニーク』vol. 5 no. 3, pp. 24-36.
─── ・木下滋・藤江昌嗣・大西広・藤井輝明編著 (1995 a)『経済統計学の現代化』晃洋書房.
─── ・中島章子 (1995 b)「国際的不等労働量交換の計測について」泉他編著 (1995 a), pp. 79-89.
─── ・李潔 (1997)「現代中国産業別生産性の水準と特徴」『大阪経大論集』vol. 47 no. 6, pp. 7-22.
─── ・李潔・小川雅弘 (1998)「実物型（物量）表による中日産業関連構造の国際比較」『大阪経大論集』vol. 49 no. 1, pp. 399-411.
─── ・李潔 (1999)「PPP による韓日 I-O 表実質値データの構築」『産業連関』vol. 8 no. 4, pp. 56-70.
井田憲計 (1997)「規模別産業連関表による中小企業部門の構造分析」『産開研論集』no. 10, pp. 1-7.
─── (2000)「規模別産業連関表からみた大企業・中小企業部門の構造変化」『産開研論集』no. 12, pp. 1-11.
板倉理友 (2000)「バーチャルダム建設による経済的波及効果」『経済学論集』宮崎産業経営大学経済学会，vol. 9 no. 1, pp. 67-94.
市川妙子 (1996)「都道府県における産業連関分析実施状況について」『統計情報』vol. 45 no. 528, pp. 23-36.
市橋勝 (1995 a)「プロセスグラフとグラフ理論」泉他編著 (1995 a), pp. 109-126.
─── (1995 b)「波及経路行列による産業構造分析」『広島大学総合科学部紀要 II：社会文化研究』vol. 21, pp. 47-66.
─── ・飯国芳明・池田啓実 (1997)「波及過程分析と逆行列への収束割合」『広島大

学総合科学部紀要II：社会文化研究』vol. 23, pp. 1-26.

伊藤昭男・黒柳俊雄・出村克彦（1993）「公共事業，商業の市場開放に関する地域間産業連関シミュレーション分析」『北海道大学大学院環境科学研究科邦文紀要』no. 6, pp. 53-73.

――――・出村克彦・小川祐子（1995）「スペイン経済とEC加盟」『産業連関』vol. 6 no. 2, pp. 14-21.

――――・鍋島芳弘（1997）「北海道の地域経済発展」『産業連関』vol. 7 no. 3, pp. 65-72.

伊藤和彦・高橋克秀（2000）「介護保険制度導入がもたらす東京都経済への波及効果」『日本経済研究』no. 40, pp. 105-128.

伊藤正一・橋一亮・平良信夫・南野由美（1997 a）「大阪府地域間産業連関表の概要」『産業連関』vol. 7 no. 2, pp. 46-53.

――――・橋一亮・平良信夫・南野由美（1997 b）「平成2年大阪府地域間産業連関表による経済分析」『産業連関』vol. 7 no. 3, pp. 73-82.

――――・橋一亮・平良信夫・南野由美（1997 c）「平成2年大阪府地域間産業連関表による経済波及効果の分析」『産業連関』vol. 7 no. 4, pp. 64-72.

伊藤房雄（1992）「地域産業連関分析の『漏れ』に関する一考察」『農業経済研究報告』東北大学農学部農業経営学研究室, no. 25, pp. 135-150.

稲川順子（1993）「東欧諸国における経済改革」『イノベーション＆I-Oテクニーク』vol. 4 nos. 3・4, pp. 12-20.

稲村肇・須田熙（1991）「地域間SNA型物流予測モデルの開発」『土木学会論文集』no. 431/IV-15, pp. 41-46.

――――・早坂哲也・徳永幸之・須田熙（1994）「SNA地域間産業連関表を用いた物流解析の実証的研究」『土木学会論文集』no. 488/IV-23, pp. 77-85.

井上英雄（1998）「労働価値説の観点に立った産業連関表の組み替え」『政経研究』政治経済研究所, vol. 71, pp. 43-58.

猪俣哲史（1995）「アジア国際産業連関表」『アジア経済』vol. 36 no. 8, pp. 212-221.

井原健雄（1994）「地域間投入産出分析の動向と課題」『地域学研究』vol. 24 no. 1, pp. 41-51.

今井良夫（1987）「国際緊急救助隊の波及効果」『日本経済政策学会年報』no. 35, pp. 167-171.

――――・田中則仁（1988）「防衛支出の波及効果の計測」『新防衛論集』vol. 15 no. 4, pp. 51-69.

今橋隆（1985）「産業連関表による道路投資の効果分析」『高速道路と自動車』vol. 28 no. 8, pp. 22-27.

岩崎俊夫（1986）「産業連関分析」『統計学：社会科学としての統計学(2)』nos. 49・50, pp. 188-200.

――――（1987）「日本の経済計画と産業連関モデル」『北海学園大学経済論集』vol. 35 no. 2, pp. 83-102.

――――（1989）「産業連関表にもとづく剰余価値率計算と社会的必要労働量による価

値量規定命題」『北海学園大学経済論集』vol. 36 no. 3, pp. 261-275.
―――― (1990 a)「剰余価値率の統計計算と市場価値論次元の社会的必要労働量規定」『北海学園大学経済論集』vol. 37 no. 4, pp. 59-73.
―――― (1990 b)「価値レベル剰余価値率計算の泉方式について」『統計学』no. 59, pp. 17-24.
上田廣 (1995)「新潟県の産業構造に関する産業連関分析」『地域研究』長岡短期大学地域研究センター,no. 5, pp. 54-69.
―――― (1997)「新潟県のI-O分析」『産業連関』vol. 7 no. 2, pp. 54-61.
鵜飼康東・川村裕一 (1998)「関西国際空港開港後の経済効果」『関西大学経済論集』vol. 48 no. 3, pp. 29-49.
宇野裕 (1995 a)「介護の社会化は日本経済を救う(1)」『社会保険旬報』no. 1892, pp. 10-13.
―――― (1995 b)「介護の社会化は日本経済を救う(2)」『社会保険旬報』no. 1893, pp. 24-27.
―――― (1995 c)「介護の社会化は日本経済を救う(3)」『社会保険旬報』no. 1894, pp. 18-21.
―――― (1996)「介護の社会化は日本経済を救う (再論)」『社会保険旬報』no. 1901, pp. 29-31.
浦田秀次郎 (1986)「中国経済政策による産業構造変化の分析 (上)」『世界経済評論』vol. 30 no. 8, pp. 56-61.
―――― (1990)「一般均衡モデルの実証分析への応用」『三田学会雑誌』vol. 83 no. 2, pp. 213-238.
―――― ・河井啓希 (1995)「日本の製造業の比較優位変化とその要因分析」『産業連関』vol. 6 no. 2, pp. 4-13.
浦田昌計・徐兢 (1990)「中国における投入産出表作成の状況」『岡山大学産業経営研究会研究報告書』no. 25, pp. 1-26.
江上哲 (1996)「産業連関分析による日本流通システムの評価」『日本商業学会年報』vol. 1996, pp. 27-31.
江崎光男・Le Anh Son (1997)「ベトナム経済の中長期展望」『産業連関』vol. 7 no. 3, pp. 4-16.
江田三喜男 (1990)「地域間産業連関表による交易構造の変化」『明治大学社会科学研究所紀要』vol. 29 no. 1, pp. 3-19.
小井川広志 (1993)「技術進歩と経済開発」『名古屋学院大学論集社会科学篇』vol. 29 no. 3, pp. 435-450.
―――― (1995)「生産性変化の経済構造分析」『名古屋学院大学論集社会科学篇』vol. 32 no. 2, pp. 15-44.
王在喆 (1997 a)「中国上海地域の産業構造変化の要因分析」『高崎経済大学論集』vol. 40 nos. 1・2, pp. 497-538.
―――― (1997 b)「重点地域開発政策と中国の経済発展に関する産業連関分析」『産業連関』vol. 8 no. 1, pp. 30-37.

─────(2001)『中国の経済成長』慶應義塾大学出版会.
大井肇 (2000)「諸誘発効果における産業連関分析のモデル間比較」『産業総合研究調査報告書』沖縄国際大学産業総合研究所, vol. 8 no. 3, pp. 79-87.
大石憲子 (1989)「消費税のしくみと産業連関表」『経済統計研究』vol. 17 no. 1, pp. 19-46.
大川勉・西垣高史・森球美子・町田光弘・深瀬澄 (1992)「RAS 法と近畿産業連関表の延長問題」『経済学雑誌』大阪市立大学経済研究会, vol. 93 no. 1, pp. 1-28.
大川口信一 (1993)「宮城県の漁業の現状と漁業規制の影響」『イノベーション & I-O テクニーク』vol. 4 nos. 3・4, pp. 70-77.
大平純彦 (1994)「地域産業連関構造の変化の比較分析」『経営と情報』vol. 6 no. 2, pp. 67-81.
─────・吉田泰治・中川俊彦 (1997)「平成2年都道府県産業連関表の評価と分析」『産業連関』vol. 7 no. 3, pp. 55-64.
─────・吉田泰治・中川俊彦 (2000)「県表を用いた市町村における経済効果の計測について」『産業連関』vol. 9 no. 4, pp. 52-62.
大守隆・田坂治・宇野裕・一瀬智弘 (1998)「新ゴールドプランの内需拡大効果」『介護の経済学』東洋経済新報社, pp. 49-70.
岡本信広 (2000)「中国の産業連関分析」『アジア経済』vol. 41 no. 1, pp. 67-75.
小川正広 (1993)「雲仙・普賢岳噴火後1年の経済的影響」『イノベーション & I-O テクニーク』vol. 4 no. 1, pp. 67-73
小川雅弘 (1987)「産業連関論における固定的費用の捨象について」『統計学』no. 53, pp. 74-79.
奥田隆明・林良嗣 (1993)「確率論に基づく地域間産業連関分析の再検討」『地域学研究』vol. 23 no. 1, pp. 31-41.
小倉波子・山本伸幸 (1996)「農山村の経済循環構造」『産業連関』vol. 7 no. 1, pp. 47-63.
尾崎巌 (1980)「経済発展の構造分析(3)」『三田学会雑誌』vol. 73 no. 5, pp. 66-94.
─────・赤林由雄 (1989 a)「2国間の経済的相互依存関係の変容」『三田商学研究』vol. 32 no. 1, pp. 193-216.
─────(1989 b)「産業連関分析とは何か（Ⅰ）」『イノベーション & I-O テクニーク』vol. 1 no. 1, pp. 107-114.
─────(1990 a)「産業連関分析とは何か（Ⅱ）」『イノベーション & I-O テクニーク』vol. 1 no. 2, pp. 106-115.
─────(1990 b)「産業連関分析とは何か（Ⅲ）」『イノベーション & I-O テクニーク』vol. 1 no. 3, pp. 71-84.
─────(1990 c)「産業連関分析とは何か（Ⅳ）」『イノベーション & I-O テクニーク』vol. 1 no. 4, pp. 63-76.
長田博 (1995)「インドネシアの産業構造変化とその要因分析：1971年-90年」『国際開発研究フォーラム』no. 2, pp. 209-235.
尾関秀樹 (1998)「ブラジルの大豆関連産業を中心とした産業連関分析」『農業経営通

信』no. 196, pp. 10-13.
―――・須貝吉彦（1999）「ブラジル経済と大豆輸出の波及効果に関する産業連関分析」『産業連関』vol. 8 no. 4, pp. 15-21.
落合純（1997）「地域産業連関表の作成状況」『産業連関』vol. 7 no. 2, pp. 32-37.
小野達也・加藤義彦（1998）「東アジアと日米欧の相互依存関係の変化」『産業連関』vol. 8 no. 3, pp. 21-29.
小野﨑保（1999）「旭川市の地域産業連関分析」『旭川大学紀要』no. 47, pp. 85-120.
加賀爪優（1992）「オーストラリア米作地域における産業連関構造と米作からの経済波及効果」『農業計算学研究』no. 25, pp. 39-49.
―――（1993）「オーストラリアにおける稲作部門の経済波及効果に関する産業連関分析」『農林業問題研究』no. 110, pp. 11-21.
笠原浩三（1985）「農・林・水産業及びその関連産業に関する投入産出分析(1)」『鳥取大学農学部研究報告』vol. 38, pp. 92-105.
―――・韓寛淳・今井鑪蔵・金山紀久（1991）「経済成長要因に関する産業連関分析」『鳥取大学農学部研究報告』vol. 44, pp. 95-102.
梶野洋一・吉田武志（1990）「北海道経済活性化のために」『イノベーション＆I-Oテクニック』vol. 1 no. 2, pp. 79-88
片田敏孝・森杉壽芳・宮城俊彦・石川良文（1994 a）「地域内産業連関分析における地域間の「はね返り需要」の構造に関する研究」『地域学研究』vol. 24 no. 1, pp. 53-64.
―――・森杉壽芳・宮城俊彦・石川良文（1994 b）「地域内産業連関分析における「はね返り需要」の計測方法」『土木学会論文集』no. 488/IV-23, pp. 87-92.
―――（1995）「地域産業連関分析における空間集計誤差」『名古屋商科大学論集』vol. 39 no. 2, pp. 55-62.
―――・石川良文・長坂兼弘（1996）「地域産業連関分析における空間集計誤差」『土木学会論文集』no. 530/IV-30, pp. 79-85.
―――（1997 a）「景気対策としての建設型公共投資」『産業連関』vol. 7 no. 3, pp. 42-54.
―――・石川良文・青島縮次郎・岡寿一（1997 b）「公共投資における生産誘発効果の変遷とその要因分析」『土木学会論文集』no. 576/IV-37, pp. 31-41.
―――（1998）「投入係数の生産技術情報を用いた地域の技術連関構造分析」『産業連関』vol. 8 no. 3, pp. 50-62.
―――・井原常貴・小芝弘道・寒澤秀雄（1999）「地域産業連関体系における生産技術構造の把握方法とそれを用いた産業連関構造分析法の提案」『地域学研究』vol. 29 no. 1, pp. 13-24.
加藤久和（1995）「投入産出 (I/O) 分析の応用による労働力人口再分布モデル」『人口学研究』no. 18, pp. 39-44.
金沢孝彰（1993）「中国経済の構造変化と価格体系」『経済理論』和歌山大学経済学会，no. 255, pp. 82-107.
―――（1994）「2重価格制下の中国の産業連関分析に関する考察」『経済理論』和歌山大学経済学会，no. 261, pp. 16-36.

金田憲和（2001）「地域経済複合化の経済効果」『農村研究』東京農業大学農業経済学会, no. 92, pp. 9-20.

金子敬生（1986）「産業連関モデルの regionalization」『広島経済大学経済研究論集』vol. 9 no. 2, pp. 5-38.

─────（1989 a）「インドネシア工業化発展に関する産業連関分析」『基金調査季報』no. 63, pp. 58-109.

─────（1989 b）「企業規模別二重構造の産業連関分析」『広島経済大学経済研究論集』vol. 12 no. 4, pp. 39-55.

─────（1990 a）「企業規模別二重構造の産業連関分析」『イノベーション＆I-Oテクニーク』vol. 1 no. 3, pp. 23-37.

─────（1990 b）「ノン・サーベイ・テクニックによる投入係数の予測」『産業連関の経済分析』勁草書房, pp. 89-105.

釜国男（2001）「可変係数産業連関モデルの研究（その1）」『創価経済論集』vol. 30 nos. 2・3・4, pp. 199-213.

亀畑義彦・小野寺英明（1991）「産業連関表による旭川市分析の試み」『イノベーション＆I-Oテクニーク』vol. 2 no. 2, pp. 58-65.

─────・小野寺英明（1996）「北海道の地方都市における公共投資の役割」『産業連関』vol. 6 no. 3, pp. 46-55.

茅国平（1994）「上海市情報産業連関分析及び中日比較」『地域学研究』vol. 24 no. 1, pp. 79-97.

韓寛淳・笠原浩三（1992）「日韓両国の農業発展要因に関する産業連関分析」『農業経済研究』vol. 64 no. 1, pp. 28-38.

韓福相（1989）「韓国の経済成長と産業構造変化の要因分析」『アジア経済』vol. 30 no. 7, pp. 25-38.

─────（1995）「動学的産業連関モデルによる工業化分析」『関東学園大学紀要』no. 22, pp. 11-27.

菊池純一・北川正（1990）「光産業連関分析による先端技術へのアプローチ」『イノベーション＆I-Oテクニーク』vol. 1 no. 4, pp. 18-26.

─────・北原秋一・新堂精士（1996）「簡便I-O推計法による日本経済」『産業連関』vol. 6 no. 4, pp. 13-22.

木地孝之（1990）「国際産業連関表による日米経済の分析」『イノベーション＆I-Oテクニーク』vol. 1 no. 2, pp. 26-37.

─────（1992）「産業連関表の作成をめぐって」『イノベーション＆I-Oテクニーク』vol. 3 no. 1, pp. 34-40.

─────（1995 a）「Q＆A」『産業連関』vol. 6 no. 1, pp. 54-55.

─────（1995 b）「生産増加率の高い部門ほど輸入が増えている」『産業連関』vol. 6 no. 2, pp. 33-38.

─────（1996 a）「成長産業と停滞産業では生産コストの何が違うか」『産業連関』vol. 6 no. 3, pp. 32-38.

─────（1996 b）「企業経営および環境の変化と経済成長」『産業連関』vol. 6 no. 4,

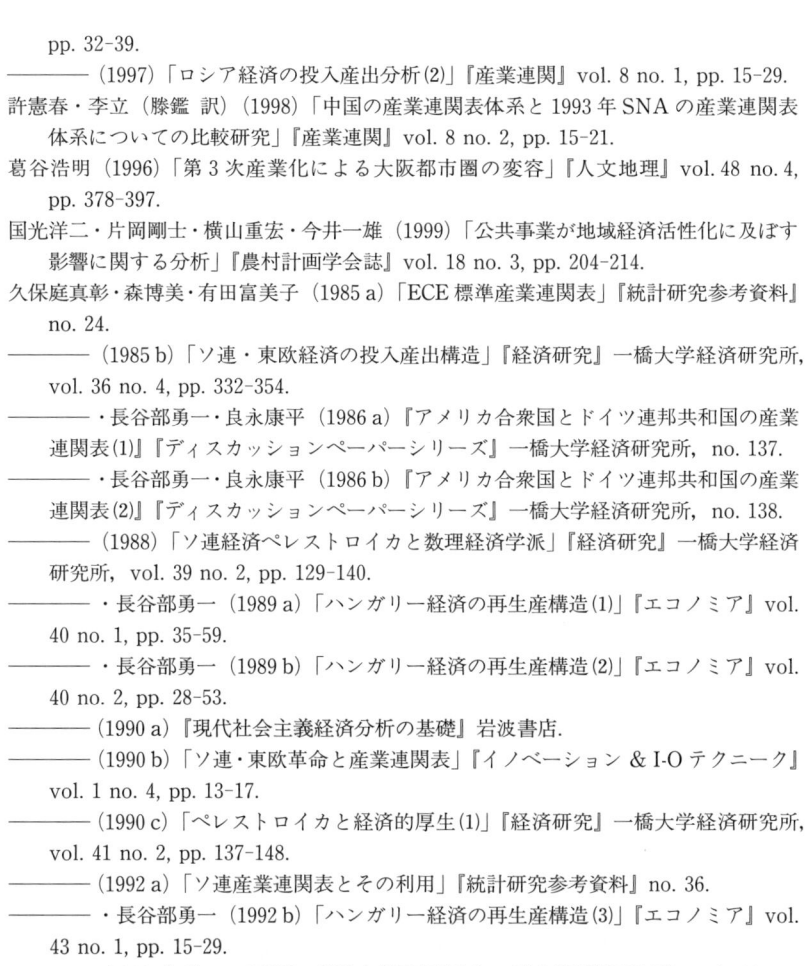

pp. 32-39.
―――― (1997)「ロシア経済の投入産出分析(2)」『産業連関』vol. 8 no. 1, pp. 15-29.
許憲春・李立（滕鑑 訳）(1998)「中国の産業連関表体系と 1993 年 SNA の産業連関表体系についての比較研究」『産業連関』vol. 8 no. 2, pp. 15-21.
葛谷浩明 (1996)「第 3 次産業化による大阪都市圏の変容」『人文地理』vol. 48 no. 4, pp. 378-397.
国光洋二・片岡剛士・横山重宏・今井一雄 (1999)「公共事業が地域経済活性化に及ぼす影響に関する分析」『農村計画学会誌』vol. 18 no. 3, pp. 204-214.
久保庭真彰・森博美・有田富美子 (1985 a)「ECE 標準産業連関表」『統計研究参考資料』no. 24.
―――― (1985 b)「ソ連・東欧経済の投入産出構造」『経済研究』一橋大学経済研究所, vol. 36 no. 4, pp. 332-354.
――――・長谷部勇一・良永康平 (1986 a)『アメリカ合衆国とドイツ連邦共和国の産業連関表(1)』『ディスカッションペーパーシリーズ』一橋大学経済研究所, no. 137.
――――・長谷部勇一・良永康平 (1986 b)『アメリカ合衆国とドイツ連邦共和国の産業連関表(2)』『ディスカッションペーパーシリーズ』一橋大学経済研究所, no. 138.
―――― (1988)「ソ連経済ペレストロイカと数理経済学派」『経済研究』一橋大学経済研究所, vol. 39 no. 2, pp. 129-140.
――――・長谷部勇一 (1989 a)「ハンガリー経済の再生産構造(1)」『エコノミア』vol. 40 no. 1, pp. 35-59.
――――・長谷部勇一 (1989 b)「ハンガリー経済の再生産構造(2)」『エコノミア』vol. 40 no. 2, pp. 28-53.
―――― (1990 a)『現代社会主義経済分析の基礎』岩波書店.
―――― (1990 b)「ソ連・東欧革命と産業連関表」『イノベーション & I-O テクニーク』vol. 1 no. 4, pp. 13-17.
―――― (1990 c)「ペレストロイカと経済的厚生(1)」『経済研究』一橋大学経済研究所, vol. 41 no. 2, pp. 137-148.
―――― (1992 a)「ソ連産業連関表とその利用」『統計研究参考資料』no. 36.
――――・長谷部勇一 (1992 b)「ハンガリー経済の再生産構造(3)」『エコノミア』vol. 43 no. 1, pp. 15-29.
―――― (1992 c)「ロシア経済の構造」『経済研究』一橋大学経済研究所, vol. 43 no. 4, pp. 337-360.
―――― (1993)「ロシアの国民経済計算」『日本経済研究センター会報』no. 676, pp. 25-32.
―――― (1994 a)「ロシア経済の構造」『経済研究』一橋大学経済研究所, vol. 45 no. 2, pp. 126-138.
―――― (1994 b)「ロシア経済の I-O 分析」『イノベーション & I-O テクニーク』vol. 5 no. 2, pp. 40-48.
―――― (1994 c)「ウクライナ経済の構造」『ロシア経済の再建と戦後日本の産業合理化に関する調査研究』産業研究所, pp. 93-109.

─── (1995a)「ロシアの産業構造と経済発展」望月喜市・田畑伸一郎・山村理人編『スラブの経済』弘文堂, pp. 188-228.

─── (1995b)「ロシア極東産業連関表 (1987) の構造と地域特性」『Erina Report』vol. 9, pp. 13-17.

─── (1995c)「ロシア生産統計の下方バイアス性」『経済研究』一橋大学経済研究所, vol. 46 no. 4, pp. 289-302.

─── (1997a)「ロシア経済の構造」『経済研究』一橋大学経済研究所, vol. 48 no. 3, pp. 262-280.

─── (1997b)「ロシア経済の投入産出分析(1)」『産業連関』vol. 7 no. 4, pp. 4-22.

─── (1998)「ロシア経済統計の新地平」『Erina Report』vol. 21, pp. 40-46.

─── ・田畑伸一郎 (1999)「ロシアにおける統計システム移行」『経済研究』一橋大学経済研究所, vol. 50 no. 4, pp. 357-379.

─── (2001)「ロシア市場経済化の特異性」『経済研究』一橋大学経済研究所, vol. 52 no. 2, pp. 157-165.

倉知哲朗 (1996a)「甘しょ及び関連産業の生産変動による経済的波及効果」『農業経済論集』vol. 47 no. 1, pp. 61-75.

─── (1996b)「甘しょ生産および関連産業の経済的波及効果」『農業経営通信』no. 190, pp. 18-21.

栗林純夫・定村薫 (1996)「最適技術移転戦略のシミュレーション分析」『東京国際大学論叢経済学部編』no. 14, pp. 81-93.

─── (1999)「中国の物的産業連関分析」『東京国際大学論叢経済学部編』no. 20, pp. 39-62.

黒田昌裕 (1985)「経済成長と全要素生産性の推移」『三田商学研究』vol. 28 no. 2, pp. 25-52.

─── (1986)「日米経済成長と技術変化」『三田商学研究』vol. 29 no. 1, pp. 57-90.

─── ・桜本光・河井啓希 (1987a)「エネルギー価格変化と資源分配」『三田商学研究』vol. 30 no. 3, pp. 1-31.

─── ・吉岡完治・清水雅彦 (1987b)「経済成長：要因分析と多部門間波及」浜田宏一・黒田昌裕・堀内昭義編『日本経済のマクロ分析』東京大学出版会, pp. 57-95.

─── ・河井啓希・新保一成 (1989)「日米産業部門別生産性の比較と国際競争力」『三田商学研究』vol. 32 no. 1, pp. 115-142.

─── (1990)「経済構造変化と国際競争力」『イノベーション＆I-Oテクニーク』vol. 1 no. 3, pp. 4-22.

─── (1992a)「産業連関表の作成をめぐって(2)」『イノベーション＆I-Oテクニーク』vol. 3 no. 2, pp. 40-47.

─── (1992b)「産業連関表の作成をめぐって(3)」『イノベーション＆I-Oテクニーク』vol. 3 no. 3, pp. 20-23.

─── (1992c)「TFP (全要素生産性) の理論と測定 (I)」『イノベーション＆I-Oテクニーク』vol. 3 no. 3, pp. 37-46.

─── (1992d)「TFP (全要素生産性) の理論と測定 (II)」『イノベーション＆I-

――――― Oテクニーク』vol. 3 no. 4, pp. 73-86.

―――――（1993 a）「TFP（全要素生産性）の理論と測定（III）」『イノベーション & I-Oテクニーク』vol. 4 no. 1, pp. 74-80.

―――――・根岸祥子（1993 b）「構造調整指標の理論的枠組み」『経済統計研究』vol. 20 no. 4, pp. 71-97.

―――――・新保一成・野村浩二・小林信行（1996）『KEOデータベース』KEOモノグラフシリーズ no. 8, 慶應義塾大学産業研究所.

―――――・野村浩二（1997）「生産性パラドックスへの一つの解釈」『金融研究』日本銀行金融研究所, vol. 16 no. 4, pp. 21-54.

―――――（1999a）「我が国産業の国際競争力と生産性パラドックス」『郵政研究所月報』no. 131, pp. 53-75.

―――――・野村浩二（1999 b）「日米生産性比較と国際競争力」『三田商学研究』vol. 42 no. 5, pp. 41-73.

桑森啓（1999）「ASEAN諸国の域内経済協力と経済統合」『産業連関』vol. 9 no. 2, pp. 45-51.

黄愛珍（1999）「輸出拡大政策が中国経済に及ぼす影響」『産業連関』vol. 9 no. 2, pp. 26-38.

厚生省（1999）『厚生白書（平成11年版）』ぎょうせい.

神頭広好（2000）「高速道路IC利用の県外観光旅行者に関する産業連関分析」『愛知経営論集』no. 142, pp. 31-47.

河野博忠（1991 a）「地域産業連関分析入門（I）」『イノベーション & I-Oテクニーク』vol. 2 no. 1, pp. 65-74.

―――――（1991 b）「地域産業連関分析入門（II）」『イノベーション & I-Oテクニーク』vol. 2 no. 2, pp. 66-82.

―――――（1991 c）「地域産業連関分析入門（III）」『イノベーション & I-Oテクニーク』vol. 2 no. 4, pp. 69-87.

―――――（1992）「地域産業連関分析入門（IV）」『イノベーション & I-Oテクニーク』vol. 3 no. 1, pp. 56-77.

―――――（1993）「地域産業連関分析入門（V-1）」『イノベーション & I-Oテクニーク』vol. 4 no. 2, pp. 67-92.

―――――（1994）「地域産業連関分析入門（V-2）」『イノベーション & I-Oテクニーク』vol. 5 no. 2, pp. 60-95.

小久保幸市（1993）「1988年東京都産業連関表（延長表）について」『イノベーション & I-Oテクニーク』vol. 4 nos. 3・4, pp. 59-69.

小坂弘行（1994）「産業政策と国際産業連関モデル」『イノベーション & I-Oテクニーク』vol. 5 no. 2, pp. 28-39.

―――――（1995）「国際産業連関モデルにおける規制緩和の影響」『地域学研究』vol. 25 no. 1, pp. 177-184.

小林潔司・追田一喜（1994）「技術革新を内生化した動的産業連関モデルに関する研究」『土木学会論文集』no. 482/IV-22, pp. 57-66.

米谷圭三 (1998)「観光産業が地域経済に及ぼす影響」『社会科学研究年報』龍谷大学社会科学研究所, no. 28, pp. 43-61.

近藤功庸・出村克彦 (1998)「都市再開発の経済波及効果に関する地域産業連関分析」『旭川大学紀要』nos. 45・46, pp. 77-94.

近藤正幸 (1989)「マイクロエレクトロニクス化が経済に及ぼす影響の定量分析」『経済統計研究』vol. 17 no. 2, pp. 61-88.

斎藤勝宏 (1991 a)「コメ市場開放の地域経済へ及ぼす影響」森島賢『コメ輸入自由化の影響予測』富民協会, pp. 224-244.

─── (1991 b)「コメの市場開放の及ぼす短期的経済効果」森島賢『コメ輸入自由化の影響予測』富民協会, pp. 261-278.

─── (1992)「コメ市場開放の日米間産業連関分析」『農業経済研究』vol. 64 no. 3, pp. 146-153.

─── (1996)「ガット農業合意の経済波及効果」『産業連関』vol. 6 no. 3, pp. 39-45.

斎藤寿男・北川博人 (1989)「政府規制分野のウェイト」『公正取引』vol. 470, pp. 56-57.

斎藤光雄 (1973)『一般均衡と価格』創文社.

坂田幸繁 (1987)「産業連関モデルと『構造』分析」『経済学論纂』中央大学経済学研究会, vol. 28 no. 2, pp. 85-103.

佐久間恵二 (1990)「『未来の東北博覧会』に関する経済波及効果」『イノベーション & I-O テクニーク』vol. 1 no. 3, pp. 66-70.

櫻井紀久 (1992 a)「OECD 7 カ国における産業構造変化の分析」『電力中央研究所研究調査資料』no. Y91903.

───・Andrew W. Wyckoff (1992 b)「OECD 7 カ国における産業構造変化の分析」『イノベーション & I-O テクニーク』vol. 3 no. 2, pp. 13-30.

─── (1997)「貿易パターンの変化と要素蓄積」『電力中央研究所報告』no. Y97002.

─── (1999)「貿易パターンと要素蓄積」『産業連関』vol. 8 no. 4, pp. 45-55.

桜本光 (1991)「巨大都市の経済構造分析 (III)」『イノベーション & I-O テクニーク』vol. 2 no. 3, pp. 55-68.

───・時子山ひろみ (1994)「「米国の鉄鋼反ダンピング課税」は何をもたらすか」『イノベーション & I-O テクニーク』vol. 5 no. 1, pp. 4-11.

佐々木康・原田宗彦・守能信次 (1997)「産業連関分析による医療費削減の経済評価」『スポーツ産業学研究』vol. 7 no. 2, pp. 9-18.

佐藤真人 (1992)「「1975─80─85 年接続産業連関表」におけるサービス業と製造業の労働誘発」『関西大学経済論集』vol. 42 no. 4, pp. 469-503.

─── (1993)「接続産業連関表における職業別雇用変動」『関西大学経済論集』vol. 43 no. 2, pp. 113-155.

佐野敬夫・玉村千治 (1994)「アジア太平洋地域の国際産業機関」『イノベーション & I-O テクニーク』vol. 5 no. 1, pp. 19-30.

三和銀行総合研究所 (1998)「産業連関表によるわが国の産業ネットワーク構造の変化と将来展望」『経済月報』三和銀行総合研究所, no. 731, pp. 3-7.

塩野敏晴 (1996)「茶産業と地域経済」土居英二他編著 (1996), pp. 185-195.

宍戸駿太郎（1990 a）「技術革新と I-O 分析」『イノベーション & I-O テクニーク』vol. 1 no. 2, pp. 4-15.
─────（1990 b）「投入係数の予測手法」『イノベーション & I-O テクニーク』vol. 1 no. 3, pp. 85-89.
─────・F. G. アダムス（1993）「クリントン・シミュレーション」『イノベーション & I-O テクニーク』vol. 4 no. 2, pp. 4-16.
─────・川村和美・房文慧（1996）「中国黒竜江省の産業構造」『産業連関』vol. 6 no. 4, pp. 4-12.
─────・アレクサンダー‐モヴチョウック（1997）「グローバル時代の県民経済」『産業連関』vol. 7 no. 4, pp. 52-63.
─────（1999）「日本経済のルネッサンスは再来するか(1)」『産業連関』vol. 9 no. 2, pp. 4-12.
─────（2000 a）「日本経済のルネッサンスは再来するか(2)」『産業連関』vol. 9 no. 4, pp. 10-17.
─────（2000 b）「北東アジア・7 地域産業連関表の完成について」『Erina Report』vol. 36, pp. 20-29.
静岡大学経済学・税法研究者の会（1988）『シミュレーション税制改革』青木書店.
静岡大学税制研究チーム（1990）『消費税の研究』青木書店.
自治体問題研究所編集部（1998）『社会保障の経済効果は公共事業より大きい』自治体研究社.
─────（1999）『福祉をふやして雇用も景気も』自治体研究社.
シッド‐テローサ・伊藤昭男・出村克彦（2000）「アジア的農業発展経路と産業構造の変化」『開発政策研究』no. 2, pp. 126-141.
柴田貴徳・安藤朝夫（1991）「中国の開放経済政策と都市化」『都市計画論文集』vol. 26-B, pp. 565-570.
清水友康・山田隆一（1996）「北海道の国産天然ガス導入と経済波及効果の分析」『産業連関』vol. 7 no. 1, pp. 17-23.
清水雅彦（1989）「産業連関表における消費税の表章形式」『経済統計研究』vol. 17 no. 1, pp. 1-18.
─────（1990）「巨大都市の経済分析（II）」『イノベーション & I-O テクニーク』vol. 1 no. 3, pp. 58-65
─────（2000）「レオンティエフ・モデルと産業連関表」『統計』vol. 51 no. 12, pp. 17-23.
新谷正彦（1985）「情報サービス業の投入・産出に関する数量的研究」『西南学院大学学術研究所紀要』no. 20.
─────（1987 a）「養蚕，製糸および絹織物業に関する産業連関分析：昭和 45-50-55-57 年」『西南学院大学経済学論集』vol. 21 no. 4, pp. 1-51.
─────（1987 b）「蚕糸業発展の産業連関分析：1888-1914-1935」『西南学院大学経済学論集』vol. 22 no. 3, pp. 93-117.
─────（1988）「戦前期産業連関構造の変化に関する数量的研究」『西南学院大学学術

　　　　研究所紀要』no. 22.
―――― (1989 a)「運輸・通信・公益産業の産業連関分析：1885-1938 年」『西南学院大学経済学論集』vol. 23 nos. 3・4, pp. 205-231.
―――― (1989 b)「商業サービス業の産業連関分析：1885-1938 年」『西南学院大学経済学論集』vol. 24 no. 1, pp. 27-52.
―――― (1989 c)「産業連関構造の変化に関する数量的研究：1885-1938 年」『西南学院大学学術研究所紀要』no. 23.
―――― (1990)「日米産業連関構造の変化に関する比較研究：1889-1980 年」『西南学院大学学術研究所紀要』no. 24.
―――― (1991 a)「戦前期産業連関表の再推計：1885-1940 年」『西南学院大学経済学論集』vol. 26 no. 1, pp. 1-46.
―――― (1991 b)「戦時経済下の産業連関表試算」『西南学院大学経済学論集』vol. 26 nos. 2・3, pp. 89-119.
―――― (1992 a)「産業連関構造の変化と労働雇用：1887-1938 年」『西南学院大学経済学論集』vol. 27 no. 1, pp. 19-42.
―――― (1992 b)「産業連関構造の変化と粗資本ストック：1887-1938 年」『西南学院大学経済学論集』vol. 27 no. 2, pp. 67-92.
―――― (1995 a)「マレーシアの経済発展と産業構造の変化：1960-1990 年」『西南学院大学経済学論集』vol. 30 no. 1, pp. 29-64.
―――― (1995 b)「マレーシアにおける労働需要構造の変化：1970-2020 年」『西南学院大学経済学論集』vol. 30 no. 1, pp. 29-64.
―――― (1999)「情報サービス業の構造変化に関する産業連関分析：1975-1995 年」『西南学院大学経済学論集』vol. 33 no. 2・3, pp. 233-262.
―――― (2001)「インドネシア西ジャワ州スカブミ県の産業連関分析」『西南学院大学経済学論集』vol. 35 no. 4, pp. 237-277.
新長章典 (1992)「消費税率の変更と産業連関分析」『広島経済大学経済研究論集』vol. 15 no. 2, pp. 177-196.
新保一成 (1990)「日米の輸出入構造の変化と生産要素賦存」『経済統計研究』vol. 18 no. 1, pp. 1-29.
―――― (1991)「時系列産業連関表の推計」『三田商学研究』vol. 33 no. 6, pp. 62-93.
菅幹雄 (1998)「平成 7 年産業連関表（速報）を用いた経路別生産波及分析」『経済統計研究』vol. 26 no. 3, pp. 45-64.
鈴木利和 (1999)「中山間地における地域産業連関表の作成と茶業が及ぼす経済的効果」『静岡県茶業試験場研究報告』no. 22, pp. 35-49.
鈴木利治 (2000)「産業連関表の部門統合と近似逆行列の定義」『経済論集』東洋大学経済研究会, vol. 25 no. 2, pp. 57-78.
鈴木充夫 (1990)「北海道農業協同組合の産業連関分析」『農村研究』東京農業大学農業経済学会, nos. 69・70, pp. 114-124.
スティン‐リーピヤチャート (1989)「タイ産業連関表による輸入代替と輸出拡大の効果分析」『アジア経済』vol. 30 no. 7, pp. 39-52.

相馬弘明・夏堀晋治・須藤慎一・田代健介 (1997)「北海道の平成5年 (1993年) 延長表について」『産業連関』vol. 8 no. 1, pp. 63-72.
総務庁統計局統計基準部 (1992)『諸外国における産業連関表等作成状況調査結果報告書』.
─── (1995)『平成2年 (1990年) 都道府県等産業連関表の作成状況調査』.
総務庁 (1999)『平成7年 (1995年) 産業連関表：総合解説編』全国統計協会連合会.
孫林・江崎光男 (2000)「貿易自由化と中国経済」『産業連関』vol. 9 no. 3, pp. 4-15.
高木康順 (1995)「アジアにおける国際産業連関構造の変化」『国学院経済学』vol. 43 no. 3, pp. 129-156.
高橋正 (1991)「『東京都産業連関表』からみた東京都経済の姿」『イノベーション & I-O テクニーク』vol. 2 no. 4, pp. 59-68.
高橋睦春 (1996)「1990年地域間産業連関表からみた地域産業構造の変化」『経済統計研究』vol. 24 no. 4, pp. 31-64.
高増明 (1994)「タイの経済成長と産業構造の変化」『大阪産業大学論集社会科学編』no. 97, pp. 93-114.
田中邦和 (1993)「貿易黒字削減政策の影響について」『神戸大学経済学研究年報』no. 40, pp. 123-145.
谷口和久 (1999)「英国の産業連関表」『大阪産業大学論集社会科学編』no. 113, pp. 369-373.
田畑伸一郎 (1992)「1980年代後半のソ連経済」『スラヴ研究』no. 39, pp. 1-38.
田畑理一 (1990)「中国産業連関表と価格改革について」『比較経済研究』晃洋書房, pp. 211-234.
玉岡雅之 (1988)「付加価値税の経済効果」『神戸大学経済学研究年報』vol. 35, pp. 195-226.
趙晋平 (1991)「中国における産業連関表作成の歴史的展開」『統計学』no. 61, pp. 55-65.
─── (1992 a)「比較：日・中産業連関表の基本構成」『立教経済学研究』vol. 45 no. 4, pp. 173-193.
─── (1992 b)「日中産業連関表の組替えについて」『統計学』no. 63, pp. 45-53.
─── (1994 a)「中国における労働投入の産業連関構造」『アジア経済』vol. 35, no. 7, pp. 53-72.
─── (1994 b)「日中雇用表の推計について」『立教経済学研究』vol. 47, no. 4
陳光輝・藤川清史 (1987)「台湾経済の『比例成長からの乖離 (DPG)』分析」『世界経済評論』vol. 31 no. 8, pp. 53-65.
───・藤川清史 (1992)「日米産業構造変化および成長パターンの分析」『イノベーション & I-O テクニーク』vol. 3 no. 2, pp. 31-39.
─── (1993)「中国の価格体系と価格モデル」『彦根論叢』nos. 283・284, pp. 261-275.
通商産業大臣官房調査統計部 (1997)『平成2年地域間産業連関表：作成結果報告書』.
─── (1999)『1990年日・米・EU・アジア国際産業連関表』通産統計協会.

―――― (2000)『平成7年日米国際産業連関表』通産統計協会.
塚原康博 (1992)「政府活動の産業連関分析」『季刊行政管理研究』no. 57, pp. 17-28.
―――― (1996)「医療活動の産業連関に関する研究」『医療経済研究』vol. 3, pp. 39-55.
―――― (1998)「サービス経済化の産業連関分析」『日本経済政策学会年報』no. 46, pp. 137-144.
筑井甚吉 (1991)「長期経済見通しのためのターンパイク・モデル」『イノベーション＆I-Oテクニーク』vol. 2 no. 1, pp. 58-64.
辻村江太郎・黒田昌裕 (1974)『日本経済の一般均衡分析』筑摩書房.
坪内建広 (1991)「愛媛県の地域間産業連関表について」『イノベーション＆I-Oテクニーク』vol. 2 no. 1, pp. 35-42.
出村克彦・伊藤昭男・瀬戸篤 (1995)「酪農乳製品の産業構造に関する国際比較」『農業経済研究』vol. 66 no. 4, pp. 192-201.
土居英二 (1988 a)「シミュレーションの全体構造」静岡大学経済学・税法研究者の会 (1988), pp. 58-67.
―――― ・浅利一郎 (1988 b)「消費税が産業にあたえる影響予測」静岡大学経済学・税法研究者の会 (1988), pp. 68-95.
―――― ・金澤史男・瀬川久志 (1988 c)「消費税の産業への影響予測の算出方法, 消費税の家計への影響予測の算出方法, 消費税の財政への影響予測の算出方法」静岡大学経済学・税法研究者の会 (1988), pp. 128-138.
―――― ・三木義一 (1988 d)「新型間接税の産業界への影響の計量分析について」『租税研究』no. 465, pp. 34-45.
―――― (1990 a)「大学の地域経済効果の計測」『法経研究』静岡大学, vol. 39 no. 3, pp. 23-40.
―――― ・金澤史男・浅利一郎 (1990 b)「消費税と企業・家計部門への影響の検証」静岡大学税制研究チーム (1990), pp. 24-97.
―――― (1990 c)「見直し諸ケースのシミュレーション分析」静岡大学税制研究チーム (1990), pp. 165-184.
―――― (1990 d)「自民党見直し案の実証的検討」静岡大学税制研究チーム (1990).
―――― (1992 a)『政策科学と数量分析』御茶の水書房.
―――― (1992 b)「経済のサービス化と産業連関表」上原信博編著『構造転換期の地域経済と国際化』御茶の水書房, pp. 119-179.
―――― (1996)「静岡県におけるI-O分析」『産業連関』vol. 7 no. 1, pp. 24-30.
―――― ・浅利一郎・中野親徳編著 (1996)『はじめよう地域産業連関分析』日本評論社.
滕鑑 (1995 a)「中国経済の構造変化」『産業連関』vol. 6 no. 2, pp. 22-32.
―――― (1995 b)「中国の物価指数と産業連関表の実質化」『現代社会文化研究』no. 3, pp. 113-149.
―――― (1997 a)「中国非競争輸入型・接続I-O表の構築」『経済統計研究』vol. 25 no. 2, pp. 51-86.

補章　産業連関研究の今日的動向　　　*219*

―――― (1997 b)「中国の農林水産業・食品工業分析用産業連関表についての研究」『経済統計研究』vol. 25 no. 4, pp. 33-58.
―――― (1999)「中国の農業部門と非農業部門（製造業・サービス業）との相互依存関係に関する産業連関分析」『経済統計研究』vol. 27 no. 1, pp. 39-70.
東北通産局編 (1992)『わかりやすい地域経済分析』通商産業調査会.
時永祥三 (1993)「アジアにおける情報通信の現状(3)」『経済学研究』九州大学経済学会, vol. 59 nos. 1・2, pp. 55-77.
徳田裕平 (1998)「産業連関表によるわが国の産業ネットワーク構造の変化と将来展望」『産業連関』vol. 8 no. 3, pp. 30-39.
得津一郎 (1990)「KLEM 型 CES 生産関数における生産要素の分離可能テスト」『国民経済雑誌』vol. 162 no. 2, pp. 37-51.
―――― (1994 a)『生産構造の計量分析』創文社.
―――― (1994 b)「オープン・レオンティエフ・モデルにおける投入係数の内生化」『国民経済雑誌』vol. 169 no. 5, pp. 81-98.
―――― (1996)「米国経済の投入産出構造への一般均衡論的接近」『国民経済雑誌』vol. 173 no. 4, pp. 53-67.
―――― (1998)「技術進歩の類型化について」『国民経済雑誌』vol. 177 no. 4, pp. 51-63.
―――― (2000)「投入産出モデル」『国民経済雑誌』vol. 181 no. 5, pp. 29-42.
泊敏男 (1991)「原油価格の影響分析」『イノベーション & I-O テクニーク』vol. 2 no. 1, pp. 18-27.
富川盛武 (1996)「台湾の工業化と貿易」『商経論集』沖縄国際大学商経学部, vol. 24 no. 1, pp. 161-195.
―――― (1997)「台湾の工業化と産業連関構造の変化」『商経論集』沖縄国際大学商経学部, vol. 26 no. 1, pp. 17-31.
鳥居泰彦 (1979)「産業構造の変化と経済発展の諸理論」『経済発展理論』東洋経済新報社, pp. 256-282.
中兼和津次 (1987)「農工間『不等価交換』論について」『一橋論叢』vol. 98 no. 6, pp. 847-868.
中川俊彦・大平純彦・吉田泰治 (1998)「公共投資の県経済への影響」『産業連関』vol. 8 no. 3, pp. 63-72.
―――― (1999)「地理的産業連関分析の応用」『総合研究』日本リサーチ総合研究所, no. 18, pp. 43-59.
中澤純治 (2002)「市町村産業連関表の作成とその問題点」『政策科学』立命館大学政策科学会, vol. 9 no. 2, pp. 113-125.
長澤克重 (1988 a)「ターンパイク・モデルの初期調整プロセス」『経済論叢』京都大学経済学会, vol. 142 nos. 2・3, pp. 49-69.
―――― (1988 b)「因子分析による投入産出構造変動の分析」『統計学』no. 55, pp. 52-63.
―――― (1990)「ソフト化・サービス化経済の産業連関分析」『立命館産業社会論集』

　　　　vol. 26 no. 1, pp. 91-112.
────（1992）「投下労働計算からみた経済のソフト化」『立命館産業社会論集』vol. 28 no. 3, pp. 39-58.
────（1995）「商品価値計算の方法による貿易パターンの分析」泉他編著（1995 a），pp. 91-107.
中島章子（1997 a）「日本韓国接続産業連関分析」『国際経済』国際経済学会，vol. 48 pp. 117-120.
────（1997 b）「日韓接続産業連関分析」『経済論叢』京都大学経済学会，vol. 159 nos. 5・6　pp. 371-391.
────（2001）『経済発展の産業連関分析』日本評論社.
中島朋義・臼木智昭（1997）「規制緩和の経済効果と産業連関分析」『産業連関』vol. 8 no. 1, pp. 53-62.
中島成佳・牧田修治（1995）「COSMO マクロモデル，セクターモデル，I-O モデルの連結による業種別企業収益・業種別株価予測」『産業連関』vol. 6 no. 1, pp. 23-34.
中谷孝久（1992）「ファジィ産業連関分析」西日本理論経済学会編『インセンティブと情報の経済分析』勁草書房，pp. 136-148.
────（1993）「ファジィ型産業連関モデル」『広島経済大学経済研究論集』vol. 16 no. 1, pp. 11-35.
────（1995）「ファジイ型地域産業連関モデル」『徳山大学総合経済研究所紀要』no. 17, pp. 1-5.
中谷武（1999）「医療・保健・社会保障の産業連関分析に向けて」『経済学論究』関西学院大学経済学研究会，vol. 52 no. 3, pp. 85-99.
中西一隆・佐藤隆（1990）「西暦 2000 年の情報化社会」『イノベーション & I-O テクニーク』vol. 1 no. 2, pp. 55-63.
中西貢（1989 a）「消費税導入と均衡価格モデル」『社会科学論集』埼玉大学経済研究室，no. 68, pp. 63-91.
────（1989 b）「消費税と産業連関表体系」『社会科学論集』埼玉大学経済研究室，no. 69, pp. 61-85.
────（1992 a）「商品技術仮定による投入係数の統計的推計方法」『社会科学論集』埼玉大学経済研究室，nos. 76・77, pp. 75-90.
────（1992 b）「均衡価格モデルにおける部門統合誤差」『統計学』no. 63, pp. 17-27.
────（1993）「産業連関表のブロック化と部門統合誤差」『社会科学論集』埼玉大学経済学会，no. 80, pp. 31-44.
永峰幸三郎（1997）「福祉サービスと公共事業の経済波及効果の比較」『地方財務』no. 522, pp. 9-20.
────（1999）「神奈川県における福祉サービスと公共事業の経済波及効果の比較」『自治体学研究』no. 79, pp. 36-41.
中村達生・戸井朗人・佐藤純一・永吉勇人（1997）「産業連関表を用いた我が国鉄鋼業の海外進出動向の研究」『鉄と鋼』vol. 83 no. 10, pp. 683-688.

中山恵子（1988 a）「多地域産業連関モデルにおける Leontief 行列の非負逆転可能性について」『オイコノミカ』vol. 25 no. 2, pp. 183-197.
――――（1988 b）「付加価値税と価格変動」『オイコノミカ』vol. 25 no. 2, pp. 199-220.
鍋島芳弘（1991）「北海道における公共投資の波及効果分析」『電力経済研究』no. 29, pp. 45-54.
――――（1995）「北海道開発事業の波及効果分析」『経済学研究』北海道大学経済学部, vol. 45 no. 1, pp. 41-53.
成田眞（1994）「海外投資が東北経済に与える影響」『イノベーション & I-O テクニーク』vol. 5 no. 3, pp. 68-73.
新山毅（1997）「釧路市の産業連関表」『釧路公立大学地域研究』no. 5, pp. 109-119.
――――（2000）「釧路圏の産業連関分析」『釧路公立大学地域研究』no. 9, pp. 1-23.
西川俊作（2001）「防長風土注進案に見る長州経済の構造」『徳山大学総研レビュー』vol. 17, pp. 4-13.
西津伸一郎（1997）「製造業海外生産シフトの雇用分析」『経済学季報』立正大学経済学会, vol. 46 no. 1, pp. 23-58.
西村清彦・坪内浩（1990）「日本の流通は消費者にとって効率的か？」『経済学論集』東京大学経済学会, vol. 56 no. 2, pp. 43-59.
西山賢一（1991）「生態学からみた産業連関表」『イノベーション & I-O テクニーク』vol. 2 no. 2, pp. 4-10.
仁平耕一（1998 a）「地域産業連関モデルによる千葉地域経済の産業構造分析」『敬愛大学研究論集』nos. 54, pp. 101-134.
――――（1998 b）「インドネシアにおける地域産業連関分析」『経済文化研究所紀要』no. 4, pp. 59-107.
二宮正司・藤川清史（1997）「中国産業構造の変化とその要因」『大阪経大論集』vol. 47 no. 6, pp. 45-90.
任文（1999）「TFP 成長率の計測及びその諸要因に関する回帰分析」『統計学』no. 76, pp. 28-44.
根木佐一（1999）「平塚市地域産業連関表による I-O 分析」『東海大学紀要工学部』vol. 39 no. 1, pp. 211-216.
野村浩二（1994）「社会資本形成の推計」『経済統計研究』vol. 22 no. 1, pp. 1-29.
――――（1997 a）「我が国における資本蓄積の特性」『産業連関』vol. 7 no. 4, pp. 32-40.
――――（1997 b）「我が国における資本ストック推計の諸問題と固定資本ストックマトリックスの時系列推計」『経済統計研究』vol. 25 no. 4, pp. 1-31.
――――・宮川幸三（1999）「日米商品別相対比価の計測」『経済統計研究』vol. 27 no. 1, pp. 1-38.
芳賀寛（1986）「部門連関バランス研究にかんする一考察」『経済学年誌』法政大学大学院経済学会, no. 23, pp. 1-32.
――――（1987）「産業連関分析による軍事支出の経済効果測定について」『法政大学大

学院紀要』no. 19, pp. 93-122.

―――― (1988)「投入係数と生産波及効果の数量的関係について」『経済学年誌』法政大学大学院経済学会, no. 25, pp. 23-42.

―――― (1993)「産業連関表に基づく剰余価値率の推計方法」『北海学園大学経済論集』vol. 41 no. 3, pp. 143-152.

―――― (1995)『経済分析と統計利用』梓出版社.

萩原泰治 (1994)「新製品の普及過程に関する数量分析」『国民経済雑誌』vol. 169 no. 3, pp. 119-132.

端場正典・佐竹建郎 (1991)「大規模開発プロジェクトによる経済波及効果の測定について」『イノベーション & I-O テクニーク』vol. 2 no. 3, pp. 42-49.

長谷川雅志 (1992)「RAS 法における誤差の推計結果の統計的分布への影響について」『地域学研究』vol. 22 no. 1, pp. 185-204.

―――― (1996)「産業連関表の統計的安定性について」『横浜市立大学論叢社会科学系列』vol. 47 nos. 2・3, pp. 1-17.

服部常晃・桜井紀久 (1986)「差益還元のマクロ経済効果の計測」『電力経済研究』no. 21, pp. 1-26.

服部恒明・永田豊 (1991)「公共投資 430 兆円の産業・エネルギー構造に及ぼす影響」『イノベーション & I-O テクニーク』vol. 2 no. 1, pp. 28-34.

濱砂敬郎 (1992 a)「産業連関表のデータ構造の分析」濱砂敬郎・時永祥三編『経済データベースと経済データ・モデルの分析』九州大学出版会, pp. 69-100.

―――― (1992 b)「産業連関表の投入産出関係について(1)」『経済学研究』九州大学経済学会, vol. 57 nos. 5・6, pp. 227-240.

―――― (1993 a)「ドイツ産業連関分析の新局面」『経済学研究』九州大学経済学会, vol. 58 nos. 4・5, pp. 243-258.

―――― (1993 b)「ドイツ経済構造報告における産業連関分析」九州大学ドイツ経済研究会編『統合ドイツの経済的諸問題』九州大学出版会, pp. 251-283.

―――― (1994)「産業連関分析におけるドイツ的パラダイム転換」細江守紀・濱砂敬郎編『現代経済学の革新と展望』九州大学出版会, pp. 145-165.

―――― ・ノイバウアー - ウェルナー (1995)「経済構造の変化とドイツの産業連関計算」九州大学国際経済構造研究会編『経済・経営構造の国際比較試論』九州大学出版会, pp. 191-237.

―――― (1996)「構造分析的な産業連関分析の一形態」『経済学研究』九州大学経済学会, vol. 62 nos. 1-6, pp. 185-212.

―――― (1997)「構造分析的産業連関分析の系譜にかんする覚え書」『九州経済学会年報』no. 35, pp. 31-38.

林英機・戸松裕 (1990)「新潟県の産業連関表と産業連関分析のために」『イノベーション & I-O テクニーク』vol. 1 no. 4, pp. 48-62.

―――― ・滕鑑 (1995)「中国の非競争輸入型産業連関表の作成」『新潟大学経済論集』no. 59, pp. 53-83.

林宏昭・橋本恭之 (1987)「売上税の価格効果」『大阪大学経済学』vol. 37 no. 3, pp. 36-

51.
范明（2000）「産業連関の二ブロック分割モデルの実証研究」『関西学院商学研究』no. 47, pp. 85-102.
人見和美（2000）「電力供給地域にあわせた全国 10 地域間産業連関表の開発」『電力経済研究』no. 43, pp. 7-20.
日水俊夫（1991）「中国の国民経済計算」『イノベーション & I-O テクニーク』vol. 2 no. 2, pp. 27-35.
広瀬牧人（1996）「移輸入財価格変化の波及効果に関する数量分析」『商経論集』沖縄国際大学商経学部, vol .24 no. 1, pp. 255-265.
─── (1999)「公共投資に関する消費内生化地域間産業連関モデルによる波及効果の分析」『産業総合研究』沖縄国際大学産業総合研究所, no. 7, pp. 29-42.
廣松毅・大平号声（1990）『情報経済のマクロ分析』東洋経済新報社.
深道春男・下田憲雄（2000）「大分大学の地域経済波及効果」『大分大学経済研究所研究所報』no. 34, pp. 223-244.
吹谷忠施（1994）「北陸地域産業連関表について」『イノベーション & I-O テクニーク』vol. 5 no. 3, pp. 74-83.
福井幸男（1985）「産業連関表の三角化の計算プログラム」『大阪工業大学中研所報』vol. 18 no. 2, pp. 327-337.
─── (1987 a)『産業連関構造の研究』啓文社.
─── (1987 b)「新 SNA 産業連関表における商品技術仮定の実用性」『大阪産業大学論集社会科学編』no. 66, pp. 1-6.
─── (1987 c)「ドミナント・ダイアゴナル行列の逆行列にかんする覚書」『大阪産業大学論集社会科学編』vol. 69, pp. 65-70.
─── (1990 a)「中間財としての機械」『大阪産業大学産業研究所所報』no. 13, pp. 139-163.
─── (1990 b)「アジア・太平洋産業連関構造におけるハイアラーキ性の検出」『国民経済雑誌』vol. 162 no. 5, pp. 37-49.
─── (1991 a)「産業連関表の三角化の新展開」『大阪産業大学論集社会科学編』no. 82, pp. 9-20.
─── (1991 b)「産業連関表の三角化にかんする数学的展開の一般化」『大阪産業大学論集社会科学編』no. 84, pp. 119-130.
─── (1992)「産業連関表の三角化の新展開(2)」『商学論究』関西学院大学商学研究会, vol. 40 no. 2, pp. 41-57.
─── (1993)「アジア太平洋地域の産業連関構造の変化」『商学論究』関西学院大学商学研究会, vol. 41 no. 2, pp. 57-88.
福田善乙・平岡和久・玉置雄次郎・細居俊明（1996 a）「地域際収支からみた地域経済」『社会科学論集』高知短期大学, no. 70, pp. 1-147.
─── ・平岡和久・玉置雄次郎・細居俊明（1996 b）「地域際収支からみた地域経済の特徴と変化」『社会科学論集』高知短期大学, no. 71, pp. 1-146.
藤井昭光（1999）「設備休廃止が地域経済へ及ぼす影響」『産業連関』vol. 9 no. 2, pp.

39-44.
藤川清史（1991）「消費税導入の経済効果」『大阪経大論集』vol. 42 no. 3, pp. 41-66.
―――・泉弘志・ミラナ－カルロ（1993）「費用構造の国際比較」『大阪経大論集』vol. 44 no. 4, pp. 211-234.
―――・泉弘志（1994 a）「費用構造の日米比較（上）」『ESP』 no. 265, pp. 70-73.
―――・泉弘志（1994 b）「費用構造の日米比較（下）」『ESP』 no. 266, pp. 72-76.
―――（1996 a）「費用構造の国際比較」『経済統計研究』vol. 23 no. 4, pp. 1-29.
―――（1996 b）「産業構造の変化とその要因」『経営経済』大阪経済大学中小企業・経営研究所, no. 31, pp. 88-116.
―――（1997 a）「消費税導入の経済効果」『甲南経済学論集』vol. 38 no. 1, pp. 55-91.
―――・ミラナ－カルロ（1997 b）「生産性の二国間・多国間比較」『経済統計研究』vol. 24 no. 4, pp. 1-29.
―――（1998 a）「産業構造の地域間格差の要因分析」『経営経済』大阪経済大学中小企業・経営研究所, no. 33, pp. 104-129.
―――・泉弘志・李潔（1998b）「日中価格格差の要因分析」『産業連関』vol. 8 no. 2, pp. 4-14.
―――（1999 a）「産業連関分析のミクロ経済学的基礎と多部門モデル的発展」『経営経済』大阪経済大学中小企業・経営研究所, no. 34, pp. 133-164.
―――（1999 b）「アジア太平洋地域における国際分業と国産化率」『経営経済』大阪経済大学中小企業・経営研究所, no. 34, pp. 165-210.
―――（1999 c）「日韓価格格差の要因分析」『経営経済』大阪経済大学中小企業・経営研究所, no. 35, pp. 119-133.
―――（1999 d）『グローバル経済の産業連関分析』創文社.
藤田夏樹（1985）「農業生産額変動の要因：昭和40年-50年」『農業経済研究』vol. 57 no. 1, pp. 12-21.
―――（1986）「シャドウ・プライス表示産業連関表について」『アジア経済』vol. 27 no. 11, pp. 43-49.
―――（1990）「米輸入自由化の産業連関分析」全国農協中央会編『水田農業の現状と予測』富民協会, pp. 289-310.
藤本利躬（1993）「観光消費の地域産業連関分析について」『岡山大学経済学会雑誌』vol. 24 no. 4, pp. 401-424.
文大宇・武田晋一（1994）「国際産業連関表分析によるアジア太平洋地域の経済関係」『イノベーション＆I-Oテクニーク』vol. 5 no. 3, pp. 37-52.
―――（1999）「産業連関表による韓国経済の成長要因分析」『政治・経済・法律研究』拓殖大学政治経済研究所, vol. 2 no. 1, pp. 15-26.
細居俊明（1997）「高知県県際収支の構造と特徴」『社会科学論集』高知短期大学, no. 72, pp. 49-74.
堀川浩市（1999）「北陸地域における福祉分野と建設分野との経済効果の比較について」『電力経済研究』no. 42, pp. 35-44.
本田豊・中澤純治（2000）「市町村地域産業連関表の作成と応用」『立命館経済学』vol.

49 no. 4, pp. 51-76.
本台進（1986）「農業部門における投入財の変化とその波及効果」『農業経済研究』vol. 58, pp. 164-172.
牧野好洋（1995）「SAM から見た日本経済の特徴」『産業連関』vol. 6 no. 2, pp. 62-80.
─── (1997)「SAM から見た日本経済の特徴(2)」『産業連関』vol. 7 no. 3, pp. 24-41.
増田正樹（1992）「2000 年の日米経済予測」『イノベーション & I-O テクニーク』vol. 3 no. 1, pp. 17-25.
松浦克巳・佐藤隆（1991）「財政投融資計画の我国経済への波及効果」『イノベーション & I-O テクニーク』vol. 2 no. 4, pp. 50-58.
松田晋哉・村田洋・舟谷文男（1997）「北九州市における保健医療福祉への投資の経済波及効果に関する産業連関分析」『医療経済研究』vol. 4, pp. 51-70.
松村文武・藤川清史（1994）「付加価値基準に基づく国産化率の測定」『大阪経大論集』vol. 44 no. 5, pp. 23-54.
松本猛秀・多々納裕一・小林潔司（1996）「産業連関体系の付加価値変動分析のための構造分解モデルに関する研究」『都市計画論文集』vol. 31, pp. 73-78.
松本法雄・塩原英雄（1992）「福岡空港の地域経済効果」『イノベーション & I-O テクニーク』vol. 3 no. 3, pp. 30-36.
丸谷泠史（1992）「技術変化の産業連関分析」『国民経済雑誌』vol. 165 no. 5, pp. 89-109.
丸山貞夫（1992）「昭和 60 年東京圏産業連関表について」『イノベーション & I-O テクニーク』vol. 3 no. 1, pp. 49-55.
宮澤健一（1963）『経済構造の連関分析』東洋経済新報社.
─── (1986)「公共サービス化と医療経済の産業連関」『季刊社会保障研究』vol. 22 no. 3, pp. 196-208.
─── (1988)『制度と情報の経済学』有斐閣.
─── (1991)「産業連関バランスにみる医療と福祉」『イノベーション & I-O テクニーク』vol. 2 no. 4, pp. 35-42.
───編（1992 a）『医療と福祉の産業連関』東洋経済新報社.
─── (1992 b)『高齢化産業社会の構図』有斐閣.
─── (2000)「高齢化少子社会の産業連関と医療・福祉」『医療経済研究』vol. 8, pp. 51-65.
宮田譲・山村悦夫（1987）「モデル規範適応産業連関システムに関する研究」『地域学研究』vol. 17, pp. 1-31.
明元正志（1993）「富山新港臨海工業用地に立地する製造業による県民経済への影響について」『イノベーション & I-O テクニーク』vol. 4 nos. 3・4, pp. 78-84.
ミラナ-カルロ・泉弘志・藤川清史（1993）「日米の生産費較差の発生要因」『大阪経大論集』vol. 43 no. 6, pp. 231-243.
村田俊也（1991）「NHK 大河ドラマの経済波及効果」『イノベーション & I-O テクニーク』vol. 2 no. 3, pp. 50-54.

元橋一之（1994）「わが国製造業の成長要因」『経済統計研究』vol. 22 no. 1 pp. 31-46.
守茂昭（1992）「地域間産業連関表を用いた地域振興政策の簡便な序列評価法の一提案」『地域学研究』vol. 22 no. 1, pp. 205-221.
森岡真史（1998）「投入産出構造・緩衝在庫・販売予測」『経済論叢』京都大学経済学会，vol. 161 no. 1, pp. 108-132.
薬師寺哲郎・佐藤孝一（1999）「農業資材産業の生産変動要因」『農業総合研究』vol. 53 no. 3, pp. 1-43.
安田秀穂（2000）「地域内表と経済波及効果の漏出」『産業連関』vol. 9 no. 4, pp. 43-51.
矢野生子（1994）「M.E 型リニア建設の経済波及効果」『九共経済論集』no. 19, pp. 23-33.
矢野桂司（1988）「Lowry モデル族と地域産業連関分析の統合」『地理学評論 Ser. A』vol. 61 no. 1, pp. 1-24.
山崎茂（1988）「国際産業連関表の作成上の問題点」『アジア経済』vol. 29 no. 10, pp. 80-90.
山田和敏（1997）「九州経済の構造的特徴とその変化」『佐賀大学経済論集』vol. 30 nos. 1・2, pp. 199-222.
山田彌（1991）「投下労働量・労働生産性・労働交換率の測定」『立命館経済学』vol. 40 no. 1, pp. 28-67.
山田光男（1995）「三重県内地域間産業連関表の推計」『イノベーション＆I-O テクニック』vol. 5 no. 4, pp. 52-67.
─── （1996）「三重県内外2地域間産業連関表の推計とその利用」『三重大学法経論叢』vol. 13 no. 2, pp. 175-189.
───・朝日幸代（1999）「産業の空洞化と地域経済」『産業連関』vol. 8 no. 4, pp. 38-44.
───・朝日幸代（2000）「地域産業連関表・雇用表について」『産業連関』vol. 9 no. 3, pp. 44-51.
─── （2001）「日米国際産業連関表による日系企業の分析」『中京大学経済学論叢』no. 12, pp. 23-61.
山田貢（1986）「労働分配率」『唯物史観』vol. 29, pp. 110-116.
─── （1992）「理論的（本質的）概念の統計による実証について」『大東文化大学経済論集』vol. 55 no. 3, pp. 89-108.
山田芳幸（1997）「途上国における産業構造の高度化と幼稚産業保護政策」『国際開発研究フォーラム』no. 7, pp. 189-206.
山家一郎（1992）「東北地域における自動車関連産業」『イノベーション＆I-O テクニック』vol. 3 no. 2, pp. 59-65.
横倉弘行（1987）「産業連関論における質的分析の系譜」『商学論纂』中央大学商学研究会，vol. 29 no. 2, pp. 59-92.
─── （1990）『産業連関分析入門』窓社.
横橋正利（1991）「EC 諸国の産業連関表の特徴について」『イノベーション＆I-O テクニック』vol. 2 no. 4, pp. 14-34.

吉田泰治（1987）「農業生産と地域経済」『農林金融』vol. 40 no. 5, pp. 250-260.
―――― (1989)「為替レートの変化と食料品価格」『農業総合研究』vol. 43 no. 4, pp. 123-156.
―――― (1990 a)「農業生産変動と関連産業」『農業総合研究』vol. 44 no. 2, pp. 1-38.
―――― (1990 b)「将来展望に関する産業連関分析」『缶詰時報』vol. 69 no. 12, pp. 1201-1204.
―――― (1990 c)「農産物需給と結合された産業連関モデル」『農業総合研究』vol. 44 no. 3, pp. 83-92.
――――・石戸誠 (1990 d)「農業・食料関連産業の経済計算」『イノベーション & I-O テクニーク』vol. 1 no. 4, pp. 38-47
―――― (1991)「食品産業の将来展望に関する産業連関分析」『農業総合研究』vol. 45 no. 1, pp. 29-57.
―――― (1992)「農村地域活性化のための地域産業連関表の作成とその応用」『農業総合研究』vol. 46 no. 4, pp. 97-118.
―――― (1993)「産業連関表からみた農業問題について」『イノベーション & I-O テクニーク』vol. 4 nos. 3・4, pp. 39-48.
―――― (1996)「食品産業の将来展望：UR 合意以降の食品産業」『産業連関』vol. 6 no. 4, pp. 23-31.
――――・中川俊彦・大平純彦 (1997)「県経済におけるフードシステム」『産業連関』vol. 7 no. 4, pp. 41-51.
―――― (1999)「地域間産業連関モデルと県別モデルによる農業生産の波及効果の計測」『農業総合研究』vol. 53 no. 2, pp. 99-122.
―――― (2000)「食料品の原材料と製品価格の変化に関する分析」『先物取引研究』vol. 4 no. 8, pp. 1-14.
良永康平（1987 a)「西ドイツ民間研究所産業連関表の検討」『一橋論叢』vol. 97 no. 3, pp. 346-366.
―――― (1987 b)「EC 諸国の産業連関構造(1)」『統計研究参考資料』no. 27.
―――― (1987 c)「EC 諸国の産業連関構造(2)」『統計研究参考資料』no. 28.
――――・泉弘志 (1990 a)「EC 統計局型日本産業連関表-日本産業連関表の組み替え」『統計研究参考資料』no. 33.
―――― (1990 b)「付加価値税と産業連関表」『関西大学経済論集』vol. 39 no. 6, pp. 1119-1151.
―――― (1990 c)「産業連関表による西ドイツ経済の構造変化分析」『関西大学経済論集』vol. 40 no. 3, pp. 451-488.
―――― (1991 a)「日欧産業連関構造の比較」『統計学』no. 60, pp. 1-14.
―――― (1991 b)「スウェーデンの産業連関表」『関西大学経済論集』vol. 41 no. 2, pp. 325-362.
―――― (1992 a)「産業連関表における価格評価問題」『関西大学経済論集』vol. 42 no. 1, pp. 117-152.
―――― (1992 b)「EC 国際産業連関表の作成と分析」『関西大学経済論集』vol. 42 no.

―――――（1994 a）「スペイン経済の EC 域内化」『関西大学経済論集』vol. 44 no. 4, pp. 599-641.
―――――・泉弘志（1994 b）「EU 型日本産業連関表（改訂版）」『統計研究参考資料』no. 44.
―――――（1996）「再統一前後のドイツ経済構造」『関西大学経済論集』vol. 46 no. 4, pp. 319-356.
―――――（1997 a）「EU 全体の産業連関表とその経済構造」『産業連関』vol. 7 no. 4, pp. 23-31.
―――――（1997 b）「1987 年産業連関表からみた旧東独末期の経済構造」『統計学』no. 73, pp. 13-23.
―――――（1998）「ドイツ物的産業連関表の構想と分析」『関西大学経済論集』vol. 48 no. 3, pp. 273-302.
―――――（2001）『ドイツ産業連関分析論』関西大学出版部.
米沢義衛（1993）「朝鮮動乱ブーム：日本経済への影響はやはり大きかった」『エコノミスト』no. 3065, pp. 104-109.
―――――（1994）「朝鮮特需の産業連関分析」『青山経済論集』vol. 45 no. 4, pp. 33-53.
李海英・出村克彦・山本康貴・林岳（2000）「農産物輸入増加による中国経済への影響分析」『北海道大学農経論叢』vol. 56, pp. 139-148.
李強・斉舒暢・曹杰（1996）「1987-92 年接続産業連関表から見た中国の産業構造の変化」『産業連関』vol. 7 no. 1, pp. 12-16.
李潔（1989）「中国産業連関表による価格体系分析」『立命館経済学』vol. 38 no. 2, pp. 76-106.
―――――（1991）「79～87 年 I-O 表による中国価格体系の実証分析」『立命館経済学』vol. 40 no. 5, pp. 138-155.
―――――（1992）「中国エネルギーのボトルネック解消と物価上昇」『立命館経済学』vol. 41 no. 2, pp. 67-86.
―――――（1995）「PPP による中国と日本産業連関表実質値データの構築」『イノベーション ＆ I-O テクニーク』vol. 5 no. 4, pp. 4-18.
―――――・泉弘志（1996）「統一価格中国日本産業連関表」『統計研究参考資料』no. 48.
―――――（1997）「要素生産性と経済成長に関する中・日比較」『統計学』no. 73, pp. 1-12.
―――――・泉弘志・藤川清史（1998）「中日価格格差とその要因」『Erina Report』vol. 21, pp. 47-53.
―――――・任文・泉弘志（2000）「中国購買力平価推計に関するサーベイと 1995 年中日産業別購買力平価の推計」『統計研究参考資料』no. 69.
―――――（2001）「購買力平価による中国と日本産業連関表実質値データの構築」『産業連関』vol. 10 no. 1, pp. 13-25.
李鎮勉（翻訳：藤川清史）（1999）「2002 年ワールドカップ・サッカー大会の韓日共催の経済効果」『産業連関』vol. 9 no. 1, pp. 41-49.

梁炫玉・李潔・泉弘志 (1998)「韓日産業別購買力平価の推計」『統計研究参考資料』no. 56.
林翔 (1988)「中国 1981 年産業連関表に関する若干の分析」『開発論集』北海学園大学開発研究所，vol. 42, pp. 71-79.
若林雅代 (1999)「自動車買替サイクル長期化の国内経済へのインパクト」『産業連関』vol. 9 no. 2, pp. 13-25.
渡辺源次郎 (1991)「SNA 産業連関表とその利用」『イノベーション & I-O テクニック』vol. 2 no. 3, pp. 33-41.
――― (1993)「景気対策としての住宅投資の有効性」『イノベーション & I-O テクニック』vol. 4 nos. 3・4, pp. 29-38.

著者紹介

朝倉 啓一郎（あさくら・けいいちろう）

1968年 大分県生まれ．
1996年 九州大学大学院博士後期課程単位取得退学．
1994年より，日本学術振興会特別研究員（DC），九州大学経済学部助手，日本学術振興会特別研究員（PD），慶應義塾大学産業研究所助手 兼 日本学術振興会研究員，一橋大学経済研究所附属社会科学統計情報研究センター助手等を経て，
2005年より，流通経済大学経済学部専任講師．
著　書　『環境分析用産業連関表』（共著）慶應義塾大学出版会，2001年．
論　文　"CO_2 Emission from Solar Power Satellite," (joint paper) *KEO Discussion Paper*, no. G-145, 2002, 他．

<ruby>産業連関計算<rt>さんぎょうれんかんけいさん</rt></ruby>の<ruby>新<rt>あたら</rt></ruby>しい<ruby>展開<rt>てんかい</rt></ruby>

産業連関計算の新しい展開

2006年5月10日　初版発行

著　者　朝　倉　啓一郎

発行者　谷　　隆一郎

発行所　（財）九州大学出版会
〒812-0053 福岡市東区箱崎7-1-146
九州大学構内
電話　092-641-0515（直通）
振替　01710-6-3677

印刷／九州電算㈱・大同印刷㈱　製本／篠原製本㈱

© 2006 Printed in Japan　　ISBN4-87378-908-7